리바이어던

국가라는 이름의 괴물

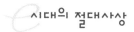

e시대의 절대사상

리바이어던

국가라는 이름의 괴물

| 김용환 | 홉스 |

살림

*e*시대의 절대사상을 펴내며

　고전을 읽고, 고전을 이해한다는 것은 비로소 교양인이 되었다는 뜻일 것입니다. 또한 수십 세기를 거쳐 형성되어 온 인류의 지적유산을 제대로 이해하고, 그 바탕 위에서 새로운 자기만의 일을 개척할 때, 그 사람은 그 방면의 전문가가 될 수 있을 것입니다. 프랑스의 대입제도 바칼로레아에서 고전을 중요하게 취급하는 까닭도 그와 같은 이유 때문이겠지요.

　그러나 예전에도, 현재에도 고전은 유령처럼 우리 주위를 떠돌기만 했습니다. 막상 고전이라는 텍스트를 펼치면 방대한 분량과 난해한 용어들로 인해 그 내용을 향유하지 못하고 항상 마음의 부담만 갖게 됩니다. 게다가 지금 우리는 고전을 읽기에 더 악화된 시대를 살고 있습니다. 변하지 않고 있는 교육제도와 새 미디어의 홍수가 우리를 그렇게 만들고 있는 것입니다.

　고전을 읽어야 하지만, 읽기 힘든 것이 현실이라면, 고전에 친근하게 다가갈 수 있는 새로운 방법을 응당 고민해야 하지 않을까요? 살림출판사의 *e*시대의 절대사상은 이러한 문제의식을 가지고 기획되었습니다. 고전에 대한 지나친 경외심을 버리고, '아무도 읽지 않는 게 고전'이라는 자조를 함께 버리면서 지금 이 시대에 맞는 현대적 감각의 고전을 만들고자 했습니다.

고전의 내용이 지나치게 주관적으로 해석되어 전달되는 위험을 피할 수 있도록 그 분야에 대해 가장 정통하면서도 오랜 연구 업적을 쌓은 학자들이 자신의 경험을 응축시켜 새로운 고전에의 길을 열고자 했습니다. 마치 한 편의 잘 짜여진 다큐멘터리 프로그램을 보듯 고전이 탄생할 수 있었던 시대적 배경과 작가의 주변 환경, 그리고 고전에 담긴 지혜를 재미있게 습득할 수 있도록 내용을 구성했고 난해한 전문용어나 개념어들은 최대한 알기 쉽게 설명했습니다.

이전에 경험하지 못했던 새로운 감각의 고전 e시대의 절대사상은 지적욕구로 가득 찬 대학생·대학원생들과 교사들, 학창시절 깊이 있고 폭넓은 교양을 착실하게 쌓고자 하는 청소년들, 그리고 이 시대의 리더를 꿈꾸는 모든 사람들에게 생생하게 살아 숨쉬는 인류 최고의 지혜를 전달할 것이라고 확신합니다.

기획위원

서강대학교 철학과교수 강영안

이화여자대학교 중문과교수 정재서

국가라는 이름의 괴물

리바이어던

국가라는 이름의 괴물

리바이어던

2부 본문

3부 관련서 · 연보

1부

시대 · 작가 · 사상

근대 시민사회의 토대들인 개인주의, 사회주의, 민주주의, 자본주의의 이념들은 여전히 우리의 삶을 규정짓는 원리들이다. 이중 개인주의와 자유주의 사상의 형성에 홉스 철학이 던진 빛은 깊고도 긴 그림자를 우리 시대에까지 드리우고 있다. 홉스는 어느 누구보다도 근대 철학, 그리고 우리 시대와 깊은 연관성을 가진 철학자이다.

1장

서양의 근대화 과정을 찾아서

나는 어떻게 『리바이어던』을 만나게 되었는가?

1993년 9월 어느 날 나는 스코틀랜드의 수도 에딘버러(Edinburgh)에서 차를 몰고 길을 나섰다. 내가 공부하는 토머스 홉스라는 철학자의 무덤을 찾아 나선 여행이었다. 중고차로 떠나는 여행이어서 도중에 고장이라도 나면 어떻게 할까 걱정도 되었지만 이번이 아니면 다시는 가볼 수 없을 것 같아 용기를 내었다. 이미 1984년 겨울, 웨일스 대학에서 박사 학위 공부를 마치면서 홉스의 고향이나 그가 다녔던 대학, 말년을 보냈던 카벤디쉬(Cavendish) 가문의 저택들 그리고 묘지 등 그의 흔적을 찾아보겠다는 계획은, 경제적인 사정이 허락하지 않아 포기할 수밖에 없었던 경험을 나는 갖고 있었다.

그로부터 10년의 시간이 흘러 내가 근무하는 한남대학교에서 연구년을 얻어 다시 영국을 찾았다. 에딘버러 대학 철학과에서 1년 간 연구 교수(research fellow)로 지내며 10년 전의 계획을 이번에 실행하기로 마음 먹고 떠난 여행이었다. 영국은 길도 잘 만들어졌지만 지도와 표지판만 보고도 어느 곳이나 쉽게 찾을 수 있을 만큼 자동차 여행을 하기에 좋은 나라이다.

에딘버러에서 430km 남쪽으로 내려와 노팅험 못 미쳐 체스터필드라는 마을에 들렀다. 이 마을을 가운데 두고 동쪽과 서쪽 비슷한 거리에는 카벤디쉬 가문이 소유했던 두 저택이 있다. 서쪽에 있는 것이 채트워스 하우스(Chatsworth House)이고 동쪽에 있는 것이 하드윅 홀(Hardwick Hall)이었다. 홉스는 이 두 저택을 오가면서 말년을 보냈다. 먼저 채트워스 저택으로 갔다. 영국의 귀족들이 소유하고 있는 성이

하드윅 홀.

나 저택과 그곳에 딸린 정원의 아름다움은 말로 표현하기 어려울 정도인데, 채트워스 하우스의 규모나 아름다움도 감탄을 자아내기에 충분했다.

다시 차를 돌려 서쪽에 있는 하드윅 홀로 향했다. 그런데 홉스가 묻혀 있는 올트 허크넬(Ault Hucknall) 교회를 찾기 위해서는 차량용 지도보다는 더 상세한 지도가 필요했다. 그래서 체스터필드에 있는 서점에서 인근의 지리가 자세하게 그려진 지도를 구했다. 안개의 나라 영국답게 그날도 낮부터 안개가 자욱하게 길을 가로막고 있었다. 하드윅 홀에서 1마일 가량 떨어진 그 작은 교회로 가는 길은 짙은 안개로 앞이 잘 보이질 않았다. 죽은 사람의 무덤을 찾아 나섰다는 사실 자체도 그러했지만 짙은 안개로 한치 앞을 볼 수 없는 길은 나에게 섬뜩하고도 음침한 기분이 들게 하기에 충분했다. 교회에 도착했을 때 문은 닫혀 있었고 문 앞에 작은 쪽지가 붙어 있었다. 열쇠가 필요한 사람은 마을 입구에 있는 목사님 집으로 오라는 안내 쪽지였다. 작고 조용한 마을이었다. 오가는 사람 하나 없이 안개 너머 큰길에서 자동차 소리만 작은 소리로 들려올 뿐 적막한 시골이었다. 이런 곳에 몇 백 년 된 교회가 있다는 것이 신기했다.

목사님 집에 가서 열쇠를 얻어다 삐걱거리는 문을 열고 들어가 아무도 없는 제단 앞에 섰을 때 발아래 무덤이 섬뜩하게 내 눈에 들어왔다. 제단 위에는 그가 평생을 모셨던 카벤디쉬 영주들의 동상이 마치 충성스런 종 홉스의 무덤을 내려다보는 듯 정렬하고 있었다.

홉스의 무덤 앞에서 나는 잠시 상념에 잠겼다. 410여 년 전에 태어나 90여 년을 살다간 홉스의 삶이 마치 내가 살아온 삶처럼 선명하게 스쳐 지나갔다. 10여 년을 넘게 홉스의 철학에 빠져 있던 내게 그는 죽어 있는 옛날 철학자가 아니었다. 내 머리 속에 생생하게 살아 있는 사람이었다. 칠삭둥이로 태어나면서 있었던 일부터 갈릴레이를 만난 일, 그리고 카벤디쉬의 아들과 손자를 데리고 유럽 각지를 돌아다니며 수학여행을 하던 일, 파리에서 데카르트의 『성찰』을 읽고 비판의 글을 쓴 일로 두 철학자 사이가 벌어진 일, 그리고 런던 대화재 이후 자신의 대표작인 『리바이어던』이 금서로 지목되자 정치적으로 침묵을 지키며 죽을 때까지 주인집에서 호머의 『일리아드』와 『오디세이』나 번역하며 소일하던 그의 모습이 모두 눈앞에서 보는 것처럼 생생하게 떠올랐다.

숱하게 보아온 그의 초상화는 내 머리 속에 너무도 선명하게 각인되어 있기에 마치 사진처럼 느껴졌다. 그래서 나는 살아 있는 그를 만난 일이 있었던 것처럼 생각될 정도였다. 초상화로 남겨진 그의 얼굴을 떠올리며 내가 왜 이 사람에게 이토록 마음을 빼앗기고 있으며, 그의 철학을 공부한답시고 그

오랜 시간을 투자하고 있는가 하는 물음을 나에게 던지고 있었다. 홉스의 무덤 앞에서 나는 그의 철학을 공부해야겠다는 각오를 하게 만든 한국의 1970년대로 돌아가지 않을 수 없었다.

1970년대 전반기에 대학을 다녔던 나에게 박정희는 미움과 원망의 대상이었다. 20대의 젊은 나이에 대학에서 '목하회'라는 이념 서클 활동을 하던 내게 박정희는 비판과 극복의 대상이었다. 그러나 박정희는 미움과 원망의 대상만은 아니었다. 그는 내게 문제를 던져 준 사람이었다. 그가 얼마나 미웠으면 한 달에 두 번 정도는 꿈에서 만났다. 참 신기할 정도로 주기적인 만남이 꿈에서 이루어졌다. 때로는 학생 신분으로, 또 때로는 신문기자 등으로 만났다. 그리고는 하고 싶은 이야기를 모두 털어 놓았다. 비록 꿈속이지만 속이 시원할 정도로 하고 싶은 말을 두려움 없이 했다. 지금 생각하면 그것이 억압에 대한 분출이자 미움과 원망에 대한 카타르시스였던 것 같다.

박정희는 조국의 근대화를 지상과제로 삼아 경제 개발 5개년 계획을 추진했고 그 성과로 우리들의 삶이 나아진 것은 누구나가 인정하는 일이었다. 내가 초등학교 4학년 때 대통령이 된 박정희를 통해 나는 처음으로 근대화라는 말을 들었다.

그러나 3선 개헌 이후 그가 걸어간 길은 독재자의 길이었다. 1979년 10월 26일 유신 독재가 끝나는 날, 나는 '대통령 유고', '헌정 중단' 그리고 '국가 비상사태' 라는 호외신문의 대문짝만한 기사들을 보면서 긴장감보다는 18년의 어두운 터널을 벗어났다는 안도감을 느꼈다. 이것이 비단 나만의 고백이 아니라 많은 사람들이 비슷하게 느꼈을 감정이라 생각한다.

1980년 한국의 봄은 광주 민주화 운동이라는 피의 역사로 시작되었고, 또 다시 등장한 군부 독재의 공포 정치 앞에서 동토의 왕국이 되어갔다. 이해 1월에 결혼하고 3월에 처음으로 대학 강단에 서는 기쁨은 일장춘몽과도 같은 시간이었다. 18년의 군부 독재가 마감되고 민주화의 새날이 올 줄 알았던 우리 국민들에게 역사는 또 다시 등을 돌리고 말았다.

박정희가 그토록 강조했던 근대화의 실체가 무엇인지, 그리고 왜 우리는 자유민주주의를 제대로 하지 못하는가? 등의 물음은 20대를 걸쳐 대학과 군대 생활을 보내고 대학원 공부를 하면서 나 스스로에게 던진 물음이었다. 그 해답을 찾는 일이 중요하다는 생각을 하게 되었고, 서양의 근대화 과정을 추적하는 일이 무엇보다 필요하다고 느꼈다.

1980년 5월 광주 민주화 운동이 일어나던 때에 대학의 문은 닫혔고, 강사 생활로 연명하던 나는 그 해 9월까지 실직 상태에 놓였다. 그 무렵 내가 할 수 있었던 일은 D. D. 라파엘의

『정치철학의 문제들』이라는 책을 번역하면서 유학 준비를 하는 일이었다. 우리보다 400년 앞서서 먼저 근대화의 과정을 겪은 서구의 정신을 이해하지 않고서는 조국의 근대화도 자유민주주의의 실현도 방향성을 갖지 못할 것 같았다.

　서양의 근대정신을 공부하기 위해 유럽으로 유학을 가는 일은 너무도 자연스러운 결정이었다. 미국보다 영국을 선택하게 된 데는 여러 가지 이유가 있으나 무엇보다 학문적 전통이 길다는 점과 축적된 근대화의 경험이 많다는 점에서 미국은 영국을 결코 흉내낼 수 없다는 점이 결정에 도움을 주었다. 영국 웨일스 대학의 안소니 P. 카벤디쉬(Anthony P. Cavendish) 교수를 찾아 지구를 반 바퀴 돌아 람푸터(Lampeter)라는 작은 대학 도시로 간 것은 나의 지적 모험의 시작이었다. 카벤디쉬라는 이름은 우연히도 홉스의 평생 후견인이었던 데본서 백작(Earl of Devonshire)의 원래 성과 같았다.

　처음부터 홉스의 『리바이어던』을 읽겠다고 하는 나에게 그는 플라톤의 『국가』와 아리스토텔레스의 『정치학』을 먼저 읽도록 요구했다. 그런 다음에 마키아벨리의 『군주론』에 대한 보고서를 제출하도록 한 후에야 홉스의 『리바이어던』을 읽도록 허용했다. 왜 카벤디쉬 교수가 플라톤과 아리스토텔레스를 먼저 읽도록 조언했는가를 이해하는 데 그리 오랜 시간이 필요하지는 않았다. 서양 정치 사상사를 이해하고자 하는 사람이라면 마땅히 그런 순서로 읽어야 하기 때문이다.

플라톤과 아리스토텔레스 그리고 마키아벨리는 시간과 공간을 넘어서 홉스에게 여러 가지 형태로 영향을 준 사람들이다. 홉스는 플라톤에 대해서는 상당히 우호적인 태도를 보이고 있다. 특히 플라톤이 세운 인류 최초의 대학 아카데메이아의 정문에 '기하학을 모르는 사람은 들어오지 말라'는 경고문에 대해 홉스는 감동을 받았다. 기하학이 얼마나 중요한 학문인가는 플라톤 못지않게 홉스도 인식하고 있었다. 홉스는 학문을 하는 데 가장 적절한 방법론 가운데 하나가 바로 기하학적 방법론이라 보고 있기 때문이다. 플라톤에 비한다면 아리스토텔레스는 늘 비판의 대상이었다. 홉스가 스콜라 철학을 얼마나 증오하고 거부감을 보였는가는 『리바이어던』 전체를 통해 잘 드러나고 있다. 그러나 정치론에 관한 한 홉스는 아리스토텔레스와 마키아벨리에게 진 빚이 결코 작지 않다.

플라톤의 『국가』와 아리스토텔레스의 『정치학』이 고대 그리스 사회의 이상적인 정치 질서에 대한 비전을 그린 작품이라면 마키아벨리의 『군주론』은 현실 정치가를 위한 교과서와 같은 책이다. 홉스의 『리바이어던』은 근대 국가를 사회계약론이라는 토대 위에 새롭게 세우려는 원대한 꿈이 담긴 작품이다. 그리고 홉스는 자신의 이 작품이 현실 정치가, 특히 군주의 손에 들려져 그로 하여금 백성의 안전과 평화를 보장해 주는 현실 정치를 펴는 데 교과서가 되길 희망했다. 이 작품은 근대 시민사회의 성립과정과 정부 구성의 원리를 제공해 주는 사회계약론에 관한 한 대표적인 고전 작품이다. 플라톤, 아리스토텔레스 그리고 마키아벨리를 계승하는 홉스의 이 작품은 서양 정치 사상사의 맥을 잇는 로크(J. Locke)의 『시민정부론』과 더불어 근대를 대표하는 정치 이론서이다.

홉스의 삶과 작품[1]

　1588년은 아마도 영국 역사에서 가장 중요한 한 해였다고
평가해도 괜찮을 듯싶다. 지난 천 년 동안 가장 위대한 여왕
의 하나로 평가되는 엘리자베스 1세의 영국 함대가 당시까지
대서양을 지배하던 스페인의 무적함대 아마다(Armada
invincible)를 격파시킨 해가 바로 이 해였기 때문이다. 이 사
건은 대서양의 지배권이 스페인에서 영국으로 넘어오는 계
기가 되었으며, 철학자 홉스가 세상에 태어나는 일과도 무관
하지 않았다.

　이 해 4월 5일 영국 서남부 윌트서(Wiltshire)주 맘스베리
(Malmesbury) 근처의 작은 마을 웨스트포트(Westport)는 스
페인의 무적함대인 아마다가 영국을 침공한다는 소문으로

두려움에 휩싸이게 된다. 이 마을의 목사인 토머스 홉스의 부인은 놀라움으로 임신 7개월만에 조산을 하게 되었다. 이 칠삭둥이가 바로 뒷날 영국의 철학사와 정치사상사에 크나큰 영향을 남긴 토머스 홉스가 되리라고는 아무도 예상할 수 없었다.

그의 부친 토머스 홉스는 사실 제대로 교육도 받지 못한 무능력한 목사였으며, 카드놀이를 좋아했다. 토요일 밤을 새워 카드놀이를 하던 홉스 목사는 설교 중 비몽사몽간에 "크로바가 으뜸패이다"라고 외칠 정도였다. 그는 무능력과 다른 목사와의 갈등으로 마을을 떠나게 되었고, 그 후 철학자 토머스 홉스는 두 번 다시 아버지를 만날 수 없었다.

다행히 홉스는 장갑 장사로 돈을 번 삼촌 프란시스 홉스의 재정적 도움으로 어린 시절 마을의 초등학교에서 교육을 받을 수 있었다. 옥스퍼드 대학 출신인 로버트 라티머(Robert

홉스의 아버지가
시무하던 교회.

Latimer) 선생으로부터 그리스어와 라틴어를 배운 홉스는 고전어에 특별한 재능을 보였다. 유리피데스의 '메데이아'라는 작품을 번역하여 보고서를 냈다는 기록을 우리는 오브리(John Aubrey)의 전기를 통해 알 수 있다.

1603년 그의 나이 15세에 옥스퍼드의 맥달렌 홀(Magdalen Hall, 후에 허포드 대학Hertford College으로 흡수)에 입학하여 5년간의 대학 생활을 시작하였다. 17세기 철학자들의 대부분이 그랬던 것처럼 홉스는 대학 생활에 만족하지 못했다. 그 이유는 아마도 과학 혁명의 시대가 도래했음에도 불구하고 대학의 교과 과정은 여전히 아리스토텔레스와 스콜라 철학 중심으로 이루어져 있었기 때문으로 생각된다. 대학이 변화를 싫어하고 보수적인 성향을 보이는 것은 예나 지금이나 비슷한지도 모르겠다. 홉스는 주로 고전을 읽거나 지도를 파는 가게에 들러 세계 지도를 열심히 들여다보면서 미지의 세계로 여행을 떠나는 꿈을 꾸며 소일하곤 하였다.

1608년 2월에 대학을 졸업한 홉스는 학교장 존 윌킨슨(John Wilkinson)의 추천으로 윌리암 카벤디쉬(William Cavendish) 가문의 가정교사로 일을 시작하게 되었다. 귀족이며 재력가였던 윌리암 카벤디쉬—후에 1대 디본셔 백작(Earl of Devonshire)이 됨—는 옥스퍼드의 신출내기 홉스에게 자신의 아들 윌리암의 교육을 맡기게 된다.

윌리엄 카벤디쉬.

이때부터 시작된 홉스와 카벤디쉬 가문과의 인연은 몇 년의 공백기를 제외하고는 죽을 때까지 지속된다. 이 인연은 홉스가 경제적 문제를 해결하는 데 도움을 주었을 뿐만 아니라 현실 정치에 관한 정보나 지식을 얻거나 귀족들과 교류하는 데 다리 역할을 했다. 이는 마치 로크가 애쉴리 경(Lord Ashley, 후에 샤프츠베리 백작이 됨)을 만나 교류함으로써 현실 정치에 참여한 것과 비슷한 경우이다.

1614년 홉스는 자신의 첫 번째 제자인 윌리엄(후에 2대 디본셔 백작이 됨)과 대륙으로 여행을 떠났다. 당시의 교육 관행에 따라 귀족의 자제들은 교육 과정의 하나로 유럽의 여러 나라를 돌면서 견문을 넓히고 당대의 지식인들과 교류를 넓히는 것이 하나의 유행이었다. 이 첫 번째 수학여행에서 홉스와 윌리엄은 주로 프랑스와 이탈리아의 여러 도시를 방문했으며 독일에도 머물렀다. 1615년 유럽 여행에서 돌아온 홉스는 주로 소설과 희곡 그리고 역사책을 읽으며 소일했다. 그가 가장 좋아했던 역사가는 투키디데스(Thucydides)였으며, 홉스는 후에 그의 『펠로폰네소스 전쟁사』를 영역하여 출판하였다.

프랜시스 베이컨.

첫 번째 유럽 여행에서 돌아온 홉스는 카벤디쉬를 통해 철학자 프랜시스 베이컨과 교류하게 되는데, 그의 개인 비서 일을 하게 된다. 베이컨이 영어로 쓴 에세이를 라틴어로 번역하는 일을 했는데, 존 오브리의 기억에 의하면 「도시의 거대함에 관하여(Of the Greatness of Cities)」 같은 작품이 그 가운데 하나이다. 베이컨의 기록에 의하면 그의 비서들 가운데 홉스가 가장 탁월했으며, 그와 함께 산책하며 대화하는 것을 즐겼다고 한다. 베이컨과의 교류는 그가 죽는 해(1626년)까지 계속되었다.

1629년 홉스는 자신의 첫 번째 책인 투키디데스의 『펠로폰네소스 전쟁사』를 번역하여 출판하였다. 투키디데스는 홉스가 가장 좋아하는 역사가였다. 그가 이 작품에 관심을 갖고 최초로 그리스 원전을 영어로 번역하게 된 동기는 아마도 기원전 5세기의 그리스 사회와 17세기 영국 사회가 유사한 정치적 혼란을 겪고 있다는 점 때문일 것이다. 이 책의 기본적

토마스 홉스.

인 태도는 민주주의의 위험성을 지적하고 선동 정치가들을 비판하려는 데 있었다. 따라서 의회주의자보다는 왕당파의 입맛에 맞는 작품으로 보였다.

홉스는 자신의 첫 제자인 2대 디본셔 백작이 43살의 젊은 나이로 죽자 잠시 카벤디쉬 가문을 떠나 게바스 클리프톤(Gervase Clifton) 경(卿)의 아들을 가르치며 그와 함께 대륙 여행을 떠났다. 이것이 홉스의 두 번째 대륙 여행이었으며, 주로 파리에서 거주하였다. 이 때 어느 신사의 집에서 우연히 유클리드 기하학을 알게 되었으며 그 추론과 증명의 명료함에 매료되었다. 이 경험은 홉스의 철학적 전환에 중요한 계기가 되었는데, 이후 그는 기하학적 증명 방법을 철학적 탐구의 한 모델로 생각하였다.

1631년 다시 카벤디쉬 가문으로 돌아와 윌리엄 3세 (후에 3대 디본셔 백작)의 가정교사가 되었다. 교육 내용은 주로 인문학의 과목들이었다. 문법, 수사학, 시, 작문이었으며 논리학, 대수학, 지리학도 포함되었다. 인문학은 당시 귀족들이 훈련 받았던 주요 학문 분야였다.

홉스의 생애에서 1610년대부터 『시민론(De Cive)』이 출간된 1642년 이전까지를 '인본주의자의 시기(humanist period)'라고 부르는 연구가도 있다.[2] 홉스의 지적인 성장기였던 이 기간 동안 그는 대륙으로부터 시작된 과학혁명을 경험했고, 증폭되고 있던 국내 정치적 혼란도 경험했다. 이 두 가지 사건이 그의 철학적 토대를 제공했음은 사실이다. 그러나 동시에 그의 인문학적 관심 역시 이 시기에 집중되며 그 후 평생을 통해 인문주의자로서의 명성을 유감없이 발휘했다. 역사, 수사학, 문학에 대한 그의 관심은 자신의 생애 처음과 마지막에 출판한 책을 역사와 문학 작품으로 장식하고 있다는 데서 잘 나타나고 있다.

1634년 가을 홉스는 윌리엄 3세와 유럽으로 수학여행을 떠나는데 이것이 세 번째 대륙 여행이었다. 주로 파리에서 메르센느(Mersenne)가 중심이 된 과학자들의 모임에 참여하여 당시의 학자들과 교류를 하였다. 데카르트와도 만났고 유물론자 가상디(P. Gassendi)와 특별히 친하게 지냈다. 데카르트와의 만남은 잘못된 만남에 가까웠다. 이 두 사람은 근본적으로 다른 전제 위에서 철학을 시작했다. 데카르트가 정신과 물질을 세상의 근본으로 본 이원론자라면 홉스는 오직 물체만이 실체로서 존재한다는 일원론자이기 때문이다.

홉스는 데카르트의 『방법서설』이 출간되었을 때 케넴 딕비(Kenelm Digby)로부터 한 권을 증정 받았고 이에 대한 서평을 썼으나 데카르트에게 바로 전달되지는 않았다. 1640년 홉스가 메르센느에게 보낸 서평문이 데카르트에게 일부 전달되었다. 데카르트의 『성찰』은 출간되기 전에 초고 형태로 당시의 철학자들과 신학자들에게 회람되었다. 이 초고에 대한 논평을 듣고자 했으며, 이에 대한 데카르트의 답변을 함께 묶어 책으로 출간하려는 의도였다. 1641년 『성찰』이 출간되었을 때 홉스의 비판과 데카르트의 답변이 함께 실렸다. 이 두 사람 사이에 형성된 철학적 한랭전선은 끝내 걷히지 못하고 데카르트가 죽을 때까지 계속되었으나 완전히 등을 돌린 채 대화를 중단한 것은 아니었다. 홉스와 데카르트는 서로의 철학에 대해 긴장하며 의견을 주고받은 일도 있는데, 특히 광학에 관한 이론으로 서로 논쟁을 벌인 바도 있다.[3]

1636년에는 피렌체로 말년의 갈릴레이를 방문하였고 그로부터 홉스는 갈릴레이가 물리학에서 거둔 과학적 방법론의 성공을 사회철학에 적용하려는 계획을 세우게 된다. 이 해 10월에 영국에 돌아온 홉스는 48세의 젊지 않은 나이에 자신의 철학적 대 주제를 세우게 되는데, 세 종류의 물체, 즉 자연적 물체(natural body), 사람의 몸(human body) 그리고 인공적 물체(artificial body)인 사회에 관한 작품을 쓰겠다는 것이었다. 1638에서 1639년 사이에 『물체론(De Corpore)』의 초고가 씌어졌으나 출판되지는 못했다.

1640년 영국의 정치적 상황은 시민 전쟁을 향해 치닫고 있었다. 4월 13일부터 시작된 소위 단기 의회(Short Parliament)가 5월 5일에 해산되는 등 7년 간의 시민 전쟁이 일어나기 직전의 위기감이 점점 고조되고 있었다. 홉스는 급격하게 변해가는 정치적 상황을 인식하고 자신의 철학적 저술의 순서를 바꾸어 먼저 정치론부터 저술하기로 정하였다. 그래서 『법의 기초(Elements of Law, Naturalle and Politique)』가 초고 형태로 회람되었다.

이 해 가을 장기 의회(Long Parliament)가 결성되자 홉스는 신변의 위협을 느꼈다. '도망가는 것이 상책이다'라고 생각하고 11월 15일 프랑스로 망명을 떠난다. 겁쟁이라는 비난은 받을지언정 자신의 생명을 보호하는 데는 최선의 선택이었을 것이다. 11년 간 지속된 망명생활은 주로 파리에서 보냈으며, 다시 메르센느의 학문 모임에 참여하게 되었다.

1642년 영국의 시민전쟁이 시작되었다. 파리에서 『시민론』이 출간되었는데, 이 책의 본래 제목은 『철학의 기초, 3부 시민론(Elementorum Philosophiae Sectio Tertia De Cive)』이다. 이 책은 홉스의 정치사상을 이해하는 데『리바이어던』못지않게 중요한 작품이다. 후에 『물체론』, 『인간론(De

Homine)』과 더불어 홉스의 삼부작(trilogy)으로 일컬어진다.

1645년 홉스는 후에 런던데리의 주교가 된 존 브럼홀(John Bramhall) 감독을 만나 '의지와 자유', '자유와 필연'의 문제를 가지고 철학적 논쟁을 시작하게 된다. 실제로 이 논쟁은 1668년까지 계속되었으며, 처음 두 사람은 각자 자신의 입장을 기록하기는 하지만 출판은 하지 않기로 약속하였다.

1647년 홉스는 후에 찰스 2세가 될 황태자(Prince of Wales)의 수학 교사로 지명되었다. 스코틀랜드의 로버트 베일리(Robert Baillie) 같은 사람은 홉스가 무신론자라고 생각하여 수학 교사 지명이 잘못된 것이라고 비난했다. 결국 홉스

찰스 2세.

는 프랑스 예수회와 영국 가톨릭교회에서 반대하여 1652년 귀국할 때까지 파리에 있던 찰스의 궁중에 출입이 금지되었다. 이 해 8월에 홉스는 발진티푸스를 심하게 앓기 시작하였고 이 병은 6주 동안 지속되었으며, 거의 죽음 직전까지 갈 정도였다. 가톨릭으로

개종할 것을 권유하는 메르센느의 청을 거부하고 개신교 신자로 남았다. 종교적 성향으로 보면 홉스는 칼빈주의자(Calvinist)였다.[4]

1650년 『법의 기초(Elements of Law)』가 두 부분―『인성론(Human Nature)』과 『정치적 물체론(De Corpore Politico)』―으로 나뉘어 출간되었다. 그리고 『시민론』의 영역판―『정부와 사회에 관한 철학적 기초(Philosophical Rudiments Concerning Government and Society)』―이 홉스 자신의 번역으로 출간되었다.

1651년 5월 홉스의 대표작 『리바이어던(Leviathan)』이 런던에서 출간되었다. 세상이 다 아는 것처럼, 이 작품은 홉스의 대표작이다. 그의 전 사상이 이 한 권의 책에 압축적으로 담겨 있기에 출간 당시부터 가장 주목을 받아왔다. 한때는 베스트셀러가 되기도 했으며, 오늘날까지 스테디셀러의 반열에 속하는 작품으로 평가된다. 그러나 사실 홉스의 정치사상을 제대로 파악하기 위해서는 『리바이어던』과 더불어 이보다 앞서 출판된 『시민론』과 『법의 기초』를 함께 읽는 것이 필요하다.

1652년 2월 홉스는 11년의 프랑스 망명 생활을 청산하고 조국 영국으로 돌아오게 된다.

1654년 브럼홀 감독과의 약속과는 달리 『자유와 필연에 관하여(Of Liberty and Necessity)』라는 책이 홉스의 허가도 없이 출간되었다. 아마도 출판업자의 욕심이 빚어낸 출판 사고인데, 요즘 식으로 표현하면 저작권법 위반 사례일 것이다. 이 책의 출간은 브럼홀 감독(Bishop Bramhall)의 분노를 사기에 충분했다. 애초에 출간하지 않기로 한 약속을 홉스가 어겼다고 생각한 브럼홀은 자신의 입장에서 기록한 것을 출판하게 되었다. 브럼홀은 홉스의 『리바이어던』을 "생명의 빛을 빼앗는 거대하고 흉측한 외눈박이 괴물(Monstrum horrendum, informe, ingens, cui lumen ademptum)"이라고 공격했으며, 이에 대해 홉스는 정치적 군주를 공격하는 브럼홀 같은 신학자를 "리바이어던에 대항하는 비히모스(Behemoth against Leviathan)"라고 반격하였다.

1655년에 홉스는 3부작 중 두 번째 책인 『물체론(De Corpore)』을 출간하였다. 이 책은 홉스 자신의 손으로 영역되어 다음해(1656)에 『철학의 기초(Elements of Philosophy)』라는 제목으로 출간되었다.

1656년에는 브럼홀 주교와 논쟁했던 자유의지 문제를 다룬 대화편 『자유와 필연에 관한 물음(The Question concerning of Liberty and Necessity)』이란 책이 출간되었다.

1658년 홉스는 자신의 필생의 목표였던 물체에 관한 3부작 중 마지막 책인 『인간론(De Homine)』을 출간하였다.

1660년대 10년 동안 홉스는 여러 사람과 여러 가지 주제를 가지고 논쟁을 하며 보낸다. 옥스퍼드 대학 수학교수였던 존 월리스(John Wallis)와 수학적인 문제를 가지고 논쟁을 했으며, 로크의 친한 친구이자 화학자였던 로버트 보일(Robert Boyle)과는 철학의 성격 규정을 둘러싸고 논쟁을 했다. 철학이 추론의 학문이어야 한다는 홉스의 주장과 실험철학을 강조하는 보일 사이에는 깊은 간격이 있어 보인다. 또 당시 과학자들의 대표적인 학술 단체인 영국 왕립협회(Royal Society)의 회원에 홉스는 가입할 수 없었다. 1663년 말 137명의 회원이 등록된 왕립협회는 홉스를 받아들이지 않았다. 로버트 보일과 홉스 사이에 있었던 학문에 대한 견해 차이가 그 주된 이유 가운데 하나였다.[5]

이 기간 동안 저술된 홉스의 작품들을 보면 한 가지 흥미로운 사실을 발견할 수 있다. 그것은 그가 대화체의 작품을 저술, 출판하고 있다는 점이다. 1660년에 처음 등장하는 대화체의 저술은 『오늘날의 수학적 고찰과 수정(Examinatio et Emendatio Mathematica Hodierne)』인데 라틴어로 씌어진 대화편이다. 두 번째 작품은 1661년에 출판된 『공기의 본성에 관한 물리학적 대화(Dialogues Physicus de Natura Aeris)』인데 이 작품은 로버트 보일과 영국 왕립협회의 과학 방법론에 대한 비판서이다. 세 번째 대화편은 1662년에 출판된 『물리학의 문제들(Problemata Physica)』인데, 이 작품은 『일곱 가지 철학적 문제들(Seven Philosophical Problems)』이라는 제목으로 영역되어 1682년에 출판되었다.

1666년에서 1668년 사이에 홉스는 『영국 관습법에 대한 철학자와 학생과의 대화(A Dialogue between a Philosopher and a student of the Common Laws of England)』라는 대화체의 작품을 쓰지만 출판은 1681년 홉스의 사후에 이루어졌다. 1668년경에 저술되고 출판은 1682년에 된 『비히모스 또는 장기 의회(Behemoth or The Long Parliament)』도 대화체의 작품이다. 이처럼 홉스는 나이 90세에 출간한 『자연철학의 열 가지 대화(Decameron Physiologium)』까지 포함해서 여러 권의 대화편을 저술하였다. 홉스가 대화 형식을 빌려 자신의 논변을 전개한 데에는 플라톤에 대한 우호적인 태도가 일부분 영향을 주었을 것으로 추정되나 그보다는 자신의 대표작 두 편─『두 개의 세계 체계에 관한 대화(Dialogue Concerning Two Chief World System)』와 『두 개의 신과학에 관한 대화(Dialogue Concerning Two New Sciences)』─을 모두 대화체로 쓴 갈릴레이에 대한 신뢰가 더 크게 작용했을 것으로 추정된다.

그러나 무엇보다도 대화체 논증은 자신의 입장을 숨길 수 있기 때문에 국가나 교회로부터의 비난을 피하기가 용이하다는 이점이 있고, 대화자를 내세워 자기주장을 대신하며, 상대방을 효과적으로 공격하기에 좋은 방식이었기 때문으로 추정된다. 민감한 문제일수록 더 그랬을 것이다. 뒷날 로크, 버클리(George Berkeley) 그리고 흄도 대화체의 작품을 저술한 바 있다.

1666년 런던의 대화재와 전염병으로 인해 사회 분위기가 어수선해지면서, 무신론과 신성 모독에 반대하는 법안이 하원에 제출되었다. 『리바이어던』이 금서로 지목되었으며, 신변의 위협을 느낀 홉스는 자신의 소품들을 태워버렸다. 우리는 그것이 어떤 종류의 글인지 알 수 없다.

1668년 홉스는 자신이 직접 살았던 시대의 역사를 기록하기 위해 『비히모스 또는 장기 의회』라는 제목의 책을 저술하는데, 홉스는 이 책을 '영국 시민전쟁에 관한 대화(Dialogue of the Civil Wars of England)' 라고 부르고 있다. 이는 영국 시민전쟁 전후의 역사(1640년~1660년)를 대화체로 기록한 책이기 때문이다. 1679년 6월 19일자 홉스의 편지에 의하면, 이 책의 출간을 찰스 2세에게 요청하였으나 거절당했다고 기록하고 있다.[6]

1670년 『리바이어던』의 라틴어 판이 출판되었으며, 1674년에는 『절망적이던 몇몇 기하학적 원리들과 문제들(Principia et Problemeta Aliquot Geometrica ante desprata)』이 출간되었다.

1675년 87세가 된 홉스는 은퇴하여 자신의 제자인 3대 디본셔 백작과 함께 그의 저택들인 채트워스(Chatsworth)와 하드윅 홀에 기거하게 되었다. 호머의 『일리아드』와 『오디세이』를 영어로 번역하여 출간하였다. 홉스는 서문에서 '왜 내가 그것을 번역하였는가?'라고 자문하고는 '다른 할 일이 없어서 그렇다'라고 자답하고 있다. 또 '왜 출판했는가?'라고 묻고는 '나의 적대자들이 나의 다른 심각한 작품들에 보인 적대감을 조금이라도 누그러뜨릴 수 있다고 생각했기 때문이다'라 답하고 있다.[7]

노년의 홉스는 아무도 없는 것을 확인한 후 창문을 꼭꼭 닫고 매일 밤 노래를 불렀다. 노래 부르는 일은 생선을 먹고 와인을 마시는 것과 더불어 자신의 건강 유지법으로 그는 생각하였다. 오브리의 기록에 의하면 홉스는 평생 술 마신 경우

90세 때의 홉스.

가 100번을 넘지 않는다고 하는데, 그가 91세까지 살았다는 것을 감안하면 일년에 2번 이상을 마시지 않았다는 계산이 된다.

1678년 그의 나이 90세에 이르러 『자연철학의 열 가지 대화』를 출판하였다. 이와 같은 고령에도 불구하고 저술활동을 할 수 있었다는 점은 놀라운 일이다. 학자가 죽는 날까지 글쓰기를 멈추지 않을 수 있는 것은 건강의 도움 없이는 불가능한 일이다. 59세 때에 발진티푸스로 고생한 것과 60대에 찾아온 중풍 외에는 특별한 병이 없이 건강하였다. 그는 건강에 신경을 많이 쓰는 사람이었다. 땀을 많이 흘리는 것이 병에 안 걸리는 길이라 믿고 장시간 걷기, 강력한 마사지 받기, 따뜻한 옷 입기, 그리고 테니스 치는 일을 75살까지 계속했다. 평생을 총각으로 살았지만 그가 특별히 여성 혐오자는 아니었다고 오브리는 기록하고 있다. 마티니치는 홉스가 노년에 어떤 여성에게 보낸 사랑의 편지를 소개하고 있는데, 그 내용의 일부는 다음과 같다.

"내 비록 지금은 나이 90을 넘어 너무 늙었지만, 큐피드의 길로 나아가길 기대하노라.
수많은 거울들이 나를 떨게 하고 온통 어리석음으로 뒤덮인다 해도,

당당하고 현명하게 나는 여전히 사랑을 할 수 있고 연인을 가질
수 있다네.[8]

1679년 10월부터 시작되는 영국의 겨울 날씨는 91세의 노
인에게는 치명적이었을 것이다. '배뇨곤란' 이란 병이 심해
져 거의 거동이 어려운 상태가 되었고, 평생의 주인이었던 카
벤디쉬 집안의 한 저택인 하드윅 홀에서 기거했다. 그는 죽음
이 주는 고통이나 두려움보다는 병이 주는 신체적 고통을 더
싫어했다. 라틴어로 쓴 자서전에서 홉스는 다음과 같이 말하
고 있다.

"죽음이 내 곁에 서서 말하길, '두려워 말라.' (Et prope
stans dictat Mors mihi, 'Ne metue')"

12월 4일 목요일 91세의 일기로 평화롭게 세상을 뜬 그
는 하드윅 홀에서 1마일 가량 떨어진 올트 허크넬(Hault
Hucknall)의 작은 교회의 제단 앞 카벤디쉬 영주들의 동상이
내려다보는 바닥에 묻히게 되었다. 소문에 의하면, 홉스는 자
신의 무덤에 '여기 진정한 철학자의 비석을 세우노라' 라는
비문이 세워지길 원했다고 한다. 그러나 실제로 그의 무덤 위
에는 자신이 쓴 것으로 알려진 다음과 같은 비문이 새겨져 있
다.

"여기 오랜 세월 아버지와 아들, 두 분의 디본셔 백작을 모

섰던 맘스베리의 토머스 홉스의 뼈가 묻혀 있다. 그는 유덕한 사람이었으며, 학문에 대한 그의 명성은 국내나 국외에서 잘 알려져 있다."

2장

인생은 경쟁의 연속이다 :
인간론

홉스의 『리바이어던』은 모두 4부로 구성되어 있다. 이 가운데 사람들은 1부 「인간에 관하여」와 2부 「국가에 관하여」에 관심을 가장 많이 보여 왔는데, 홉스의 사회, 정치 철학이 대부분 이 두 곳에서 집중적으로 논의되고 있기 때문이다.

그러나 실제로 『리바이어던』의 전체 분량으로 보면 그 절반에 가까운 많은 지면을 할애하면서 홉스가 논의한 주제는 종교, 신학적인 문제들이다. 3부 「그리스도 왕국에 관하여」에서 홉스는 자신의 독특한 방식, 즉 계약론적 관점에서 성서를 해석하고 있으며, 4부 「어둠의 왕국에 관하여」에서는 잘못된 성서 해석의 위험성을 경고하고 아리스토텔레스의 잘못된 철학이 어둠의 왕국을 지배하는 세력들이라는 사실을 폭로하고 있다.

『리바이어던』은 명실상부하게 홉스의 대표작이다. 따라서 이 한 권의 책 속에는 그의 인간론, 도덕론, 정치론, 종교철학, 형이상학과 인식론 등이 모두 담겨 있다. 그의 전체 사상을 핵심적으로 이해하기 위해서는 그가 사용하고 있는 중요 개념과 그가 취한 입장들을 분석적으로 접근하는 일이 적절하다고 판단된다.

우선 1부에서는 다음과 같은 개념들과 견해들을 주로 다루고자 한다. 학문의 나무와 방법론, 유물론, 유명론, 인간론, 전쟁과 평화 그리고 사회계약론 등이 그것들이다.

학문의 나무와 방법론

17세기 초반 근대 철학의 문을 연 베이컨, 홉스 그리고 데카르트는 공통적으로 학문의 나무를 그리고 있다. 학문의 나무란 무엇이며, 왜 이들은 똑같이 학문의 나무를 그리고 있을까? 학문의 나무가 주는 상징성은 무엇인가? 이들 세 철학자는 근대 과학 혁명의 시대가 열린 상황에서 전통적인 학문 분류 방식에 불만을 갖지 않을 수 없었다. 학문의 토양이 바뀌고 있는데 어찌 고목에서 새로운 꽃이 피기를 기대할 수 있을 것인가. 이들은 새로운 나무에서 새로운 꽃이 피기를 기대하며 학문의 새 나무를 심고자 했을 것이다.

베이컨은 『학문의 진보』에서 학문의 나무를 그리고 있다. 정신의 세 가지 기능, 즉 기억, 상상력, 이성에 따라 학문을 역사학, 시학, 철학으로 분류하고 있으며, 철학을 다시 신의 철학, 자연철학, 인간의 철학(인문학)이라는 세 주제로 구분하고 있다. 철학의 분과들은 나무의 줄기나 가지와 같다. 형이상학은 물리학과 공동으로 사변적 자연철학에 속해 있다. 베이컨의 학문 분류표를 보면 과학과 형이상학은 동일한 학문의 체계 안에 자리 잡고 있다.

데카르트도 『철학의 원리』 서문에서 학문의 나무를 그리고 있다. 형이상학은 뿌리며, 물리학이 줄기다. 그리고 모든 다른 과학들은 이 줄기로부터 나온 가지들이다. 주요한 세 개의 가지는 의학과 역학 그리고 윤리학이었다. 학문의 열매는 뿌리나 줄기에서 나오는 것이 아니라 가지 끝에서 얻어지고 윤리학이 학문의 나무에서 얻을 수 있는 최고의 열매였다.

홉스는 『리바이어던』 9장에서 학문의 나무를 상세하게 그리고 있다. 학문(철학)은 크게 자연철학과 정치철학으로 구분된다. 홉스는 자연철학을 다시 구분해서 도덕철학과 좁은 의미의 자연철학으로 나누고 있고, 정치철학은 국가, 정부의 권리와 의무에 관한 이론과 국민의 권리와 의무에 관한 이론으로 구분하고 있다. 학문의 나무는 오직 운동론을 바탕으로 추론이 가능한 것들로만 이루어져 있다.

홉스뿐만 아니라 17세기 철학자들은 일반적으로 학문(science)과 철학을 그렇게 엄격하게 구분하지 않았다. 홉스는 철학 또는 학문을 다음과 같이 정의하고 있다.

> "원인이나 생성에 대해서 우리가 먼저 알고 있는 것으로부터 참
> 된 추론(ratiocination)을 통해 얻어진 결과 또는 나타난 것
> (appearances)에 대한 지식이다. 그리고 다시 먼저 알고 있는 결
> 과들로부터 얻게 되는 원인이나 생성에 대한 지식이다."[9]

이 말은 인과 관계를 갖고 있거나 참된 추론(ratiocination)
에 의해서 얻어진 지식만이 철학적 지식이 된다는 점을 말하
고 있다. 추론이 불가능한 것은 학문의 나무에서 잘라 버려야
할 죽은 가지들이다. 예를 들면 점성학, 교의학 그리고 이해
할 수 없는 '형이상학적 암호(metaphysical codes)'로 가득
찬 스콜라 철학의 이론이 그것들이다. 철학은 더 이상 '마제
타의 돌'처럼 오랜 세월 해독(解讀)을 기다리는 그런 '철학
자의 돌(philosopher's stone)'이 되어서는 안 된다.[10] 홉스는
학문의 나무에서 죽은 가지를 잘라냄으로써 자신이 그린 철
학의 나무가 건강하게 살아남을 수 있으리라 기대하였다.

근대 철학자들은 어떤 이유로 학문의 나무를 그렸을까? 그
것은 학문을 통해 우리가 알 수 있는 것과 알 수 없는 것의 한
계를 분명하게 구분 지으려는 의도였다. 뿌리가 없거나 허공
에 매달아 놓은 조화(造花)처럼 아무런 생산성이 없는 지식

아닌 지식들은 모두 철학 또는 학문의 세계에서 추방하려는 것이 근대 철학자들의 생각이었다. 이들의 학문에 대한 진지하고 정직한 태도는 19세기 실증주의 정신으로 계승되었다.

건강하고 생산성 있는 새로운 철학은 늘 새로운 방법론을 요청한다. 마치 새 술은 새 부대에 담아야 하듯이 그러하다. 근대 철학의 출발점에 서서 베이컨이 『새로운 기관(Novum Organon)』에서 우상론과 귀납법으로, 그리고 데카르트가 『방법서설』에서 수학적 방법을 통해 새로운 철학을 위한 방법론을 모색했듯이 전통 철학에 대해 강한 불신을 가졌던 홉스도 이들과 마찬가지로 동일한 요구 앞에 직면했다.

홉스는 전통에 뿌리박고 있는 고질적인 속견(opinion)을 사람의 마음에서 뿌리째 뽑아버리는 일과 말의 잔치에 불과한 잘못된 철학을 거부하는 일이 얼마나 어려운 일인가를 인정하고 있다. 홉스는 과거 철학의 병폐를 '불합리성(absurdity)' 또는 '무의미한 말들(senseless speech)'로 진단하면서 그 병폐의 제1원인을 방법론의 결핍에 두고 있다.[11]

특히 스콜라 철학이 비생산적인 철학을 할 수밖에 없었던 근본적인 이유도 잘못된 방법론 때문이라고 보았다. 옳은 방법론이 없었기 때문에 스콜라 철학자들의 자연철학은 더 이상 과학이 아니라 꿈에 불과했으며, 도덕철학과 논리학은 단지 감정에 대한 기술과 무의미한 말장난에 불과하게 되었다

고 비판하고 있다.[12]

홉스는 새로운 방법론을 찾아냄으로써 낡은 철학의 모습을 새롭게 만들려는 욕심을 가지고 있었다. 따라서 그가 새로운 철학을 위해 선택한 방법론의 모습을 포착하는 일은 그가 그린 학문의 나무 전체를 이해하는 밑그림이 된다.

홉스의 방법론에는 여러 가지 이름이 붙여져 있다. 가장 많이 알려진 이름이 '분해와 결합의 방법(resolutive-compositive method)'이다. '분해와 결합의 방법'이란 용어 자체는 파듀아 학파에서 의학 연구와 관련해서 사용했던 개념이었다. 여기서 분해란 우리가 알고자 하는 대상을 가장 작은 단위로 분해하여 더 이상 의심할 바 없는 확실한 토대를 찾아가는 과정을 말하며, 결합이란 그 토대로부터 점차 복잡한 것으로 종합해 가는 과정을 말한다. 따라서 분해와 결합은 분석과 종합의 방법이라고도 말한다.

이 분해와 결합의 방법을 물리학과 천문학에 적용해서 가장 성공한 사람이 바로 갈릴레이였다. 홉스는 갈릴레이와의 만남을 통해 이 방법론의 생산성을 이미 확인한 바 있기에 자신도 이것을 따르기로 결심한다. 이외에 1629년 우연히 알게된 유클리드 기하학의 엄밀한 논증의 방법에 매료된 홉스는 기하학 연구에도 일가견을 갖게 된다.

『물체론』의 독자 서문과 6장에서 홉스는 철학과 방법론에 관한 자신의 견해를 밝히고 있다. 앞의 것은 상당히 상징적으로 말하고 있으며, 뒤의 것은 많은 연구가들에 의해 자주 인용되고 있는 정의이다.

"철학은 피조물들 사이를 바쁘게 오르내리며 그것들의 질서, 즉 원인과 결과에 대해 참된 보고서를 만드는 인간의 자연적 이성 활동이다.……만약 당신이 성실한 철학자가 되고자 한다면 당신의 생각과 경험의 깊은 곳까지 이성이 내려갈 수 있도록 하라. 혼돈 속에 놓여 있는 사물들은 분리되고 구별되어야 한다. 이름 붙여진 것들은 모두 질서 있게 놓아라. 당신의 방법은 '창조의 방법(method of creation)'과 유사할 것이다.……"

"철학에서 방법은 알려진 원인으로부터 결과를, 또는 알려진 결과로부터 원인을 찾아내는 가장 빠른 지름길이다.……사물들의 원인을 알아내는 데는 분해와 결합 또는 부분적인 분해와 결합 이외의 방법은 없다. 결합을 종합적이라 부르는 것처럼 분해는 보통 분석적 방법이라 부른다."[13]

홉스가 철학자들에게 하느님의 창조의 방법을 모방할 것을 권유하는 이유는 어디에 있는가? 그것은 창조의 상징성에 있다. 창조가 '없는 것으로부터의 만듦(creatio ex nihilo)'을 의미하듯 홉스가 볼 때 근대 과학과 철학은 낡은 것을 버리고 완전히 새로운 창조가 필요한 것이었다. 그리고 창조의 방법과 순서에 따르면 먼저 태초의 빛이 존재하고 그 빛이 어둠과 밝음을 구별함으로써 창조가 시작되었듯이, 새로운 철학도 역시 자연의 빛인 이성이 존재하고 그 빛(이성)에 따라 혼돈과 무질서를 구별하고 질서를 세움으로써 시작한다.

구별하고 질서를 세우는 대상에 따라 자연철학, 도덕철학, 사회철학으로 각각 이름 붙일 수 있을 뿐 방법은 동일하다는 것이 홉스의 확신이었다. 『물체론』 6장에서 정의하고 있는 '분해와 결합의 방법'도 결국은 구별하고 질서를 세우려는 홉스의 철학적 작업에 붙일 수 있는 별명일 뿐이다.

유물론 : 물체와 운동

홉스는 근대 제일의 유물론자(唯物論者)이다. 그는 고대 그리스의 데모크리토스와 로마의 에피쿠로스와 루크레티우스(Lucretius)의 원자론과 유물론을 계승하고 있다. 기독교의 등장 이후 1천5백여 년이란 오랜 시간을 사상사의 무대 뒤편에서 때를 기다려야 했던 유물론은 17세기에 와서 홉스와 프랑스 사람 삐에르 가상디(P. Gassendi)를 통해서 비로소 철학사의 전면으로 떠오르게 된다.

홉스 철학의 중심에는 언제나 유물론의 두 중요 개념인 물체(bodies)와 운동(motion)의 개념이 자리 잡고 있다. 반 아리스토텔레스주의자인 홉스는 아리스토텔레스의 목적론적 운동 개념을 거부하고 그 자리를 갈릴레이의 기계적인 운동 개념으로 대체했다. 그리고 데모크리토스와 루크레티우스의 물체 개념을 가지고 철학의 세 주제인 자연, 인간, 사회를 설명하고자 했다. 그는 물체만이 유일한 실체(substance)라고 보는 강한 유물론자의 입장을 분명히 하면서 자신의 철학을 시작하고 있다. 홉스는 물체와 운동의 개념을 가지고 물리적인 자연세계를 가장 모범적으로 설명한 사람으로 갈릴레이를, 그리고 인간의 몸(human bodies)을 가장 성공적으로 설명한 이로 영국 사람인 윌리엄 하비(William Harvey)에게 공을 돌리고 있다.

> "어려움과 싸우면서 운동의 본질에 관한 지식, 즉 자연철학의 문을 우리에게 처음 열어 준 사람은 우리 시대의 갈릴레이였다."
> "개정된 운동 개념으로 갈릴레오는 자연철학을 새롭게 만들었고, 인간의 몸에 관한 학문은 윌리엄 하비(혈액 순환론을 처음으로 발견한 영국 의사로서 홉스와 동시대인)에 의해 진보했으나 시민(정치)철학은 나의 『시민론』보다 더 오래되지 않았다"[14]

그는 먼저 운동(motion) 개념을 가지고 인간의 감정에 대해 설명하고 있다. 인간을 운동하는 물체의 하나로 보고 물리적(신체적) 운동을 비자발적 운동(생리적 운동)과 자발적 운동으로 나누고 있다. 모든 자발적 운동에는 '상상력'이라는 심리적(내적) 운동이 선행하며, 눈에 보이는 자발적 신체 운동이 나타나기 전 신체 내부에서 일어나는 작은 운동의 시작은 '의도(endeavour)'이다. 이 '의도' 개념은 『리바이어던』에서보다는 『인간론』과 『법의 기초』에서 더 세밀하게 설명되고 있다. 홉스는 '의도'의 개념을 운동과 관련해서 다음과 같이 설명하고 있다.

> "외부 대상에 대한 감각은 신체 기관에 의해 만들어진 반작용 또는 저항의 결과이다. 따라서 감각은 밖으로 밀어내려는 신체 기관의 의도(endeavour)에 있다. 환희는 어떤 대상의 활동에 의해 만들어진 정념 안에 존재하며 그것은 하나의 내부적인 의도이다." [15]

홉스 연구가 리처드 피터즈(Richard Peters)에 따르면, '의도'는 "홉스로 하여금 운동에 관한 일반 이론(물리적인 세계에서의 운동 이론)을 가지고 인간의 행위를(신체 내부의 감각 운동으로부터 나오는 신체 외부의 운동) 기술하도록 만든 연결 개념"이다. [16] 이 말은 홉스가 '의도' 개념을 가지고 인간의 내부에서 일어나는 작은 운동의 시작을, 그리고 '코나투스(conatus)'의 개념을 가지고 물리적인 세계에서 일어나는 작은 운동의 시작을 똑같이 설명하고 있다는 해석이다. [17]

홉스가 보기에는 물리학에서 사용되는 개념인 '추진력(conatus)'과 심리학적 용어로 사용되는 '의도(endeavour)' 사이에 아무런 차이가 없다. 『물체론』에서 내리고 있는 코나투스에 대한 정의를 보면 이 점이 보다 분명해진다.

> "코나투스(conatus)는 위치와 숫자로 주어질 수 있는 것보다 더 작은 공간과 시간, 즉 점(点)이나 순간을 통해 만들어진 운동이다." [18]

여기서 홉스가 사용하고 있는 '의도 또는 코나투스'의 개념이 스피노자와 라이프니츠에게 직접적으로 영향을 미치고 있다는 사실에 주목할 필요가 있다. 스피노자나 라이프니츠는 모두 코나투스 개념을 사용하면서 홉스의 용법에 주목했기 때문이다. 노년의 철학자 홉스에게 젊은 과학자 라이프니츠는 코나투스에 관해 질문하는 편지를 보낸 바 있다.

유명론 : 언어의 효용과 악용

"이 세상에 보편적(universal)인 것은 없고 이름(name)만 존재
한다. 왜냐하면 이름 붙여진 사물들은 모두 개별적이고 특수한
것들 중의 하나이기 때문이다."

"모든 사물의 총합인 우주는 물질적(corporeal)이며 물체(body)
뿐이다. 물체가 아닌 것은 우주의 부분도 아니다." [19)]

위의 이 두 인용문은 홉스가 급진적인 유명론자(唯名論
者)이자 유물론자라는 사실을 가장 분명하게 보여주는 문장
이다. 홉스는 유물론과 유명론에 근거해서 자신의 존재론을
세우고 있다. 우주 전체에서 존재하는 모든 것은 물질이며 그
물질의 최소 단위가 '물체(body)'이다.

그러므로 마음의 안과 밖에 정신적인 무엇이 존재한다면 그것은 오직 이름으로만 존재한다. 어떤 개별적인 것이 존재하기 위해 보편적 존재를 필요로 하지 않는다. 따라서 유물론자이자 유명론자인 홉스의 세계에 '정신적 실체'나 '보편적 본질' 같은 개념이 자리할 공간은 없다. 왜냐하면 자연은 개별적인 사물들과 그것들의 이름만으로 이루어져 있기 때문이다.

홉스는 중세 말기에 스콜라 철학에 도전했던 오캄(William Ockham)의 유명론의 전통을 계승하고 있다. 이 말은 두 가지 점에서 중요한 의미가 있다. 첫째, 홉스 이후 영국 철학의 별명인 경험론의 정신이 14, 5세기 영국이 낳은 두 위대한 철학자 둔스 스코투스(1266~1308)와 오캄(1285~1349)의 유명론의 정신과 맞닿아 있기 때문이다. 17, 8세기 영국 경험론은 14, 5세기 유명론의 확장이라고 보아도 좋을 것이다.

둘째, 스콜라 철학을 붕괴시키는 데 결정적 역할을 한 오캄의 정신이 그대로 홉스에게서 다시 재현되기 때문이다. 둔스 스코투스와 오캄이 모두 프란치스칸(Franciscan)이었다는 사실은 이들이 토머스 아퀴나스를 중심으로 한 도미니칸(Dominican)의 주지주의(主知主義)에 대해 비판적일 수밖에 없었다는 점을 말해 주고 있다. 이들은 이성의 능력이 경험의 세계 안에 머물러야 한다는 원칙에 철저했던 사람들이었다.

도미니칸이 무모하게 주지주의적인 태도를 취한 것에 대해 이들은 주의주의(主意主義)로 대응했다. 아마도 홉스가 오캄의 유명론의 전통을 계승했다면 그것은 이 두 사람이 공통적으로 스콜라 철학의 말장난 같은 형이상학 이론에 강한 거부감을 가지고 있었다는 점 때문일 것이다.

이 점에서는 베이컨(F. Bacon)이 우상론에서 가르치고 있는 '시장의 우상'도 같은 맥락에서 이해될 수 있을 것이다. 베이컨은 인간이 얼마나 쉽게 언어에 의해 기만당하기 쉬운 마음의 경향을 가지고 있는가를 지적하고 있는데, 홉스는 무의미한 말들에 둘러싸인 스콜라 철학이 바로 대표적인 우상들이라고 생각했다.

홉스에 따르면 철학적 진리의 최소 단위는 명제(proposition)이며 명제는 명사(name)들로 이루어져 있다. 따라서 언어가 없이는 명제도 없고, 명제 없이는 참과 거짓도, 추론과 삼단논법도 있을 수 없다. 다시 말해 '사람들이 인위적으로 부여한 명사들의 사용 없이는 정의와 부정의, 참과 거짓 그리고 어떤 보편적인 명제도 있을 수 없다.' 20) 철학적 진리는 명사들의 올바르고 적절한 사용에 있으며 '참과 참된 명제는 모두 하나'이다.21)

그렇다면 왜 홉스는 언어의 문제를 그렇게 심각하게 다루고 있으며, 유명론을 자신의 철학적 근거로 삼고 있는가? 언어에 대한 홉스의 관심은 근본적으로 언어가 도덕적 또는 정치적인 기능을 하고 있다는 사실로부터 나왔다. 홉스의 유명론은 자연철학, 도덕철학, 사회철학 그리고 정치신학의 여러 부분들을 관통해서 흐르고 있는 하나의 철학적 관점이다.

보편적 본질의 세계를 부인하고 있는 홉스가 볼 때 오직 존재하는 것은 개별자와 그 이름뿐이다. 이는 그의 유물론과 유명론이 결합해서 나온 자연스러운 주장이다. 또 도덕의 영역에서도 홉스는 모든 사람이 따라야 할 공통의 보편적 기준이란 없다고 말한다.

인간이 추구해야 할 궁극적 목적(finis ultimus)이나 지향해야 할 최고 선(summum bonum)이란 없다. 선이란 오직 개인이 욕구하는 것이며, 악이란 혐오하거나 기피하는 대상에 붙여진 이름일 뿐이다. 동일한 대상도 시간과 장소에 따라 쾌락을 줄 수도 있고 고통을 줄 수도 있다. 쾌락을 주면 선이라 하고 고통을 주면 악이라 할 뿐이지 원래부터 선이나 악이 결정된 것은 없다. 이런 윤리적 상대주의의 견해는 그의 유명론과 쾌락주의와 개인주의 입장이 결합해서 나온 자연스러운 생각이다.

사회철학의 문제를 해결하는 데도 언어는 중요한 역할과 기능을 한다. 언어의 사회적 기능과 관련해서 자주 인용되고 있는 곳은 다음과 같다.

"언어가 없이는 사람들 사이에 국가, 사회도, 계약도, 평화도 없으며, 사자나 곰, 늑대들의 세계와 다를 바가 없다."[22]

이 말은 인간이 자연 상태를 벗어나는 일이며, 사회계약을 통해 사회와 정부를 구성하는 일이 모두 언어라는 매개를 통해서 가능하다는 것을 말해 주고 있다. 토론과 논쟁, 협상과 타협을 생명으로 하는 정치의 세계에서 언어의 올바른 사용은 결정적이다. 개인과 개인 사이 그리고 통치권자와 백성과의 올바른 관계 형성도 합리적인 대화가 전제되어야 하고 이를 위해서는 정확하고 약속된 언어 사용이 요구된다. 『인간론』에서 홉스는 이 점을 분명하게 말하고 있다.

"한 사람은 다른 사람을 가르칠 수 있다. 즉 자신의 지식을 다른 사람에게 전달할 수 있고, 경고할 수도, 충고할 수도 있는데 이 모든 것들은 말함으로써 얻을 수 있는 것들이다. 의사소통을 통해 선하고 훌륭한 것은 더 커진다. 우리는 명령을 내릴 수 있고 그 명령을 이해할 수 있는데 이것이 언어가 주는 혜택이며 최상의 것이다."[23]

『리바이어던』 4장에서 홉스는 언어를 잘못 사용하여 도덕과 정치의 세계에 나쁜 영향을 주는 책임을 스콜라 철학자,

수사학자, 기독교 신학자 그리고 타락한 정치가들에게 돌리고 있다. 즉 말을 일정한 의미로 사용하지 않음으로써 자신의 생각을 잘못 기록할 뿐만 아니라 자기를 기만하는 경우(스콜라 철학자), 말을 비유적으로 사용함으로써 다른 사람을 기만하는 경우(수사학자), 말을 통해 자기 의지가 아닌 것을 자기 의지라고 하는 경우(자유의지론자), 그리고 서로 괴롭히기 위해 말을 사용하는 경우(선동 정치가)가 그것들이다.

언어를 잘못 사용하는 첫 번째 책임은 스콜라 철학자들에게 돌아간다. 왜냐하면 이들은 '정신적 실체, 무형의 물체' 같은 무의미한 말들을 서슴없이 하기 때문이다.

두 번째 악용의 책임을 홉스는 수사학자들(rhetoricians)에게 돌리고 있다. 이들은 '정념에 적합한 말들을 비유적으로 사용함으로써 사람들의 감정을 자극시키며 수사적인 논리를 통해 진리를 찾는 것이 아니라 말로 다른 사람을 이기는 것을 목표로 삼는' 사람들이기 때문이다.[24]

홉스의 견해에 의하면, '수사학은 이성이 맞서서 싸워야 할 최대의 교활한 적이다. 사람의 감정에 주로 작용함으로써 사람들을 함정에 빠뜨리는 데 강력한 힘을 가지고 있다.'[25] 수사학의 기법은 교활하여 '이성(ratio)과 연설(oratio)을 혼동하게 만들고', 말만 흉내 내는 앵무새처럼 진리를 모방하는 일만 한다.[26] 이성을 사용한 합리적 추론과 수사학적 진술 사이를 구분하는 일이 쉽지는 않지만, 근본적으로 전자는 진리를 추구하는 일이며 후자는 단순한 의견만을 내놓는다. 이성과 수사학의 차이는 마치 '논리학' 대 '수사학', '이성' 대 '연설', '가르치는 일(teaching)' 대 '설득하는 일(persuasion)', '수학적인 것(mathematici)' 대 '독단적인 것(dogmatici)'의 차이와 대비를 이룬다.[27]

언어를 악용하는 세 번째 책임은 자유의지를 주장하는 기독교 신학자들에게 돌아간다. 특히 브럼홀 감독(Bishop Bramhall)같은 자유의지론자를 마음에 두고 있었다. 마지막 언어의 악용은 정치적인 함축을 지니고 있는데, 선동 정치가(demagogue)들이 주로 범하고 있는 언어의 악용이 이에 해당한다고 보았다.

여기서 우리는 홉스가 1629년에 투키디데스의 『펠로폰네소스 전쟁사』를 번역 출판한 이유에 대해 주목할 필요가 있다. 왜냐하면 투키디데스는 이 책에서 사회 통제의 수단으로서 언어가 지니는 심리적 효과에 대해 지적하고 있으며 당시 아테네에 만연되었던 선동 정치가들의 영향력이 사회 분열의 주범이라고 보고하고 있기 때문이다. 홉스는 이 책의 번역을 통해 언어를 정치적 주제의 하나로 다루고 있음을 볼 수 있다. 사회의 분열은 언어가 정상적인 기능을 하지 못하는 데서 오는 일종의 붕괴 현상이며, 기원전 5세기 아테네의 혼란

과 17세기 중반 시민전쟁을 눈앞에 둔 영국 사회가 이런 점
에서 공통적이라고 홉스는 보고 있다.

인간론 :
수인의 딜레마(Prisoner's Dilemma) 비판

　　흔히 상식적으로 이해하고 있는 홉스의 인간론은 한 마디로 성악설로 대변된다. 서양의 순자(荀子)라고 불리울 정도로 홉스는 인간의 본성을 악하다고 말한 것으로 오해되어 왔다. 이런 오해는 자연 상태(state of nature)에서 살아가는 인간의 참담한 모습이 마치 홉스가 마음에 두고 있는 인간의 본래 모습인 양 잘못 이해한 데서 비롯된다.

　　분명 홉스는 자연 상태에서 끊임없이 투쟁하면서 살아가는 비참한 인간의 모습을 생생하게 그리고 있다. '인간은 본질적으로 이기적이고, 자기 생명을 보호하기 위해서는 어떤 일도 할 수 있는 준비가 되어 있으며, 때때로 공격적이고 파괴적인 행위도 서슴지 않을 반사회적인 성격을 지니고 태어난 존재이다.' '자연 상태에서 인간은 만인에 대한 만인의 투쟁 상태(bellum ominum contra omnes)'로 살아갈 수밖에 없으며, 특히 '폭력적인 죽음에 대한 공포(fear of violent death)'를 지속적으로 안고 살아가야만 하는 존재이다. '인간은 인간에 대해 늑대와 같다.(homo homini lupus)' 이런 상태에서 "인간의 삶은 고독하고, 비참하고, 괴롭고, 잔인하며 그리고 짧다."[28]

13장에서 홉스가 그리고 있는 인간의 모습은 분명 자연 상태에서 존재하는 이기적이고 야만의 얼굴을 한 모습이다. 자연은 인간을 능력에 있어서 평등하게 만들었다. 몸이 크고 강한 사람은 머리를 조금 나쁘게 만들고, 몸이 작고 약한 사람은 꾀가 많아서 자신의 신체적 약점을 보완할 수 있도록 배려하는 것이 자연의 섭리이다. 이런 능력의 평등은 욕구와 희망의 평등을 갖게 만든다. 그래서 "동일한 물건을 동시에 두 사람이 가지고 싶을 때, 서로 향유할 수 없으면 적이 된다"고 한다.[29]

인간은 본능적으로 자기중심적이거나 이기적인 존재이다. 그러나 그 이기성은 그 자체로 악이 아니다. 왜냐하면 인간이 이기적인 행동을 하는 것은 모두 자기를 보호하려는 욕구나 감정으로부터 나오는 것이며, 인간의 욕구나 정념은 그 자체로 죄악이 아니기 때문이다. 이런 주장은 인간이 본성상

이기적이라는 전제와 인간은 전적으로 자기 이익을 도모하기 위해서만 행동한다는 '심리적 이기주의(psychological egoism)' 입장을 전제로 해야만 한다. 홉스적 인간이 누리는 삶은 '경쟁의 연속이며 달리는 경주와 같다.' 그리고 '그 최종적인 목표는 자기만족이며 최고가 되는 것이다.'[30]

　더 나아가서 홉스의 인간을 이기주의자로 해석할 수 있는 근거는 자연 상태에서 자연으로부터 주어지는 자연권(natural right)과 깊은 관련이 있다. 자연 상태에서 인간은 자기보호를 위해 어떤 일도 할 수 있으며, 심지어 다른 사람의 생명을 빼앗을 수 있는 자유와 권리가 주어져 있다. 왜냐하면 자기보호(self-preservation)는 모든 사람이 추구하는 궁극적 목적이기 때문에 이 목적을 위해서는 어떤 수단을 동원하더라도 정당하기 때문이다. 더구나 자연 상태에서는 아직 도덕과 법률이 만들어지기 이전 상태이기 때문에 부도덕성도 위법성도 존재하지 않는다. 오직 자연권의 이름으로 자유와 권리가 무제한으로 확대될 수 있을 뿐이다.

　그렇다면 자연 상태에서 살아가는 인간의 모습이 홉스가 본래 생각한 인간의 모습을 제대로 반영하고 있는가? 대부분의 홉스 연구가들이 동의하고 있듯이 자연 상태는 시민사회와 대비되는 논리적 가설 상황이다. 자연 상태에서 살아가는 인간의 모습이 얼마나 비참한가를 보여줌으로써 질서와 평화가 유지되는 시민사회의 필요성을 강조하기 위한 전략적 개념이 바로 자연 상태이다. 따라서 이런 상황에서 묘사되고 있는 인간의 모습도 가설적이거나 제한적일 수밖에 없다. 인간이 이기적이거나 다른 사람에 대해 공격적일 수밖에 없는 상황은 본성이 악해서라기보다는 본성 가운데 어두운 면과 삶의 환경, 즉 무정부 상태나 전쟁 상태 같은 최악의 환경이 한데 어울렸을 때 나올 수 있는 상황일 것이다.

자연 상태에서 개인의 궁극적 목표를 '자기 (생명) 보호'로 설정하고, 또 인간의 본성을 심리적 이기주의로 해석하는 한, 홉스적 인간이 직면하게 될 마지막 존재 상황은 비극적일 수밖에 없다. 오직 힘을 무한히 증가해야만 자기보호가 확보된다는 신념은 무한 경쟁으로 돌입하게 만들며, 이는 역설적으로 단지 무한한 불안전으로 유도할 뿐이다. 자기보호와는 완전히 반대인 자기 파괴만이 자연 상태에서 존재하는 인간의 마지막 비극적 결과이다. 이것이 자연 상태에서 살아가는 홉스적 인간들이 직면하는 딜레마이다.

여기서 우리는 소위 '수인의 딜레마(prisoner's dilemma)'에 나오는 죄수들의 행동 방식이 마치 자연 상태에서 홉스적 인간이 선택하는 것과 같다는 해석에 대해 문제를 제기하고자 한다.

먼저 게임 이론가들이 자주 인용하는 '수인의 딜레마' 상황을 나타내 주는 전형적인 예를 하나 들어 보자. 중죄를 범한 두 피의자 '가' 와 '나' 를 각각 격리시킨 채 검사가 동일한 조건을 제시한다. 만약 한 사람이 자백하고 다른 사람이 자백하지 않으면 자백한 사람은 배심원들을 설득해서 형을 1년으로 줄여 줄 것이고 다른 사람은 10년을 살게 할 것이라고 말하고 선택을 요구한다. 이 선택적 상황을 논리적인 형식으로 바꾸어 표현하면 다음과 같이 할 수 있을 것이다.

대전제 : 만약 공범자가 고백한다면 나도 고백하는 것이 좋다.(If p then q) 왜냐하면 그렇지 않을 경우 나는 10년의 형이 선고될 것이기 때문이다. 만약 그가 자백하지 않으면 나는 자백하는 것이 좋다.(If r then q) 왜냐하면 나는 1년이면 출옥할 수 있기 때문이다.

소전제 : 그는 자백하거나 자백하지 않거나 둘 중의 하나이다.(Either p or r)

결론 : 따라서 그가 어떻게 결정하든 나는 자백하는 것이 좋다.(q이다.)

이것은 단순 구성적 딜레마(simple constructive dilemma) 이다. 이 딜레마에 빠진 두 죄수는 서로 대화할 수 없는 상황에서 모두 자백할 것을 결정했고 5년의 징역을 살아야만 했다. 이 죄수들이 취한 선택적 행동은 자연 상태에서 합리적이고 이기적으로 계산하고 행동하는 홉스적 인간의 선택과 동일한 것인가?

피상적으로 보면 그럴 듯해 보이지만 이것은 홉스의 인간관을 잘못 이해한 데서 오는 잘못된 추론의 결과로 보인다. 다시 말해 자연 상태에서 존재하는 홉스적 인간은 위의 '수인의 딜레마'처럼 서로 전혀 접촉이 불가능하거나 대화할 수 없는 상황에 놓여 있는 것이 아니다. 비록 자연 상태가 전쟁 상태와 유사하지만 지속적으로 사람들 사이에 접촉은 가능하며 공격적인 성향을 가진 사람들 사이의 접촉일 뿐 전혀 대화할 수 없는 상황은 아니다.

따라서 '수인의 딜레마'에서 설정하고 있는 두 죄인의 존재 조건과 자연 상태에서 그리고 있는 홉스적 인간의 존재 조건 사이에는 커다란 차이점이 있다. 이 차이점에 대해 알란 라이언(Alan Ryan)은 다음과 같이 구분하고 있다.

> "딜레마에 빠진 두 죄수는 '효용성을 극대화하려는 사람들(utility-maximizer)'이기 때문에 상대방을 최대한으로 이용하고 착취하려는 사람들이나, 자연 상태에서 존재하는 홉스적 인간은 폭력적인 죽음과 같은 '파국을 피하려는 사람들(disaster-avoider)'이기 때문에 상대방을 이용하기보다는 평화를 모색하

는 사람들이다."[31]

　그렇다면 홉스가 마음에 두고 있는 인간은 어떤 모습인가? 인간의 본성 가운데는 어두운 면과 밝은 면이 모두 있는데, 만약 어두운 면을 지나치게 강조하여 인간의 이기성과 공격성만을 부각시킨다면 이는 홉스의 인간관에 대한 공평하지 못한 이해로 빠질 위험이 있다. 홉스는 인간의 이기적 본성을 강조하면서도 '고립주의(isolationism)'에 반대하고 있다. 『시민론』에서 이 점을 분명하게 말하고 있다.

　　"본질적으로 인간은 태어나자마자 고립(독)과 적이 된다고 나는 분명하게 말해야만 한다. 따라서 사람들은 함께 하기를 원하며 심지어 자연이 그렇게 요구한다는 것을 부인할 수 없다."[32]

　이 인용문은 홉스적 인간이 고립주의자가 아니라는 것을 보여 주며 자연 상태에서 존재하는 인간이 '수인의 딜레마'에 나오는 죄수 같은 고립적, 이기적 존재가 아니라는 것을 보여 준다. 비록 인간의 본성 가운데 어두운 면이 있다는 점을 강조했지만 그는 인간이 본성상 사회적인 존재라는 점도 강조하고 있다.

　『리바이어던』 6장에서 그는 자비, 선의(good will), 자선을 모두 '다른 사람에게 좋게 하고자 하는 욕망'이라고 정의하고 있으며, 이런 정념들은 모두 인간의 선한 본성으로부터 나온 것이라고 말하고 있다. 또 『법의 기초』 1부 9장과 『시민론』에서 그는 인간의 사회성과 상호 의존성에 대해 다음과 같이 말하고 있다.

> "인간은 본성상 사회적이며,…… 자신의 욕망을 충족시킬 뿐만 아니라 다른 사람을 도울 수 있는 자신을 발견하는 것보다 더 위대한 주장은 없다. 여기에 자선(charity)이라는 개념이 자리 잡고 있다."[33]
>
> "모든 사람은 다른 사람을 위해 자신이 적응하도록 노력해야만 한다. 이것이 자연의 다섯 번째 법칙이다. 사람들이 사회로 들어올 때는 여러 가지 다양한 경향들을 가지고 있는데 그 다양성은 건물을 지을 때 사용된 돌의 재료와 모양의 다양성과 다르지 않다."[34]

전쟁과 평화 : 평화 애호주의

전쟁과 평화는 동전의 양면과도 같다. 평화의 소중함은 전쟁의 참혹함을 경험한 후에야 비로소 깨닫는 경우가 많으며, 평화는 때때로 전쟁을 통해서 확보될 수 있기 때문이다. 자연 상태와 시민사회는 마치 전쟁과 평화의 관계와도 같다. 자연 상태가 전쟁 상태라면 시민사회는 평화가 보장되는 사회이기 때문이다. 또 자연 상태의 파국은 시민사회의 도래를 의미하며, 시민사회의 종말은 전쟁 상태의 시작을 의미하기 때문이다.

13장에서 보여 준 인간의 자연적 조건, 즉 자연 상태에 대한 설명은 평화에 대한 요구가 왜 절실한가를 강변해 주고 있다. 자연 상태에서는 자기 존재를 부정하거나 제거하려는 적대자와 죽기 살기로 싸움을 계속해야만 한다. 승리에 대한 보장이 없으면서도 싸움은 계속될 수밖에 없다. 자연 상태에서 인간의 행동을 규제할 도덕적 규범이란 오직 자연법밖에 없다. 자연법 이외에는 어떤 행동도 자기보호를 위해서라면 정당화되기 때문에 정글의 법칙만이 유일한 행동의 준칙이 된다.

비록 자연 상태가 실제 상황이 아니라 시민사회의 구성을 설명하기 위한 논리적 가설 또는 비역사적 허구라는 것이 홉스 연구자들의 공통된 해석이지만 자연 상태의 정황들은 현실 세계의 어두운 상황을 그대로 반영한다고 보아도 무방할 것이다. 자연 상태와 시민사회는 완전한 대칭 관계라기보다는 공통집합의 관계라고 보아야 할 것이다. 타락한 시민사회는 자연 상태와 유사하며, 자연 상태에서도 평화에 대한 희망은 싹틀 수 있기 때문이다. 우리가 살고 있는 지금의 세계를 보면 성숙한 시민사회와 자연 상태가 공존하고 있는 듯이 보인다.

세계화와 무한 경쟁 시대라고 말하는 현대 사회에서 주로 목격되는 인간관계는 홉스가 말하는 자연 상태에서의 그것과 크게 다르지 않다. 강자(강대국)와 약자(약소국)가 한 울타리 안(세계화)에서 같은 먹이를 놓고 공정한 게임의 규칙(WTO 체제)이라는 이름으로 서로 다투는 상황이 강자들이 말하는 허울 좋은 세계화이다. 승자가 모든 것을 가져가는 잔인한 경쟁체제에서 실제로는 공정하지도 않은 게임을 강요당하고 있는 것이 현실이다.

17세기의 자연 상태와 21세기의 세계화 논리 사이에서 발견되는 유사성은 삶의 조건이 비슷해서가 아니라 인간 본성의 공통성 때문이다. 17세기 영국 사회에서 살았던 사람들이나 오늘의 한국 사람이나 본성에 관한 한 동일한 설명이 가능하며 유사한 심리적 성향을 가지고 있다는 사실은 행동 양식에서도 유사할 것이라는 개연성을 높여 준다. 홉스의 설명이 여전히 유효한 이유는 그가 사회·정치적 현상을 인간의 본성과 심리적 조건을 근거로 해서 설명하고 있기 때문이다.

인간이 폭력적이고 타자에 대해 공격적인 본성을 가지고 살아가는 것은 자연 상태에서나 시민사회에서나 마찬가지이다. 따라서 자연 상태에서 보이는 폭력적 성향은 시민사회에서도 마찬가지로 기회만 주어지면 표출된다. 홉스는 인간이 폭력적인 성향을 가지게 된 배경에 세 가지 욕망이 자리 잡고 있다는 점에 주목하고 있다. 즉 폭력적인 전쟁 상태로 빠지게 만드는 심리적 원인에 대해 홉스는 『법의 기초』와 『시민론』 그리고 『리바이어던』에서 각각 조금씩 다르게 표현하고 있다.

『법의 기초』[35]에서는 허영심(vanity), 비교감정(comparison),

욕구(appetite)라고 표현하고 있으며, 『시민론』[36]에서는 헛된 영광(vain-glory), 재치(지력)의 겨룸(combat of wit), 그리고 동일한 사물에 대한 욕구(appetite to the same things)라고 말하고 있다. 『리바이어던』[37] 13장에서는 경쟁심(competition), 자기 확신의 결핍(diffidence) 그리고 영광(glory)이 그것들이다.

이름은 조금씩 다르지만 『리바이어던』에서 지목한 세 가지로 모두 수렴될 수 있다. 왜냐하면 허영심과 헛된 영광을 바라는 마음은 영광을 추구하는 것과 다르지 않으며, 비교감정과 재치의 겨룸은 결국 『리바이어던』에서 말하는 자기 확신의 결핍을 결과로 초래하기 때문이다. 또 동일한 사물에 대한 욕구는 모두 경쟁심을 부추기는 심리적 원인들이기 때문이다.

첫째, 경쟁심과 폭력의 관계에 대해 살펴보자. 경쟁심이란 사람들이 무엇인가를 얻기 위해 다른 사람을 공격하게 만드는 감정이다. 이런 경쟁심은 사회·경제적 조건에 따라 약화되기도 하고 강화되기도 하지만 17세기 초기 자본주의 체제가 출발한 이래 약화된 적은 없었다. 소박한 시장경제 체제와 소유적 개인주의(possessive individualism)의 만남은 유럽 사회를 경쟁 사회로 만들어 갔다.[38] 그리고 인간의 마음 안에 내재되어 있던 경쟁심은 시장경제 체제에서 점차 폭력적인 양상을 보이기 시작했다. 자본주의 사회는 욕망의 확대 재생

산과 이를 충족시켜 줄 생산성의 증가를 통해서 유지되는 사회이기 때문에 생산성을 높이기 위해서는 생산력과 생산관계의 변화가 불가피하다. 그리고 새로운 기술의 개발이 생산력의 증가에 기여한다면 경쟁심을 자극하여 상호간에 경쟁하도록 하는 것도 생산성을 높이는 하나의 효과적인 방법이다.

또 경쟁심은 이기심과 가족 유사성을 가진 감정이다. 인간은 본성적으로 이기적 존재라고 본 홉스의 심리학적 이기주의(psychological egoism)는 경쟁심 때문에 발생하는 어떤 폭력도 정당하다고 말할 수 있는 근거를 제공한다.

최근 우리 사회뿐만 아니라 전 지구적 지배 이데올로기로 부상한 세계화와 경쟁력 강화는 모두 경쟁심과 이기심을 전제로 해서 세계를 재편하려는 시장경제론자들의 음모가 숨어 있다. 세계화는 시장경제 체제 내에서 강자의 자유로운 경쟁을 보장하지만 약자의 편에서 보면 잔인하게 착취할 수 있는 논리를 강자에게 제공할 뿐이다. 국가와 국가 사이에서도 경쟁심이 얼마나 폭력을 낳았는가는 지난 냉전시대를 돌이켜 보면 너무도 분명하게 알 수 있다. 홉스의 다음 말은 섬뜩할 만큼 사실적이지 않은가?

"사람의 경쟁심은 다른 사람의 신체, 처자식과 가축까지 모든 것의 주인이 되기 위해 폭력을 사용한다."[39]

둘째, 자기 확신의 결핍(diffidence)은 안전을 확보하기 위해 다른 사람을 공격하게 만드는 감정이다. 자기 확신이 없다는 것은 자기에 대한 불신과 타자에 대한 불신을 모두 함축하고 있다. 자기 확신의 결핍은 비교감정에서 나오며 다른 사람과 재치를 겨룰 때 생기는 패배의식에서 나온다. 외부로부터 가해지는 위협에 대항해서 자기 스스로 방어할 수 있는 능력이 없을 때 자기 불신은 생기며, 동시에 다른 사람이 언제라도 필요하다고 생각되면 선수를 쳐서 나를 위협할 수 있는 가능성이 있는 한 타자에 대한 불신은 불가피하다. 그래서 이불신은 자기를 스스로 방어하게 만들며, 필요하면 내가 먼저 선수를 치기 위해 폭력을 사용할 수도 있다.

자신이 없는 사람이 더 폭력적인 경우는 너무도 많다.[40] 다른 사람을 믿지 못하는 사람은 분명 자기 자신부터 믿지 못하는 사람인 경우가 많은 것도 사실이다. 확신이 없을 때 불신하게 되고, 불신은 언제라도 타자를 폭력적인 방법으로 제거할 수 있는 명분을 안고 있다.

셋째, 영광 또는 헛된 영광(vain-glory)에 대한 욕구는 명성을 얻기 위해 다른 사람을 공격하게 만드는 감정이다. 또이런 욕구는 가치가 낮은 사소한 것들을 얻기 위해서도 주저

없이 폭력을 사용하게 만든다. 헛된 영광을 추구하는 일이 사람을 얼마나 경쟁적으로 만들며 다른 사람에 대해 공격적인 태도를 보이게 하는지는 경험적 사례들을 통해 알 수 있다. 헛된 영광을 추구하는 사람(vain glory seeker)은 자신의 실제 능력보다 더 많은 능력이 있다고 판단하는 사람들이다. 그래서 특권을 누리려고 하며 다른 사람보다 우세한 힘을 얻으려고 애쓴다.

> "다른 사람에게 상처를 주려는 사람의 의지는 헛된 영광으로부터 생기며,……미래를 생각하지 않고 보복하는 것도 헛된 영광으로부터 나온다."[41]

또 헛된 영광에 대한 욕망은 명성과 관련이 있다. 이름을 얻기 위해 다른 사람과 벌이는 인정투쟁은 선의의 경쟁보다는 폭력적이고 불공정한 경쟁으로 흐르기 쉽다. 특히 멈추지 않는 권력(power)에 대한 욕망은 폭력의 본질적 원인이 된다. 욕망을 가지지 않는다는 것은 죽은 것과 같다는 것이 욕망을 이해하는 홉스의 기본 생각이다. 아무 것에도 욕구를 느끼지 않는 것은 무기력함이고, 무분별하게 아무 것에나 욕망을 가지는 것은 산만함 내지 경솔함이며, 보통사람보다 더 모든 것에 강렬한 욕망을 가지는 것은 광기이다. 그런데 폭력과

광기는 헛된 영광이나 마음이 아주 낙담했을 때 나오는 현상
이다. [42]

> "정념들 가운데 가장 중요하게 사람들마다 재치의 차이를 생기
> 게 하는 것은 권력, 부, 지식 그리고 명예를 추구하는 욕망이다.
> 이 욕망들은 모두 첫 번째 욕망, 즉 권력에 대한 욕망으로 환원
> 된다. 왜냐하면 부와 지식과 명예는 모두 권력의 일종이기 때문
> 이다." [43]

경쟁심, 자기 확신의 결핍 그리고 헛된 영광에 대한 욕망
으로 압축되는 권력에 대한 욕망이 폭력적 행위의 심리적 배
경이다. "권력을 쉬지 않고 영원히 추구하는 것이 인간의 일
반적인 경향이며, 이런 권력욕구는 오직 죽어서만 멈춘다" [44]
는 홉스의 말은 니체가 모든 존재하는 것의 본질을 '권력에
의 의지(Will to Power)'로 보는 것과 한가지이다.

그렇지만 이런 욕망이 통제되지 않는다면 인간은 전쟁 상
태에서 벗어날 수 없을 뿐만 아니라 시민사회에서 다시 자연
상태로 전락하고 만다. 개인이나 국가 모두가 욕망을 줄이는
것이 폭력을 통제하는 데 효과적인 방법인 것은 알지만 어떻
게 할 것인가는 결코 간단한 문제가 아니다.

인간에게는 이성의 소리를 들을 수 있는 능력이 선천적으

로 주어져 있다는 사실에 홉스는 희망을 걸고 있다. 인간은 자연법이라는 또 하나의 선험적 규범에 따름으로써 자기 파멸의 길에서 벗어날 수 있다. 권력에의 욕망을 따르기보다는 자연의 빛인 이성의 명령을 따르는 것이 더 합리적이라는 생각을 할 수 있다. 그리고 이런 합리적 이성의 계산 능력은 그동안 작게만 들리던 이성의 목소리에 귀 기울이도록 유도한다. 다행스럽게도 모든 사람은 이성적 존재이기 때문에 이성의 명령으로 전달되는 자연법의 규칙을 들을 수 있는 준비가 언제나 되어 있다. 가장 일반적인 이성의 명령이자 제1자연법의 규칙은 다음과 같다.

> "모든 사람은 평화를 얻을 수 있다는 희망을 가지는 한 그것을 추구해야만 한다. 그리고 그것을 얻을 수 없을 때 전쟁의 이로움과 도움을 추구하고 이용할 수 있다."

이 명령을 두 부분으로 나누면, 앞부분은 "평화를 추구하고 그것을 따르라"는 것이며 이것이 첫 번째 근본적인 자연법이다. 뒷부분은 자연권을 압축한 것으로 "우리가 할 수 있는 모든 수단을 통해 우리 자신을 방어하라"는 것이다.

이 제1자연법은 단순히 여러 개의 자연법 가운데 하나가 아니다. '평화를 추구하라'는 명령을 그 첫 번째 자리에 놓은 이유는 홉스 정치철학의 목적이 바로 평화의 안정적 확보에 있기 때문이다. 전쟁과 평화의 문제는 홉스뿐만 아니라 영국 시민전쟁을 직접 경험한 당시 모든 이의 관심사였을 것이다. 자연 상태에서 시민사회로의 이행은 곧 평화와 안전의 확보를 의미했다.

나는 홉스가 보이고 있는 평화에 대한 관심을 제대로 포착하기 위해 '평화 애호주의(pacificism)'라는 개념을 사용하고자 한다. 이 개념은 홉스의 정치철학이 지향하는 목표를 지시하기 위해 만들어진 말이며, 홉스의 평화에 대한 일차적이고 궁극적인 관심을 잘 나타내 준다고 보기 때문이다. 정치적인 운동과 관련되거나 반전운동(反戰運動) 단체의 이데올로기로 사용되는 '평화주의(pacifism)'라는 개념과는 구별해서 사용되어야 한다. 평화주의라는 말은 홉스 당시에는 사용된 개념이 아니며 그의 정치철학이 담고 있는 성격을 드러내는 데도 적절하지 않다.[45]

홉스 정치철학의 중요한 주제들, 예를 들면 자연법 이론, 사회계약론, 국가의 발생론, 절대적 통치권, 국가와 교회의 관계 등은 모두 평화 애호주의를 축으로 해서 구성되어 있다. 그의 정치론을 해석할 때 평화 애호주의라는 관점에서 보지 않으면 해석자는 그의 정치철학의 구조를 왜곡시킬 위험이 있다.

불행하게도 많은 홉스 연구가들이 홉스의 평화에 대한 관심에 거의 주목하지 않거나 자연법을 논하면서 주변적인 문제로 다루는 것에 그쳤다. 이것이 홉스의 정치철학을 잘못 이해하게 만든 중요한 원인의 하나가 되었다고 본다. 마치 홉스적 인간을 단순히 심리적 이기주의자로 단정짓거나 통치권의 절대화를 왕권신수설의 절대 왕권론과 동일선상에서 보려는 오해처럼 '평화 애호주의'에 대한 고려 없이 그의 정치철학을 보는 것은 절름발이 해석에 그칠 뿐이다.

홉스가 볼 때 '자기보호'와 '평화의 추구'는 실질적으로 동의어였다. 왜냐하면 평화를 추구하는 일과 자기보호는 동일한 목적의 다른 두 표현이라고 보아야 하기 때문이다. 평화에 대한 보장 없이 자기보호란 있을 수 없으며, 자기보호가 보장되지 않는 평화는 강요된 평화거나 평화가 아니기 때문이다.

그리고 '평화에 대한 보장이 없는 모든 시간은 전쟁 상태며 그 외의 시간이 평화'라고 한 홉스의 진술은 실제로 평화 시대보다는 전쟁 상태가 더 오래 지속되고 있고 지금도 전쟁 상태와 같다는 것을 암시한다. 또 '총성이 울리고 실제로 전투가 벌어지는 것만이 전쟁이 아니라 싸우겠다는 의지가 분명하게 드러나거나 평화가 보장되지 않는 모든 시간이 전쟁 상태'[46]라는 말은 마치 냉전도 또 다른 방식의 전쟁이라는 현대적 의미를 담고 있다.

따라서 평화를 추구하라는 명령은 자연 상태에서 벗어나기 위해서만 요청되는 것이 아니라 이미 시민사회로 들어온 이후에도 여전히 요구된다. 자기보호에 대한 항구적 보장이 없는 한 평화의 시대라고 말할 수 없다.

이 이후 전개되는 홉스의 모든 정치 이론은 모두 이 '평화를 추구하라'는 정언 명령을 어떻게 실천할 것인가 하는 구체적인 방법론과 수단에 관한 것들이다. 제2자연법부터 제19자연법(『시민론』에서는 제20자연법까지 있다), 사회계약론, 국가론, 통치권자에 관한 이론, 교회에 대한 국가 우위론 등은 모두 이 한 가지 간단한 지상 명령을 따르기 위한 전략들이다.

우리가 아는 한 정치철학사에서 홉스만큼 평화를 확립하는 일에 관심을 가지고 자신의 철학 한가운데에 이 주제를 놓은 철학자는 찾아보기 힘들다.[47] 비록 영국의 정치사가 홉스의 기대처럼 전개되지는 않았지만 『리바이어던』은 사람들 사이에 평화를 정착시킬 수 있다는 이상주의적 전망을 가지고 쓴 글이다.

사회계약론 : 통치적 권위의 정당화

홉스의 계약론은 개별적이고 원자적인 개인들이 시민사회나 정부를 어떻게 구성할 것인가 하는 문제에 대한 답변이다. 플라톤이나 아리스토텔레스 이후 사회나 정부 구성의 원리로서 제시된 '자연발생설', '유기체설' 대신에 '동의'나 '계약'에 바탕을 둔 원리를 홉스를 포함한 근대 철학자들은 더 선호했다. 자연적인 결합보다는 자발적인 결합에 바탕을 둔 법률적 통합을 통해서 시민사회나 정부가 구성된다고 설명하고 있다. 사회계약론은 근대 개인주의의 두드러진 특징을 잘 나타내 주고 있으며, 절대왕권주의에 대항하는 정치적 개인주의의 승리를 과시하는 이론이었다.

홉스의 계약론은 개인주의적 관점에서 해석되어야 한다.

그리고 그의 계약론은 계약으로부터 발생하는 의무의 종류에 따라 다음과 같은 두 단계의 계약으로 구분해서 설명될 수 있다. 하나는 '예비적 계약(preliminary contract)'이고 다른 하나는 '정치적 계약(political contract)'이라 이름 붙일 수 있다.

예비적 계약이란 개인과 개인 사이에 맺어지는 계약으로 최소한 자연 상태로부터 벗어나기 위한 첫 단계이다. 자연 상태의 지속은 참을 수 없는 고통을 수반하며 자기보호를 안정적으로 확보할 수 없게 만든다. 따라서 상대방에 대해 상호 적대적인 행위를 중지하고자 하는 욕구가 자연스럽게 생기며 이 욕구는 평화를 추구하라는 자연법의 제1명령과도 일치한다.

여기서 개인들은 자연권의 상당 부분을 포기하거나 유보하자는 동의를 하게 된다. 이 동의는 의무를 발생시킨다. 그러나 이 의무는 강제적으로 수행되어야 할 의무는 아니다. 왜냐하면 이 의무는 자연법의 명령으로부터 나온 것이기에 도덕적이고 자발적인 의무만 있기 때문이다. 아무도 이 의무를 위반한 자에 대해 처벌할 수 있는 수단, 즉 힘(power)이 없기 때문에 누구라도 자신의 이익에 위배된다고 판단되면 이 예비적 계약은 쉽게 파기할 수 있다.

이런 예비적 계약 단계에서는 누구도 실질적인 안전을 보장 받을 수 없다. 이 불안정성의 문제를 해결할 수 있는 유일한 길은 감히 아무도 계약을 위반할 수 없도록 새로운 방책을 세우는 일뿐이다. 즉 모든 개인들이 계약을 위반함으로써 얻는 이득보다 위반했을 때 수반되는 고통, 즉 처벌이 더 크도록 만들면 된다. 그렇게 하기 위해서는 처벌을 규정으로 만드는 일과 처벌을 집행할 수 있는 힘의 소유자, 즉 통치적 권위의 소유자를 세우는 일이 필요하다.

이 통치적 권위를 세우고 정당화시키는 일이 곧 정치적 계약이며, 이를 통해서만 '자기보호를 위해서는 평화를 추구하라' 는 자연법의 제1명령은 실현 가능한 목표가 된다. 개인과 통치자 사이에 맺어지는 계약을 통해서 통치자는 공동의 힘(common power)을 소유하게 된다. 이 힘을 통해서 통치자는 개인들 간에 나타나는 불일치를 줄이거나 제거할 수 있고 궁극적으로는 한 의지(one will)에 따라 국민 통합을 이루어낼 수 있다.

『리바이어던』 14장에서 설명한 사회계약론 속에는 '권위 부여하기(authorization)' 라는 개념이 함축되어 있다. 왜냐하면 정치적 계약의 중요한 기능 가운데 하나가 자연 상태에서 개인들 스스로 자신을 보호하기 위해 공동의 힘을 세우는 일이며, 이 일은 곧 통치자에게 권위를 부여하는 일이기 때문이다. 특정한 개인이나 집단에게 자연권의 일부를 양도함으로써 그 개인이나 집단은 통치적 권위를 갖게 되며 권리 양도의 대가로 양도자들인 개인은 통치권자로부터 '보호'를 보장받게 된다.

홉스는 인격체를 자연적 인격체와 인공적 인격체로 나누고, 다른 사람의 말과 행동을 대표(신)하는 개인 또는 집단을 인공적 인격체라 부르고 있다. 그리고 인공적 인격체라는 용어를 비유적으로 '대리인'과 '본인' 또는 배우(actor)와 작가(author)의 관계로 설명하고 있다. 배우가 연기를 하는 것은 작가의 지시에 따라 주어진 역할을 하는 것이다. 마찬가지로 대리인은 본인의 지시에 따라 본인 대신 말과 행동을 하는 사람이다. 배우가 연기할 수 있는 권위(authority)는 작가(author)에게서 나오며, 대리인의 권위는 본인으로부터 나온다. 통치자와 국민의 관계도 이와 마찬가지이다.

홉스는 이 비유를 한편으로는 권위의 기원을 설명하는 일에, 다른 한편으로는 국민과 통치자의 관계를 설명하는 일에 적용하고 있다. 홉스의 말을 액면 그대로 받아들인다면 통치권자는 국민의 대리인이자 대표자이고, 국민은 대리인이 말하고 행동하는 모든 것의 소유자이자 장본인이다. 통치자와 국민의 관계, 즉 하나(一)의 통치권자와 다수(多)의 국민과의 관계에 대해 홉스는 다음과 같이 말하고 있다.

"다수의 사람이 한 사람 또는 한 인격체에 의해 대표될 때 하나의 인격체로 만들어진다. 이것은 다수인 각각의 사람들 모두의 동의에 의해서 이루어진다. 하나의 인격체를 만드는 것은 대표자의 통일성(unity)이지 대표되는 국민의 통일성은 아니다."[48]

이 말에서 주목할 점은 두 가지가 있다. 하나는 인공적 인격체를 구성하는 데 국민의 동의가 필수적인 절차라는 사실이며, 다른 하나는 인격체가 하나인가 아닌가는 다수 국민의 통일된 의지에 달려 있는 것이 아니라 통치자의 수에 달려 있다는 사실이다. 명목적으로 말해서 다수는 다수이지 하나가 아니다. 그리고 많은 사람이 존재한다는 것은 그만큼 많은 다른 의견들이 존재한다는 것을 의미한다. 소위 국론의 통일이란 현실적으로 불가능하다. 더욱이 하나의 인공적 인격체로 통일된다는 것은 실질적으로도 불가능하다.

그러나 비록 생각과 의견이 각각 다른 다수의 자연적 인격체들이라도 한 가지 점에서는 동의할 수 있을 것이다. 즉 목표를 달성하기 위한 전략은 각각 다를지라도 최소한 자기보호가 모든 존재의 궁극적 목적이 되어야 한다는 점에는 동의할 것이다. 물론 홉스가 찾아 낸 최적의 전략은 정치적 계약을 맺는 것이다. 하나의 공동의 권력자를 세우는 정치적 계약을 통해서 다수의 의지는 하나의 인격체로 대표될 수 있다.

이 때 공동의 권력자가 반드시 한 사람일 필요는 없다. 한 사람이거나 또는 하나의 통치 집단이라도 상관없다.

한 사람 또는 하나의 통치 집단에게 권위를 부여하는 일이 어떻게 가능한가? 16장에서 홉스는 '모든 개인들의 동의'에 의해서 가능하다고 간단히 언급하고 만다. 그러나 14장에서 홉스가 사회계약론의 기본 절차에 대해 자세하게 설명했음을 상기할 필요가 있다.

'권위 부여하기'에는 두 가지 절차가 있다. 하나는 제2자연법에 따라 모든 개인들이 각자 자신의 자연권을 포기하는 절차며, 다른 하나는 이 포기된 자연권을 통치권자가 될 사람(들)에게 양도하는 절차이다. 이 두 절차는 '상호 호혜'의 원칙에 의존하고 있다. 일방적인 권리의 양도란 있을 수 없다. 모든 자연권의 포기나 권리의 양도는 다른 사람도 그렇게 할 것이라는 조건 아래에서만 이루어지는 행위이다. 그리고 이런 조건이 충족될 때 권위 부여하기도 가능하다. 권위 부여하기란 권리의 양도를 지칭하는 다른 이름에 불과하다.

홉스는 『시민론』에서, "권리의 양도는 권위의 양도이다"[49)]라 말하고 있다. 따라서 통치적 권위는 정치적 계약이 이루어진 이후 한 사람 또는 하나의 통치 집단에 부여되는 것이다. 권위의 출처에 대한 홉스의 설명은 그의 전 작품을 통해 일관성 있게 유지되고 있다.[50)] 즉 권위는 국민의 동의라는 관점에서, 대리인과 본인, 배우와 작가와의 관계에서 설명되어야 옳은 이해가 가능하다.

홉스는 『리바이어던』 전편을 통해서 '통치적 권위는 국민의 동의로부터 나온다'는 견해를 지속적으로 유지하고 있다. 10장, 18장, 28장, 40장 등에서 반복해서 동일한 진술을 하고 있다. '국민적 동의'에 바탕을 둔 '권위 부여하기'는 크게 두 가지 의미를 가지고 있다. 하나는, 당시에도 여전히 널리 인정되고 있던 '왕권신수설'을 홉스가 부인하고 있다는 점을 분명하게 드러내 준다는 사실이다. 왕권신수설의 일반적인 주장에 따르면, 왕의 거부할 수 없는 권리와 권위는 모두 신으로부터 나온 것이다. 왕권신수설에 따른 두 가지 결과는 다음과 같다. 첫째, 통치권의 신성함과 권위의 종교적 기반이 신의 인정을 통해 확보됨으로써 반란은 어느 경우에도 인정될 수 없게 된다. 둘째, 국민은 통치자를 선출하는 일에 아무런 관련도 가질 수 없으며 그 결과 복종에 대한 의무도 상당히 소극적인 것이 될 수밖에 없다.

신적인 권위에 근거한 왕권에 대해서는 저항할 수 없다고 주장하는 왕권신수설을 부인함으로써 홉스는 통치자를 단지 국가의 활동과 관련되어 있는 일종의 직책(office)으로 간주하고 있다. 그 직책을 맡은 사람은 다른 사람보다 더 낫지도 않고 못하지도 않다고 가정하고 있다. 홉스가 강조해서 부인하고 있는 것은 통치권의 절대성이 아니라 통치권의 신적인 기원에 대해서이다. 홉스적인 의미에서 통치권은 절대적이어야 하지만 신적인 근거 때문이 아니라 통치권이 가지고 있는 저항할 수 없는 힘 때문이다.[51] 통치권의 기원과 관련해서 왓킨스(J. W. N. Watkins)는 다음과 같은 견해를 밝히고 있다.

> "결과적으로 홉스는 정치적 권위에 대한 기독교적 전통을 거꾸로 만들었다. 위에 있는 신이 아니라 아래에 있는 백성들이 자신들의 통치자에게 신성에 준하는 권위를 부여했으며 통치자를 필사의 신(mortal god)으로 만들었다."[52]

'권위 부여하기'의 두 번째 의미는 백성의 의무 또는 책임을 법률적으로 정당화한다는 사실에 있다. 『인간론』에서 홉스는 다음과 같이 말하고 있다.

> "자신의 의지에 따라서 다른 사람이 한 행동에 대해 책임을 스스로 선언하는 사람은 본인(author)이라 불린다. 행동과 관련해서 본인이라 불리는 사람은 소유물과 관련해서는 소유자라 불린다."[53]

이 말을 통해 우리가 알 수 있는 것은, 백성이 통치자에게 권위를 가지고 어떤 행동을 하도록 권위를 부여한다면 그것은 그 통치자가 수행한 행동에 대해 백성들이 스스로 책임을 받아들일 수 있음을 의미한다. 보통 일어나는 일에서도 본인과 대리인의 법률적 관계와 그에 따르는 책임의 분담량은 분명하다. 법률적인 책임뿐만 아니라 도덕적인 책임에서도 본인이 져야 할 부분이 훨씬 큰 것은 말할 것도 없다.

홉스는 자연법을 어기는 통치자(대리인)에 대해서도 백성(본인)이 책임을 져야 한다고 말하고 있다. 이것은 도덕적 책임인데, 이것까지 부담해야 하는 것이 본인의 몫이다. "대리인이 본인의 명령에 따라―이전의 신약에 따라 대리인이 본인에게 복종할 것을 약속했다면―자연법을 어기는 어떤 일을 했을 때 그것을 어긴 사람은 대리인이 아니라 본인이다."[54]

오늘날 다시 생각해 보더라도 통치자를 선택하는 것은 국민의 몫이며 그 책임도 국민들이 져야 한다는 홉스의 말은 상징적으로 뿐만 아니라 실제적인 의미에서도 아주 중요하다. 어떤 통치자를 선택하느냐 하는 문제는 결국 그 결정을 내리는 국민들의 정치적 역량과 관련되어 있다. 훌륭한 통치자를 택하고 보다 성숙한 민주주의를 향유할 수 있느냐 하는 것은 국민들 자신에게 달려 있는 문제이기 때문이다. 뒤에서 다시 설명하겠지만 홉스를 절대군주론자로만 평가하는 것은 문제가 있다. 계약론과 권위 부여하기 이론을 통해서 보면 홉스의 정치론에는 민주주의 이론과 유사한 면이 포함되어 있음을 알 수 있다.

3장

만인에 대한 만인의 투쟁 상태: 국가론

국가의 탄생

　『리바이어던』 II부의 첫 장을 여는 17장에서 설명하고 있는 국가의 탄생은 자연 상태, 자연법, 평화에 대한 갈망 그리고 사회계약을 통한 합법적 권위의 창출 등 앞서의 논의들로부터 나온 논리적 귀결이다. 자연 상태라는 존재적 상황, 권력에 대한 무한한 욕망, 헛된 야망을 좇는 인간의 이기심 그리고 끝없는 '죽기 살기 경쟁'은 통제되지 않는 인간의 정념들이 낳는 어려운 상황들이다. 그럼에도 불구하고 모든 사람은 자기를 보호하고 안전을 확보하고자 한다. 그리고 사회계약을 통해 공동의 권력, 즉 통치권자를 세우는 일이 곧 자기보호의 안전망을 확보하는 일이다. 그렇다면 국가는 국민에게 무엇이며, 왜 국민들은 국가, 정부를 세워 스스로 복종을 맹세하는가? 그 정당한 이유와 근거는 국가의 탄생을 설명하는 17장에서 제공된다.

국가와 국민 사이에 보호와 복종이라는 새로운 관계를 설정하고자 하는 것이 홉스의 의도였으며, 근대 정치 사상사에 미친 그의 공헌이다. 국가의 탄생과 통치적 권위의 정당성 확보를 통해 통치권자와 국민 사이에 세워져야 할 권리와 의무의 관계를 이론화하는 일은 홉스 정치철학의 정점에 놓여 있는 문제였다. 그가 제시한 정당한 근거란 먼저 다수의 목소리 (plurality of voices)에 따라 군중을 하나로 결합하고 난 다음 그 군중의 힘을 한 사람 또는 하나의 합의체에 부여하는 일이다. 그러기 위해서 국가 구성원 모두는 다음과 같이 고백해야만 한다.

> "당신도 나와 마찬가지로 당신의 모든 권리를 그에게 주어 그가 하는 모든 행동에 권위를 부여한다는 조건 위에서 나는 나 자신을 지배하는 권리를 이 사람 또는 이 합의체에 양도한다."[55]

이런 고백이 이루어지고 모든 사람이 하나의 인격체 안에 통합되었을 때 그 위대한 리바이어던—필사(必死)의 신(mortal god)—은 탄생한다. 왜 홉스는 국가 또는 통치자를 상징적으로 나타내기 위해 '리바이어던'이라는 용어를 선택했을까? 이

용어의 출처는 물론 구약성서이다. 욥기 41장에서 묘사되고 있는 리바이어던은 무적의 힘을 가진 바다 동물의 이름이다.

> "그 앞에서는 아무도 이길 가망이 없어 보기만 해도 뒤로 넘어진다.……지상의 그 누가 그와 겨루랴. 생겨날 때부터 도무지 두려움을 모르는구나. 모든 권력자가 그 앞에서 쩔쩔매니 모든 거만한 것들의 왕이 여기에 있다."

성서에서 이 동물은 혼돈과 무질서를 상징하며, 하느님의 적대자며, 모든 교만한 자들의 왕으로 그려지고 있다 그러나 홉스는 성서에서 말하고 있는 것과 반대의 뜻으로 리바이어던을 차용하고 있다. 통치와 질서를 보장할 수 있는 막강한 힘의 소유자며, 하느님의 대리자로서 인간의 교만함을 억누르고 그들을 복종하게 할 수 있는 존재이다.

기독교의 원죄 교리에 의하면, 교만과 불복종은 모든 죄의 뿌리이다. 반란과 전쟁으로 야기되는 무질서와 혼란은 모두 인간의 통제되지 않는 정념들, 특히 교만함에서 비롯된다. 홉스는 이런 혼란을 치유할 수 있는 가장 확실한 방책은 '리바이어던'을 세우는 일이라고 생각했다. 하느님이 자연을 창조했듯이, 인간은 이제 상호 동의와 계약을 통해 '리바이어던'이라는 인공적인 물체(artificial body)를 창조할 수 있게 되었다.

국가라는 인공적 인격체나 통치권자라는 자연적 인격체는 공통적으로 같은 목적을 수행하기 위해 만들어진 것들이다. 홉스가 말하고 있는 통치권자란 한 개인을 뜻하기도 하지만 여러 사람이 모여서 만들어진 하나의 합의체이기도 하다. 이들은 단순한 자연인에 그치지 않는다. 왜냐하면 그 자연인에게는 평화와 자기보호라는 목적 때문에 양도된 모든 사람들의 자연적 힘과 권리가 부여되어 있기 때문이다.

　그 통치권자는 이 양도된 힘을 사용할 최고의 권리를 가지고 있는데 그 권리는 단지 두 가지 목적을 위해서만 사용될 수 있다는 조건이 붙어 있다. 국내적으로는 국민들 사이에 평화가 유지될 수 있도록 하기 위해서, 그리고 국외적으로는 외침으로부터 국가를 방어하기 위해서만 맡겨진 통치권을 사용할 수 있다. 이런 의미에서 통치권자는 권리 행사의 대리인이며, 그 대리인에게 권위를 부여한 모든 국민들은 본인이 된다. 통치권자와 국민 사이는 보호와 복종의 관계로 이어져 있지만 동시에 대리인과 본인의 관계이기도 하다.

　17장에서 묘사되고 있는 '리바이어던의 탄생'은 극적인 느낌을 주기에 충분하다. 절대 권력자의 탄생은 난세에 영웅을 기다리는 보통사람들의 시각에서 보면 더욱 감동적이다. 영웅은 언제나 사람들에게 희망과 공포의 감정을 동시에 제공하기 때문이다. 리바이어던의 탄생과 관련해서 우리는

『리바이어던』 초판 표지.

1651년 초판에 실린 표지의 그림이 함축하고 있는 의미에 대해 살펴볼 필요가 있다. 표지 도안은 홉스의 친구며, 당대 최고의 도안가였던 웬스라우스 홀러(Wenceslaus Holler, 1607~1677)의 작품이라고 알려지기도 했으나 작가 미상이라는 주장도 만만치 않다.

표지의 절반 아래는 왼쪽과 오른쪽에 각각 5개의 패널에 그림이 그려져 있다. 왼쪽 맨 아래의 그림은 전쟁터의 모습으로서 '만인에 대한 만인의 투쟁 상태'인 자연 상태를 상징하고 있다. 그 위의 그림은 싸움을 그치고 무기를 내려놓은 그림이며 세 번째 그림은 포성이 멈춘 대포이다. 이 두 그림은 모두 자연 상태에서 벗어나 계약을 통해 시민사회로 이행했음을 나타내고 있다. 네 번째의 왕관과 마지막 칸에 그려진 견고한 요새는 통치권의 절대적 확립과 안정된 국가의 성립을 상징하고 있다.

반대편 오른쪽의 맨 아래 칸은 분위기가 장중한 주교회의나 종교재판을 연상시키는 그림이다. 이 그림은 성서 해석의 차이 때문에 생긴 교리 논쟁이 마치 자연 상태와 같음을 상징적으로 말하고 있다. 두 번째 칸은 이지창(二枝槍) 세 개와 삼지창 한 개가 모여 모두 아홉 갈래의 무기들이 세 갈래의 소뿔로 연결되어 있는 그림이다. 그리고 아홉 갈래에는 각각 다음과 같은 글자들이 새겨져 있다: Syl-, logis-, me, Spiritual, Temporal, Direct, Indirect, Real, Intentional, 그리고 세 갈래 소뿔에는 Di lem ma가 새겨져 있다.

삼단논법(syllogism)의 상징성은 아리스토텔레스의 삼단논법을 차용하여 신학적인 논증을 하려는 스콜라 철학자들의 무모한 논쟁을 의미한다. 영적인 것과 세속적인 것, 또 직접과 간접의 대비는 교황의 통치권이 미치는 두 영역(聖, 俗의 세계)과 방법(직접통치와 대리통치) 사이의 갈등 상황을 말해 주고 있다. 실재적인 것과 의도적인 것의 대비는 중세 후기에 있었던 소위 '보편 논쟁'의 두 진영이었던 실재론(realism)과 유명론(nominalism)의 싸움을 상징적으로 나타내고 있다. 이 아홉 갈래가 모두 세 개의 소뿔로 연결되어 있는 것은 모두 딜레마적 상황이라는 것을 보여 주려는 데 있다.[56]

세 번째 칸에는 구름 사이로 번개가 치는 그림인데, 마치 비가 금방이라도 내릴 것 같은 느낌을 준다. 이는 분열하여 싸우는 교회와 성직자들에 대한 하느님의 분노를 나타내고 있다. 네 번째 칸의 주교 모자와 다섯째 칸의 교회는 종교적 권위와 힘의 확립을 상징하고 있다. 좌·우 5개의 패널 사이에는 책의 제목과 저자의 이름이 적혀 있다. Leviathan or The Matter, Forme and Power of A Commonwealth Ecclesiasticall and Civil. By Thomas Hobbes of Malmesbury. (리바이어던 또는 그리스도교 국가와 시민국가의 내용, 형식 그리고 권력. 맘스베리의 토머스 홉스 지음.)

이 열 개의 패널 위에는 뾰족한 탑을 가진 교회들과 집, 들, 산으로 구성된 풍경이 그려져 있다. 풍경 오른쪽 모퉁이에는 바다도 있다. 이 모든 것들을 내려다보며 오른손에는 국가의 힘을 상징하는 칼을 들고 왼손에는 종교적 권위를 상징하는 사교장(司教杖)을 들고 왕관을 쓰고 있는 이가 바로 리바이어던, 즉 필사의 신이다.

표지에 그려진 인물의 모습이 찰스 1세인가 아니면 크롬웰인가에 대해서도 논란이 되어 왔다. 마키아벨리의 『군주론』이 당시의 영웅이었던 체사르 보르자를 염두에 두고 쓴 작품이라는 것이 사실인 것과는 대조적으로 『리바이어던』이 누구를 지칭하는 것인가는 불분명하다. 그러나 판본에 따라 찰스 1세와 크롬웰 두 사람 가운데 하나를 닮게 그린 것은 사실이나 이것이 홉스의 의도에 따라 결정된 것이라는 증거는 없다. 다만 홉스가 『리바이어던』의 출판에 앞서 필사본을 가죽으로 장정하여 미래의 왕 찰스 2세에게 증정했을 때 표지 인물은 크롬웰이 아니었음이 확실하다.

리바이어던의 몸체는 그를 앙망하는 수많은 사람들로 이루어져 있다. 다른 곳을 보지 않고 오직 리바이어던의 얼굴만을 향하고 있는 뜻은 통치자(국가)의 힘과 권위 안에서 개인의 '자기보호'가 확보될 수 있음을 나타내 준다.

표지의 맨 위는 라틴어로 다음과 같은 글이 새겨져 있다: Non est potestas Super Terram quae Comparetur ei -Job xli. 24 (지상에 더 힘센 자가 없으니 누가 그와 겨루랴!) 욥기 41장 24절의 표현처럼 리바이어던은 무적의 왕이다. 그의 힘을 능가하는 사람은 지상에 없다. 홉스가 마음에 둔 통치자가 세속적인 국가와 교회를 장악하고 있는 절대 권력의 소유자임을 이 표지의 그림은 잘 나타내 주고 있다.

절대군주론자에서 유사 민주주의자로

    홉스에게는 절대군주론자라는 꼬리표가 항상 붙어 다닌다. 그리고 이 점에서 그는 마키아벨리(N. Machiavelli)나 보댕(J. Bodin)의 후계자인 것처럼 여겨졌다. 마키아벨리의 『군주론』이나 홉스의 『리바이어던』이 모두 절대군주를 위한 통치 교과서처럼 간주되고 있는 것도 이런 이유에서이다. 마키아벨리, 보댕 그리고 홉스는 모두 힘의 정치학을 주장한 사람들이다. 즉 통치자는 절대적인 힘을 소유해야 하고 통치권은 분리되어서는 안 된다는 점에 모두 동의하고 있다.

    홉스를 앞의 두 사람과 동일한 차원의 절대군주론자로 오해할 만한 진술들이 『리바이어던』 18장에서 많이 발견된다. 이곳에서 홉스는 군주가 가져야 할 12가지 권리에 대해 서술

하고 있는데, 만약 이 12가지 권리를 모두 행사할 수 있는 사람이 있다면 그를 절대군주라고 불러야 마땅할 것이다. 다수에 의해 세워진 통치권에 대해서는 저항할 수 없다거나 통치권은 분할되어서는 안 되며, 통치권자에게는 재판권이 있으며, 전쟁 선포권이 있다는 등의 12가지 권리를 배타적으로 소유하고 있는 통치권자는 절대군주와 다를 바 없기 때문이다. 이런 점에서 홉스가 절대군주론을 주장했다는 것은 분명한 사실이다.

또 홉스는 정부의 세 가지 형태 중 군주정치를 가장 선호했다. 『리바이어던』 19장에서 홉스는 군주정치의 장점 여섯 가지를 열거하고 있는데 다음과 같다. 첫째, 군주는 공익과 사익이 동일하다. 둘째, 군주는 쉽게 조언을 구할 수 있다. 셋째, 군주는 결단의 일관성을 잃지 않는다. 넷째, 군주는 자기 자신과도 불일치할 수 없다. 다섯째, 군주정치는 백성들의 재산을 힘으로 빼앗을 수 있지만 다른 정치체제보다는 그래도 낫다. 여섯째, 군주정치는 왕위 계승에서 불안할 수 있으나 이것은 어느 체제에서나 일어날 수 있기에 특별히 군주정치의 약점이랄 수 없다.

그러나 홉스가 절대군주론을 지지하고 군주정치 체제를 다른 어느 것보다 선호했다는 사실을 액면 그대로 믿어서는 안 된다. 홉스는 절대군주론과 군주정치론을 말하면서도 종

래의 왕권신수설에 근거한 절대군주론과는 다르다는 것을
보여 주고자 했다.

홉스의 절대군주론은 다음 세 가지 점에서 한계를 가지고
있다. 첫째, 통치권 자체가 백성들의 약속과 동의로부터 나왔
다는 사실 때문에 절대적 통치권에는 한계가 있다. 통치권은
계약의 산물이며, 통치권자는 계약의 한 당사자이다. 통치자
는 정치적 행위에 있어서 주체(본인)를 대신하는 대리인
(actor)에 불과하다. 그는 백성들에게 불의와 해로운 일을 할
수 없다. 왜냐하면 그의 행위의 주체는 백성이며, "백성은 통
치자가 하는 모든 행위의 본인이기 때문이다."[57] 이론적으로
말해서 홉스의 통치권자는 백성에 의해 제한된다.

둘째, 통치권자는 백성들로부터 모든 권한을 위임 받은 것
이 아니기 때문에 어떤 권리에 대해서는 절대권을 행사할 수
없다. 백성들은 자기보호라는 목적을 달성하기 위해 비록 자
신의 권리를 대부분 통치권자에게 양도하지만 전부 양도한
것은 아니다. 적어도 자기 생명을 위협하는 대상에 대해서는
그것이 군주일지라도 저항할 수 있는 권리가 있고, 이 권리는
양도의 대상이 안 된다고 홉스는 강조하고 있다. 왜냐하면 자
기보호는 모든 존재의 궁극적 목적이기 때문이다. 군주가 부
당하게 처벌을 하거나 위험을 가할 때 이에 대해 저항할 수
있는 권리는 양도되지 않는다. 이처럼 통치자에게 끝까지 양

도할 수 없는 저항권에 의해 통치권은 제한을 받게 된다.[58]

셋째, 수단은 목적에 의해 제한된다. 즉 통치권자가 소유하고 행사할 수 있는 권리는 수단이며, 이것은 백성의 안전과 평화 추구 그리고 개인들의 자기 생명 보존이라는 목적에 의해 제한된다. 통치권의 절대화는 최선의 수단일 뿐 그 자체로 목적이 아니다. 따라서 절대적 통치권은 그 목적에 의해 제한된다. 이처럼 홉스의 절대군주론과 종래의 왕권신수론에서 주장하는 군주의 절대권 사이에는 질적인 차이가 있다. 이런 차이점을 간과하고 홉스를 단순히 절대군주론자로 평가하는 것은 오해일 뿐이다.

분명 홉스는 군주정치의 옹호론자였다. 그러나 동시에 그는 이미 싹트기 시작한 민주정치의 거부할 수 없는 흐름도 읽을 수 있었다. 1628년 상·하 양원에서 제출되고 찰스 1세가 서명한 '권리청원(The Petition of Rights)'은 민주정치의 힘을 상징적으로 보여 주었다. 홉스는 이런 민주주의 사상의 흐름이 이미 왕권정치의 기반을 무너뜨리고 있음을 충분히 감지했을 것이다. 그래서 그는 확고한 군주정치의 옹호자도 못 되었으며, 민주주의의 단호한 반대자도 못 되었다. 그는 한편으로는 군주정치의 장점을 말하면서도 다른 한편에서는 민주주의적 통치 방식의 필요성을 빠뜨리지 않고 있다.

홉스의 정치 이론 가운데는 민주주의 사상이 깊게 배어 있는 부분이 상당히 많이 있다. 정치적 권위와 복종의 의무의 근거가 되는 그의 사회계약론은 민주적인 근대 시민사회의 출발을 의미한다. 또 통치권자는 단지 백성들의 대리인이라는 생각은 오늘날의 민주주의 사상과 다를 바 없다. 절대주의와 자유주의의 접목을 통해 군주정치의 장점을 살리면서 민주주의적 요소를 충분하게 고려하려고 했던 것이 홉스의 본래 생각이었다.

이런 홉스의 유사(quasi) 민주주의적인 진술과 생각들은 왕당파 사람들(Royalists)에게는 의회주의자(Round-head)로 보였을 것이다. 동시에 의회주의자들로부터 그는 절대왕권 옹호론자로 인식되었을 것이다. 왕권신수론자(王權神授論者)의 눈으로 보면 홉스는 너무 급진적이었을 것이며, 사회계약론자의 입장에서 보면 너무 보수적인 이론가였을 것이다.[59]

그는 어느 쪽에서도 환영 받지 못한 변절자였는가?『리바이어던』이 '시민전쟁' 이후 실권을 장악한 크롬웰(Oliver Cromwell)에게 환심을 사서 프랑스 망명으로부터 안전하게 귀국하려는 숨은 의도가 담겨 있는 책이라는 당시의 평가는 정확한 것이었던가?[60] 불행하게도 홉스는 찰스 2세로부터도 크롬웰로부터도 적절한 대접을 받지 못했다.

그렇다면 홉스가 무너져 가는 왕권정치를 옹호하는 듯한 강한 인상을 주면서까지 정치적인 작품들을 쓰게 된 참된 이유는 무엇일까? 아마도 평화에 대한 관심과 자기보존의 확보라는 그의 철학적 목표가 무엇보다도 우선했기 때문일 것이다. 특정한 정당의 정치적 이익을 옹호하기보다는 통치권의 확립과 통치적 권위의 정당한 근거를 제공하는 일이 홉스에게는 더 급하고 우선적인 일이었을 것이다.

홉스는 비록 군주정치를 지지했으나 맹목적으로 추종한 것은 아니었으며, 단지 자기보존과 평화 유지를 위한 최선의 전략적 차원에서 지지한 것이다. 그가 『리바이어던』에서 말하고 있는 통치 형태는 결코 무제한적인 절대왕권이 아니었으며 의회주의자 크롬웰의 독재도 아니었다. 명예혁명 이후 의회와 왕이 권력을 나누어 갖는 상황을 예상하지도 않았다. 홉스의 정치철학적 관심과 목표는 통치권의 확립과 통치자의 권위를 위한 정당한 근거를 제공해 주는 것이었으며, 이를 통해 자기보존과 평화 정착이라는 목적을 달성하고자 했던 것이다. 이를 위해 홉스가 선택한 전략은 사회계약론과 절대군주론의 접합이었다.

계약론과 권리 양도를 통해 홉스가 얻어내고자 했던 것이 무엇인지를 정확하게 읽을 필요가 있다. 그의 숨은 의도는 계약을 통한 강력한 통치권의 정당화와 그 결과로 주어지는 절대군주론의 적절한 조화였다. 그 배후에는 자기보호와 평화 유지라는 조건이 붙은 백성의 권리 양도가 놓여 있으며, 통치자는 단지 대리인일 뿐이라는 사실도 선명하게 드러나 있다. 그래서 홉스는 계약의 한 당사자인 백성들이 지켜야 할 복종의 의무 조항에 대해 설명함과 동시에 대리인으로서 군주가 지켜야 할 보호의 의무 조항을 지시하고 있다. 보호와 복종의 관계를 수평적 관계로 놓음으로써, 그리고 의무보다는 개인의 자유와 권리의 개념을 강조함으로써 근대 초기에 급격히 변화하는 사회와 자유주의 의식을 반영하고자 했다. 절대군주론의 예찬자라는 오해 속에 파묻혀 버린 홉스의 유사(類似) 민주주의적 사상의 열정을 들추어내는 일은 그의 사상을 제대로 평가하는 데 필수적이다.

홉스 철학은 정부 구성의 정당성을 사회계약론에서 찾으려 했던 진보적 생각과, 기존의 체제인 군주정치를 유지하려고 하는 보수주의 입장을 접목시키는 데 성공한 것처럼 보인다. 기존의 가치를 크게 손상시키지 않으려 했다는 점에서 그는 진정한 보수주의자였다. 동시에 배타적인 권위보다는 명실상부한 정통성을 지닌 통치적 권위를 세우려고 했다는 점에서 그는 계몽된 권위주의자였다.

자유론

홉스는 로크와 더불어 근대 자유주의 전통을 세우는 데 맨 앞장에 선 고전적 자유주의자이다. 그러나 그가 절대군주론을 주장했다는 사실에 가려서 그의 자유에 대한 열망이 평가절하되거나 망각되어 왔다. 사실 홉스의 자유주의 정신은 그의 철학 전반에 걸쳐 면면히 흐르는 큰 물줄기와 같다. 먼저 홉스는 아리스토텔레스의 형이상학에 뿌리를 둔 낡은 형이상학을 거부하고 스콜라 철학과 신학과 교회로부터 해방된 철학과 학문의 자유를 요구했다는 점에서 형이상학적 자유주의자라고 불러도 좋을 듯하다.

또 홉스가 인간의 욕망이나 욕구는 억압되어야 하는 것이 아니라 자유롭게 충족되어야 하는 것으로 보았다는 점에서는 심리적 자유주의자라 불러도 좋을 듯하다. 베이컨이 말한 것처럼 인간은 욕망(cupiditas)과 욕구를 가진 벌거벗은 큐피드와 같으며, 욕구 충족은 결코 부도덕한 것이 아니라는 점을 홉스는 강조했다. 이성에 종속되는 감성이 아니라 감성의 충동에 따라 자유롭게 충족시킬 수 있는 권리가 인간에게 있다. 그러나 무엇보다도 홉스의 자유주의 정신은 정치적 자유주의에서 가장 잘 드러난다. 홉스의 자유에 대한 정의는 『리바이어던』의 14장과 21장에 있는 것이 가장 많이 인용되고 있다.

> "자유는 외적인 방해(external impediment)가 없음을 의미하며, 방해는 사람이 자기가 하고 싶은 일을 할 수 있는 힘의 일부를 종종 앗아가지만 판단과 이성의 지시에 따라 남겨진 힘의 사용을 가로막을 수는 없다."
>
> "자유란 반대(opposition)가 없음을 의미하며, 반대란 운동의 외적인 방해를 의미한다."[61]

여기서 외적인 방해란, 예를 들면 시위대를 가로막고 있는 바리케이드 같은 물리적인 장애물일 수도 있으며, 행동의 자유를 제한하는 법률적 명령일 수도 있다. 홉스는 법과 의무가 자유와 권리를 제한하는 대척점에 있다는 사실을 강조해서 말하고 있다.

> "법과 권리는 의무와 자유만큼이나 다르며, 자유가 멈추는 곳에
> 서 의무가 시작된다."[62]

여기서 말하는 법은 자연법이 아니라 실정법을 말한다. 자연법에 의하면 모든 사람에게 주어진 권리와 자유에 아무런 제약이 없어야 하지만 이런 자유와 권리는 실질적으로 아무런 의미가 없다. 왜냐하면 만인에게 똑같이 주어진 무제한의 자유와 권리는 이론적으로만 가능할 뿐 실질적으로는 아무도 그런 자유와 권리를 행사할 수 없기 때문이다. 따라서 실정법이 허용하는 범위 안에서만 진정한 정치적 자유와 권리의 한계가 정해진다. 정치적 자유는 법에 의해 허용된 만큼의 제한된 자유를 의미한다.

그렇다면 백성들이 향유할 수 있는 정치적 자유는 구체적으로 어떤 것들이 있는가? 홉스는 구체적으로 자유의 내용을 말하는 대신 "국가 안에서 모든 백성들이 조용하게 잘 살 수 있기에 충분할 만큼의 자유"를 진정한 백성의 자유라고 규정하고 있다.[63] 『시민론』에서 홉스는 이런 백성의 자유의 범위를 상징적인 비유를 들어 설명하고 있다.

"물을 둑으로 가두어 두면 썩게 되고, 반대로 경계가 없다면 넘쳐흘러 흩어지게 된다. 물길이 많으면 많을수록 물은 자유롭게 흐른다. 마찬가지로 백성들이 법의 명령 없이는 아무것도 할 수 없다면 침체되고 다루기 어렵게 되며, 반대로 무엇이나 할 수 있다면 흩어지게 된다. 법으로 결정하지 않은 채 남겨진 것이 많을수록 백성들은 많은 자유를 누릴 수 있다."[64]

홉스에 따르면 법은 마치 둑이나 울타리와 같다. 울타리가 일차적으로는 도둑을 막고 자신의 생명과 재산을 보호하는 방어벽의 기능을 하는 것이지만 또 다른 역할은 다른 사람들로 하여금 안전하게 길을 가도록 안내하는 역할도 한다. 왜냐하면 길이란 울타리를 따라 만들어지며 그 길을 따르는 것이 안전하기 때문이다. 마치 이처럼 법도 금지와 억제의 기능뿐만 아니라 백성들이 안전하게 살 수 있고 제한된 자유를 향유할 수 있도록 보호하는 기능도 있다. 법 안에서 보장된 자유만이 진정한 자유인 것은 바로 이런 이유에서이다.

"법은 인공적인 사슬이다." 다시 말해 사람들이 자신의 평화와 안전을 위해 자발적으로 만든 사슬이며, 이는 스스로를 구속하기 위해 만든 것이다. 평화, 안전 그리고 보호를 담보로 자연권과 자연적 자유를 포기하고 대신 통치자에 복종하고 그 명령인 법에 복종할 것을 약속함으로써 백성들은 제한된 정치적 자유만을 얻게 된다. 자유와 권리의 양도는 자기보호를 위한 선택 사항이 아니라 필수조건이 된다.

그러나 홉스는 모든 권리와 자유가 양도되는 것은 아니라는 점을 여러 번 강조하고 있다. 아무리 자연 상태에서 벗어나기 위해, 그리고 자기보호를 위해 자발적이고 상호 호혜적으로 권리와 자유를 양도한다고 하더라도 끝내 양도할 수 없는 권리와 자유가 있다는 점을 지적하고 있다. 그것은 자신의 생명을 위협하는 적대적 타자들에 대해 저항할 수 있는 권리와 자유이다. 넓은 의미에서 생존권과 기본권이 여기에 해당한다 할 수 있다.

그러나 홉스는 『리바이어던』 21장 '백성의 자유'에서 구체적으로 두 가지를 적시하고 있다. 하나는 묵비권(默秘權)이며, 다른 하나는 '양심적인 병역 거부자(conscientious objector)'의 권리이다.

이 두 가지 권리는 모두 자기보호라는 존재의 궁극적 목적과 관련된 권리이다. 아무리 통치권자가 명령한다고 하더라도 자신이 범한 범죄에 대해 사면에 대한 확신이 없는 한 범죄를 고백할 의무를 지지 않는다. 그 이유는 자신에게 불리한 말을 함으로써 자신의 생명과 재산의 보호를 위태롭게 하는 것은 권리 양도를 규정하는 계약의 내용이 될 수 없기 때문이다. 정치적 계약은 오직 자기보호라는 목적을 달성하기 위한 수단인데, 묵비권의 포기는 본래 목적에도 위배되기 때문이다. 소위 미란다(miranda) 원칙에 포함된 묵비권을 행사할 권리나 자신에게 불리한 증언을 거부할 수 있는 권리는 모두 양도할 수 없는 기본권의 하나라는 것이 홉스의 생각이었고 이는 현대 사회에서도 그대로 적용되고 있다.

양심적인 병역 거부자의 경우도 마찬가지이다. 양심적인 병역 거부자의 권리를 어떻게 볼 것인가에 대해서는 나라마다 다를 수 있다. 최근 우리나라에서도 이 문제에 대해 공론화된 적이 있으며, 대법원에서는 양심적인 병역 거부권이 국방의 의무보다 우선할 수 없다는 판결을 내린 바 있다.

홉스의 주장에 따르면, 양심적인 병역 거부 행위가 정당화될 수 있는 근거는 생명을 위태롭게 할 수 있는 병역의 의무는 정치적 계약의 내용이 될 수 없다는 데 있다. 자발적으로 병역의 의무를 수행하고 전쟁에도 참여할 수 있는 것은 개인의 선택적 문제이지만 그렇다고 해서 국가가 병역을 의무화할 수 있는 근거는 사실상 없다는 것이다. 왜냐하면 양심적으로 병역 의무를 거부할 수 있는 권리와 자유를 한번도 양도한 적이 없기 때문이다. 양심적인 병역 거부권은 결국 양심의 자유와 병역 의무 문제와 직결되어 있는 문제며, 홉스는 이 문제에 대해 권리 중심적 태도를 보이고 있다.

심지어 죽음에 대한 공포 때문에 탈영하거나 전투를 피하는 병사의 경우도 권리와 자유의 관점에서 용납해야 한다고 홉스는 말하고 있다. 이들이 불명예스럽거나 비겁하다는 비난은 받을 수 있으나 부정의(injustice)하다는 평가는 적절하지 않다는 것이 홉스의 생각이었다. 왜냐하면 죽음에 대한 공포를 피하고자 하는 인간의 욕망은 가장 기본적이며, 자기 생명 보호가 계약의 절대조건이기 때문이다.

법과 정의

    법과 도덕은 어떤 관계인가 하는 문제는 오래된 문제이다. 거슬러 올라가면 소크라테스와 친구 크리톤과의 대화에서도 이 문제는 제기되고 있다. 탈옥을 권유하는 크리톤에 대해 소크라테스는 악법도 법이기에 지켜야 한다는 논리로 거부한다. 이렇게만 보면 소크라테스는 실정법을 존중하는 법실증주의자처럼 보인다. 그러나 『변명』에서 소크라테스는 국가의 명령보다는 신의 명령, 양심의 소리가 더 우선하기에 아테네 청년들을 가르치는 일을 그만둘 수 없다고 재판관의 화해를 거부한다. 이렇게 보면 소크라테스는 법보다는 도덕이 더 우선한다는 자연법론자처럼 보인다.

    법과 도덕의 관계는 실정법과 자연법의 관계와 마찬가지

이다. 도덕법으로서의 자연법과 힘을 바탕으로 한 실정법 사이에는 상호 의존적이면서도 긴장 관계가 있다. 홉스는 자연법론자이면서도 동시에 실정법만을 법으로 인정하는 법실증주의자의 입장에도 동의하고 있기 때문이다. 기본적으로 법실증주의자는 자연법을 법으로 인정하지 않고 있다. 왜냐하면 법은 물리적인 구속력을 가질 때만이 법으로서의 의미를 가지는데 자연법은 아무런 구속력이 없기 때문이다. 그러나 홉스는 자연법이 실정법의 모법(母法)이며, 도덕률이자 이성의 명령이기 때문에 법의 범주에 속하는 것으로 보고 있으며, 자연법의 실질적 구속력을 인정하려는 입장이 강하다. 그런 점에서 그는 오늘날 법실증주의자들처럼 자연법을 도덕의 영역으로 간주하여 법의 범주에서 배제하려는 완강한 입장에 동의하지는 않는다.

『리바이어던』 14장에서 19개의 자연법을 열거하고 있고, 그 조항들은 모두 통치자와 백성들 모두에게 구속력을 가진 것으로 이해되어야 한다. 특히 자연법의 제1 조항인 '평화를 추구하라' 는 명령은 "국민의 안전이 최고의 법(salus populi suprema lex)" 이라는 말과 같다. 국민의 안전이 국가의 목적이며 이를 달성하기 위해서는 통치권을 통한 법적 질서의 확보가 필수적이다. 홉스가 볼 때 자연법은 단순한 도덕적 명령이 아니라 최고의 입법자인 통치권자나 백성 모두에게 실천할 것을 요구하는 이성의 명령이다.

『리바이어던』 26장에서는 시민법에 관해 논의하면서 실정법의 8가지 특징들에 대해 설명하고 있다. 이 가운데 세 가지만 주목해 보자. 첫째, 홉스는 법을 목적이 아니라 수단으로 보고 있다. 즉 국가가 백성의 안전이라는 목적을 달성하기 위해 통치권자가 사용할 수 있는 최선의 수단이 바로 실정법이다. 홉스가 볼 때 국가 또는 통치권자는 인공적 물체이자 살아있는 유기체이다. 통치권자는 그 머리에 해당되며, 백성들은 손이나 발과 같다. 머리인 통치권자의 명령이 백성들에게 전달되려면 신경조직을 통해서 손과 발의 끝부분까지 전달될 수 있어야 하는데, 그 신경조직이 바로 법이다. 사람도 신경조직이 파괴되면 몸에 마비가 오고 손발을 제대로 움직일 수 없는 것처럼 국가의 법도 허술하게 뚫려 있거나 제대로 작동이 되지 않으면 국가 기강이 해이되고 사회 조직이 마비되는 것이다. 법망(legal networks)이 사회 곳곳으로 잘 조직화되고 건강하게 유지될 때 질서 잡힌 사회가 되고 백성의 안전이 보장되는 것은 당연한 이치이다. 우리 몸의 모든 조직들이 유기체의 생명을 유지하기 위한 수단인 것처럼 국가의 실정법도 국가 유기체의 생명을 위한 수단인 것이다.

둘째, 실정법은 자연법과 서로를 포함하고 있으며 일치한다. 이 말은 최고의 이상적인 법인 자연법의 정신이 그대로 실정법에 반영되어야 한다는 것을 말한다. 최고의 입법가인 통치권자는 자연법의 해석자이기 때문에 자연법의 정신을 최대한 실정법에 반영해야 할 책임이 그에게 있으며, 마땅히 그 역할을 감당할 수 있어야 한다. 자연법의 정신은 한마디로 말해서, "너는 네 자신에게 이루어지기 원치 않는 일을 다른 사람에게 행하지 말라.(Do not that to another, which you would not have done to yourself)"이다.[65] 이 말은 공교롭게도 공자가 인(仁)을 설명할 때 한 말과 그대로 일치하고 있다.

> "자공(子貢)이 물어 말하기를, 평생토록 지켜 행할 수 있는 것이 있다면 그것은 한마디로 무엇입니까? 하니 공자가 말씀하시길, 그것은 서(恕)라 부른다. 하고자 아니하는 바를 남에게 시키지 말라(己所不欲, 勿施於人)."[66]

춘추시대를 살면서 인을 화두로 삼아 천하를 주유하며 군주들과 백성들을 설득하고 교육한 공자는 자신의 모든 것을 한마디로 압축하여 충서(忠恕)라 하였다. 인을 풀어 말해서 충서라 했고, 충서를 구체적인 행위 규범으로 우리에게 요구한 최소한의 도덕이 바로 기소불욕(己所不欲) 물시어인(勿施於人)하라는 명령이다. 법이 최소한의 도덕이라면, 공자가 최소 도덕으로 요구한 이 명령은 법과 도덕의 공통집합이라

할 것이다.

셋째, 좋은 법은 국민의 안전을 보장해 주고 행복하게 해 주는 법을 말한다. 사람이 법을 위해 존재하는 것이 아니라 법이 사람의 편의와 행복을 위해 만들어진 것이다. 백성을 행복하게 만들기 위해 국가는 무엇보다도 내우외환(內憂外患)을 막아야 한다. 좋은 법이란 통치자가 이 일을 하는 데 필요한 수단일 뿐이다. 또 좋은 법이란 국민들을 행복하게 만드는데 필요한 재산의 소유를 안정적으로 보장해 주는 장치여야만 한다. 홉스 말대로 법은 옳고 그름, 정당과 부당을 판단하는 기준일 뿐만 아니라 자기 소유, 내 것(meum)과 다른 사람의 소유, 네 것(tuum)을 구별하게 해 주는 공적인 기준이기 때문이다.

홉스는 실정법을 분배법과 형법으로 구분하고 있다. 분배법은 백성들의 재산권이나 행동의 자유를 규정하고 있으며, 형법은 범죄자를 처벌하기 위한 법률이다. 정의를 실현하는 것이 법이라고 할 때 그 안에는 법이 공평함과 공정성을 보장해 주는 역할을 다해야 한다는 뜻이 들어 있다. 공평함은 분배의 원칙을 말하며, 공정성은 형법 집행의 원칙을 말하는 것으로 이해된다.

홉스는 오랜 동안 내려온 정의에 대한 정의를 그대로 따르고 있다. 정의란 "각자에게 각자의 몫을 분배하는 것"이다.

각자가 자기 몫만큼만 소유할 때 공평한 분배는 이루어지는 것이며 자기 몫보다 더 많이 소유하는 것은 이미 착취 행위가 시작된 것이다. 그렇다면 자기 몫은 어떻게 결정되는가? 우리는 여기서 홉스의 노동 가치설을 엿볼 수 있다. 흔히 노동이 가치를 결정한다는 노동 가치설은 로크가 주장한 것으로 평가되어 왔다. 그러나 로크에 앞서 홉스도 이미 노동이 사유재산권을 결정한다는 입장을 『리바이어던』 24장에서 밝히고 있다. 하느님은 인류에게 어머니의 두 젖가슴 같은 땅과 바다를 통해 자연적 재화를 무상으로 제공했다. 이 공동의 재산인 자연의 재화를 사유재산으로 전환하기 위해서는 오직 노동과 근면함만이 요구된다.

그렇다면 노동과 근면함을 통해 확보된 사유재산은 어떻게 보장되는가? 앞에서도 말했듯이 자연권은 모든 사람에게 모든 것에 대해 공동의 권리를 보장해 준다. 이는 재산 소유의 형이상학적 근거이다. 그러나 모두의 것은 누구의 것도 아니다. 또 내 소유라 하더라도 내가 원하는 기간만큼 안정적으로 소유할 수 있다는 보장이 없는 한 내 것이라고 말할 수 없다. 내 것과 네 것을 구분하는 기준은 오직 통치권이 세워지고 법이 만들어진 후에나 가능하다. 소유권을 결정하고 안정적으로 소유를 보장받기 위해서는 통치권의 확립이 무엇보다도 우선적으로 요구되는 필수조건이자 실질적 조건이다.

국가 또는 통치권자가 분배의 권리를 최종적으로 소유해야 하는 이유는 바로 그만이 생명을 포함하여 사유재산을 다른 사람의 공격으로부터 보호해 줄 수 있는 힘을 가졌기 때문이다.

사유재산권과 관련해서 홉스는 한 가지 흥미로운 주장을 하고 있다. 국가 또는 군주가 공평성과 공동선의 원칙에 따라 개인에게 사유재산을 소유하도록 분배하지만 사회적 재화의 궁극적 소유자는 국가 또는 군주에게 있다는 주장이다. 한 개인이 사유재산의 권리를 소유하고 있다는 말은 곧 다른 사람에 대해서 독립적이고도 배타적인 권리를 가지고 있다는 것을 의미한다. 그러나 이 경우라도 군주(국가)로부터 완전한 독점권을 주장할 수는 없다는 것이 홉스의 생각이다. 사유재산의 완전한 독점권 요구는 국가를 와해시키는 위험한 이론이라고 보고 있다. 사유재산의 가장 일차적이며 상징적 대상은 토지인데, 전통적으로 토지 분배권은 통치권자에게 있어 왔다. 홉스는 구약성서에서 그 모델을 찾고 있는데, 오늘날의 개념으로 보면 토지 공(公)개념과 유사하다.

국가의 와해

　『리바이어던』의 17장에서부터 시작된 홉스의 국가론은 이제 29장(국가를 약하게 하거나 붕괴시키는 것에 관하여)에서 실질적으로 끝을 맺고 있다. 구약성서 욥기 41장에 등장하는 괴물 리바이어던은 지상에서 가장 힘이 센 피조물이며, '두려움을 모르고 모든 교만한 자들의 왕'으로 묘사되고 있다. 이런 천하무적 리바이어던도 피조물인 한 죽을 수밖에 없는 운명을 가지고 있는 것처럼, 국가나 통치권자 역시 소멸할 수밖에 없다. 권불십년(權不十年)이라고 하지 않았던가. 영원한 제국은 인류 역사상 한 번도 존재하지 않았다.

　중국 천하를 처음으로 제패한 진시황제가 진(秦) 제국이 영원하기를 희망하며 지하세계에 가서까지도 그 절대권력을 행사하려고 병마용을 만들었지만 그의 꿈은 사후 3년도 못가서 물거품처럼 사라졌다. 그러나 진(chin)나라는 비록 없어졌지만 이름만은 2천2백 년을 거쳐 중국(china)으로 살아남아 있는 것을 보면 진시황제의 꿈이 허망한 것만은 아니었는지도 모르겠다. 절대권력은 절대 부패하며 절대적으로 멸망하는 것이 자연의 섭리이다.

홉스는 자신의 국가론을 마감하면서 필사(必死)의 신 리바이어던의 붕괴 원인을 분석하고 국가의 죽음을 초래하는 질병들에 대해 진단하고 있는데, 그가 이렇게 하는 이유는 원인 진단에서 극복의 방법을 찾을 수 있기 때문이다. 홉스는 국가를 질병에 걸리게 하고 붕괴시키는 원인들을 주로 국가 내부에서 찾고 있다. 그의 진단을 다음과 같이 정리할 수 있다.

첫째, 불완전한 제도에 그 원인이 있다. 이것은 마치 잘못된 출생 때문에 생기는 신체의 병과 같다.

둘째, 잘못된 교설들 때문에 국가는 붕괴된다. 홉스는 잘못된 교설들 여섯 가지를 열거하고 있는데, 이것들이 반란을 정당화하는 여론을 형성할 수 있다.

① 개인이 선·악 행위의 판단자이다.

② 사람이 자신의 양심을 어기는 것은 무엇이나 죄이다.

③ 신앙과 신성함은 이성이 아니라 초자연적인 영감으로

주입되어야 한다.

④ 통치권자도 시민법에 복종해야 한다.

⑤ 개인은 자신의 재산에 대해 통치권자의 권리를 배제하는 절대적 권리를 가지고 있다.

⑥ 통치권은 분할될 수 있다.

셋째, 이웃 나라의 통치를 모방하려는 태도는 정해진 제도를 변경하려는 마음을 갖게 한다.

넷째, 로마와 그리스의 정치와 역사책을 읽도록 허용하는 것은 폭군 살해를 정당화한다.

다섯째, 시민적 권위와 영적인 권위를 구별하여 두 개의 왕국을 말하는 것.

여섯째, 전쟁 수행에 필요한 재원의 조달이 어려울 때.

일곱째, 한 개인이나 소수가 너무 많은 부를 독점할 때.

여덟째, 유명인의 인기가 너무 집중될 때.

아홉째, 너무 많은 대도시, 군대의 과도한 육성 그리고 조합의 과다는 국가의 약점이다.

열 번째, 정치적 분별력이 없는 사람에게 절대권력에 대항하는 자유를 허용하는 것.

열한 번째, 영토 확장에 대한 욕심, 불필요한 정복, 안일함과 낭비는 국가로 하여금 폐병을 앓게 한다.

그렇다면 국가 붕괴의 책임은 누구에게 있는가? 위에서 열거한 국가 붕괴의 원인들을 자세히 보면 그 책임이 누구에게 있는지 드러난다. 잘못된 교설들을 가르침으로써 백성들을 속이는 사람들이 국가를 붕괴시키고 반란을 부추기는 사람들이다. 홉스가 구체적으로 지적한 사람들의 면면을 보면 성직자들과 지식인들이 대부분이다. 장로교인들, 가톨릭교인들, 조합 교회파 사람들(Independents), 재침례 교인들(Anabaptist), 그리스와 로마의 정치 이론에 물든 교육을 받은 사람들(educated people)과 군주정치를 전복시키면 살기가 더 나아질 것이라 생각하여 후진국의 반란에 고무된 런던 사람들(Londoners), 그리고 기회주의자(opportunist) 등이 그들이다.

교회와 성직자들이 현실 정치에 깊숙이 관여하던 시기에 이들의 잘못된 교설이 국가를 위태롭게 한다는 사실은 홉스가 직접 경험한 시민전쟁의 배경을 보면 분명하다. 특히 세속적인 권위(왕)와 영적인 권위(교회)를 구분하고 이 두 권위를 대등하게 여기거나 오히려 영적인 권위를 상징하는 교회가 국가보다 더 우위에 있다고 주장하는 것은 아주 위험하다. 국민 통합을 이끌어 내고 국가와 통치자에게 복종하는 것이 의무라는 것을 가르쳐야 할 교회가 오히려 분열을 조장하고 반란을 선동한다면 그런 국가는 필경 와해될 수밖에 없을 것이다. 또 이들 성직자 외에도 대학에서 거짓 학설을 퍼뜨리는 지식인들과 국민을 선동하는 정치가들은 사람들이 감언이설에 쉽게 속는다는 속성을 악용하여 중우정치(衆愚政治)를 도모한다. 다음과 같은 홉스의 말은 무서울 정도로 현실의 정곡을 찌르고 있다.

> "다수를 속이는 일이 그들 가운데 한 사람을 속이는 일보다 더 쉽다."
> "모든 인간은 어리석어서 더 좋은 것을 대신 세우기 전에 이미 있는 좋은 것을 파괴하고 만다."[67]

4장

신의 본질을 알 수 있는 능력은 없다:
그리스도 왕국론

중세 유럽에서 스콜라 철학이 유행할 때 사람들은 흔히 철학을 신학의 시녀라고 말했다. 이 말은 가톨릭 신학자들이 신학을 철학보다 더 상위의 학문으로 보고 신학 이론을 정당화하거나 설명하는 데 아리스토텔레스의 철학을 빌려다 사용한 데서 비롯된 말이다. 스콜라 철학자들은 세상을 아래 그림과 같이 상하의 이분법적 구도를 가지고 보았다. 여기서 상하관계란 지배력의 차이와 중요성의 순위에 따른 구분이다.

상위 그룹: 신학, 종교, 신앙, 계시, 은총, 교회
하위 그룹: 철학, 정치, 지식, 이성, 자연법칙, 국가

그런데 이런 구도는 르네상스 시대를 거치면서 깨졌으며, 홉스가 철학을 하던 시대에는 오히려 이 관계가 역전되거나 아니면 상호 독립적인 관계로 변했다. 홉스는 학문의 나무에서 신학을 제거해 버림으로써 철학이 더 이상 신학에 봉사하지 않아도 될 수 있도록 만들었다. 또 그는 종교를 정치적 행위의 한 종류로 보았다. 세속 정치가 국민들의 안전과 평화를 추구하는 데 그 목적이 있다면, 종교 역시 그 목적에 봉사해야 하는 것으로 보았다. 따라서 종교는 탈세속의 고고한 자리에서 내려와 세속 정치 속에 편입되어야 하는 것으로 보았다.

홉스는 계시와 이성의 관계도 종래와는 달리 역전시키고 있다. 흔히 이해하고 있는 것처럼 계시는 반이성적이거나 초이성적인 것으로 보지만 홉스는 계시가 곧 이성의 포기는 아니라고 본다. 오히려 계시는 하느님의 자연 이성과 일치하는 것으로 보고 있으며, "이성을 은밀한 신앙의 손수건으로 싸두지 말고 정의와 평화와 참된 종교를 추구하는 일에 사용할 것을" 권하고 있다.[68]

교회와 국가의 관계 역시 홉스는 독특하게 규정하고 있다. 결론부터 말한다면 그는 교회보다 국가가 우선해야 한다는 '교회에 대한 국가 우위론'(Erastianism)을 지지하고 있다.

홉스는 분명 정치 철학자이다. 그렇게 보는 것이 상식이기 때문에 그의 대표 작인 『리바이어던』을 읽을 때도 주로 I.「인간론」과 II.「국가론」에만 집중하는 경우가 많다. 그러나 홉스가 『리바이어던』 전체에서 절반 이상의 지면을 할애하여 성서 해석이나 종교적인 문제를 다루고 있다는 사실은 무엇을 말하고 있는가?[40] 이는 홉스가 성서 해석학자로서의 면모를 충분히 갖추고 있음을 보여주고 있다. 뿐만 아니라 홉스가 신학자나 성직자를 관심의 대상으로 볼 수밖에 없었던 시대적 상황을 잘 반영하고 있다. 예나 지금이나 성직자들은 기득권을 가진 세력으로 적지 않은 권력을 행사하고 있는 사람들이다. 홉스가 보기에 이들은 평화와 백성의 안전이 보장되는 왕권 국가를 건설하는 데 걸림돌이 되는 집단이었다.

그는 평생에 걸쳐 교회와 성직자들로부터 여러 가지 신변의 위협을 받으면서 살았으며, 무신론자라거나 신성 모독자라는 꼬리표를 달고 살았다. 북 아일랜드 런던데리의 주교를 지낸 브럼홀 감독과의 논쟁이나 1666년 런던 대화재 이후 흉흉해진 사회 분위기 속에서 무신론과 신성모독을 처벌하는 법안이 의회에 제출되었을 때 홉스는 상당한 위협을 느꼈을 것이다.

『리바이어던』 III.「그리스도 왕국에 관하여」와 IV.「어둠의 왕국에 관하여」를 읽으면서 우리는 홉스가 종교를 어떻게 이해하고 있으며 17세기의 눈으로 본 성서 해석과 기독교의 핵심 교리들을 볼 수 있다. 『리바이어던』 III부는 32장부터 시작하고 있지만 내용적으로 보면 이미 31장「하느님의 자연 왕국에 관하여」에서 III부의 주요 내용을 개괄하고 있다. 하느님은 어떤 존재며 그 속성은 무엇인가? 하느님의 왕국이란 무엇인가? 왜 국가는 교회보다 더 우위에 있어야 하는가? 등의 문제를 제기하고 있다.

하느님의 존재 : 그 실체와 속성

　하느님(신)의 존재 증명은 여러 가지 방식으로 시도되었다. 전통적인 신의 존재 증명 방식은 존재론적 증명, 목적론적 증명, 우주론적 증명이 있는데, 홉스는 이런 증명 방법이 모두 실패할 수밖에 없다는 점을 잘 알고 있었다. 성 안셀무스의 존재론적 증명과 데카르트가『성찰』에서 제시하고 있는 존재론적 증명은 모두 선결문제 요구의 오류 또는 순환논법의 오류를 범하고 있다. 또 흄의 작품『자연종교에 관한 대화』에서 클레안테스가 제시한 '설계로부터의 논증(Argument from Design)'은 우주론적 증명과 같은 것으로 이는 모두 신인동형동성설(神人同型同性說)에 근거한 유비추리의 오류를 범하고 있다.[70]

지식과 신앙을 엄격하게 구분하려는 실증주의자의 태도를 지키고 있는 홉스는 신이 결코 인식, 앎의 대상이 될 수 없다는 점을 강조하고 있다. 신은 증명의 대상이 아니라 존경과 숭배의 대상에 그칠 뿐이라는 것이 그의 생각이었다. 신의 본질은 인간의 어떤 능력을 동원하더라도 결코 파악할 수 없는 대상이다. 더욱이 실재론에 반기를 들고 유명론의 전통에 서 있는 홉스는 신의 본질을 말로 표현하는 행위 자체가 오히려 신의 위대함과 절대성을 훼손하는 것으로 보고 있다. 알 수 없는 것을 안다고 말하는 것은 불합리한 것이며, 존재하지 않는 것을 존재한다고 믿는 것은 미신일 뿐이다.

　　그렇다고 해서 홉스가 신의 존재를 부인하거나 믿지 않은 것은 아니다. 『리바이어던』 11장과 12장에서 홉스는 두 가지 방식으로 신의 존재를 말하고 있다. 하나는 제1원인자로부터의 논증이라 말할 수 있고, 다른 하나는 제1운동자(the First Mover)로부터의 논증이다. 이 두 가지 논증은 서로 유사하다. 제1원인자란 다른 말로 하면 곧 제1운동자라는 말과 같기 때문이다. 세상에 존재하는 모든 것들에는 원인이 있고 그 원인들을 무한히 소급하여 추적하다 보면 마지막에 도달하는 제1원인자가 있어야 하고, 그 원인자는 운동의 시초이자 운동의 원인자여야 한다. 그것이 바로 신이다. 그런데 제1운동자와 제1원인자는 형이상학적 가설일 뿐 소급추론의 결론으로 증명된 것은 아니다.

홉스는 신을 실체로 보는 전통적 견해에 동의한다. 실체란 자기 원인자며 존재하기 위해 다른 어떤 것을 필요로 하지 않는 것이다. 신은 스스로 존재하는 자로서 실체이다. 그런데 홉스가 말하는 실체는 물체(bodies)뿐이다. 그를 유물론자라 부르는 이유도 여기에 있다. 신과 실체와 물체와의 관계를 삼단논법의 형식으로 구성하면 다음과 같다.

대전제: 실체는 물체이다.

소전제: 신은 실체이다.

결론: 따라서 신은 물체이다.

신을 물체로 보는 유물론적 입장 때문에 홉스는 항상 무신론자라는 비판을 피하기 어려웠다. 유물론과 무신론은 이기적 인간관과 더불어 홉스 철학에 붙여진 꼬리표와 같았다. 그런데 홉스가 신에 대해 말하는 물체가 일상 언어에서 사용하는 물체라고 이해하는 것은 오해를 불러일으킨다. 신을 물체라고 할 때의 물체는 너무 미묘하고 세밀해서 인간의 감각 기관으로는 지각되지 않는 그런 물체이다. 비물질적(incorporeal)이라는 의미가 아니라 물질적이지만 영적 물체(spiritual Body)를 의미한다.

영적 물체란 가장 순수하고 단순한 물체이기 때문에 감각으로는 파악이 안 되는 물체이다. 신이 인간의 감각으로 인식이 안되는 물체라면 당연히 신에 대해 우리는 관념을 가질 수 없다. 왜냐하면 모든 관념은 외부 대상이 우리의 감각 기관에 자극을 주어 생기는 결과인데 신에 대해서는 어떤 감각도 불가능하기 때문이다.

우리는 신이나 천사, 또는 다른 신들에 대해 어떤 영상(이미지)을 가질 수 없다. 왜냐하면 영상(影像)을 갖는다는 것은 감각 경험의 결과와 직접 연결되어 있는데, 우리는 이런 대상들에 대해 아무런 감각 관념이나 영상을 가질 수 없기 때문이다. 따라서 어떤 신에 대해 영상을 가지고 숭배하는 일은 우상숭배와 다를 바 없다. 홉스는 신의 본질에 대해서는 알 수 있는 능력도 없으며(inability), 파악도 불가능하다(incomprehensibility)는 입장을 『리바이어던』 3장에서 확실하게 밝힌다.

> "신의 이름을 사용하는 것은 우리가 그를 지각하기 위해서가 아니라 그를 명예롭게 하기 위해서이다. 왜냐하면 신은 이해 불가능하며, 그의 위대성과 권능은 지각 불가능하기 때문이다."[71]

그러나 신의 속성에 대해서는 여러 가지 수식어를 붙여 설명하고 있다. 하느님이라는 개념 속에는 존재자, 창조자, 자연 왕국의 통치자, 무한자, 완전한 선이자 영원성을 지닌 자, 거룩하고 정의로운 자 등의 이름들이 속성으로 포함되어 있다. 신의 본성을 개념으로 나타내기 위해 '무한한', '영원한', '이해할 수 없는'과 같은 부정적인 수식어를 사용했고, '가장 높고', '가장 위대한' 같은 최상급 형용사와 선, 정의, 거룩 같은 정의할 수 없는 개념들을 사용하여 신의 속성을 설명하고자 했지만, 이런 것들은 모두 신의 존재를 증명하기 위해 동원되는 개념들이 아니라 그 분을 숭배하고 존경하고 찬양하기 위한 말들이다.[72]

종교론

홉스는 "신 또는 눈에 보이지 않는 힘 그리고 초자연적인 것에 대한 생각은 인간 본성에서 결코 제거되지 않는다"라고 말하고 있다.[73] 이는 종교성이라는 것이 인간의 본성 가운데 뿌리 깊게 자리 잡고 있음을 말한다. 아무리 과학이 발달한 현대 사회에서도 종교에 대한 사람들의 욕구는 결코 줄어들지 않고 있는 것이 사실이다. 우리나라를 포함해서 이슬람 국가들과 세계 많은 나라들에서 종교는 과거 어느 때 못지않게 지배적인 힘을 발휘하고 있다. 그렇다면 이런 종교성은 어디에서 오는 것일까? 홉스는 로마의 옛 시인 루크레티우스의 말에 의존해서 종교의 기원을 말하고 있다.

"마음에 있는 이 두려움과 어두움은 태양 빛으로도 흩어지게 할
수 없다. 모든 유한한 생명들이 이 두려움에 붙들려 있는 이유
는 온 세상에서 일어나는 일들의 원인을 잘 알 수 없고 그 일들
을 모두 신의 의지 탓으로 돌리기 때문이다."[74]

종교의 기원은 공포와 두려움에 있다. 고대 사람들은 자연
에서 일어나는 현상들의 원인을 모르기 때문에 두려움과 공
포의 감정을 갖지 않을 수 없었다. 인간은 자신의 힘으로 통
제할 수 없거나 엄청난 자연 현상을 일으키는 알 수 없는 힘
을 가진 대상들에다 신이라는 이름을 붙이기 시작했다. 다신
론(多神論)이 인류의 최초의 종교 형태라는 것은 어느 민족
이나 공통적이다. 큰 산이나 바위, 태양이나 달 심지어는 큰
나무에다 신의 이름을 붙이고 이를 숭배한 것은 고대 사회의
일반적인 특징들이다.

인간의 지성이 발달함에 따라 다신론에서 일신론으로 종
교 형태가 자연스럽게 이행해 갔다. 이 점에 대해 흄(D.
Hume)은 『종교의 자연사』라는 작품에서 잘 설명하고 있다.
흄은 이 책의 제목이 말하고 있듯이 종교의 역사적 전개 과정
부터 설명한다.

인류 역사의 초기 단계로 올라가면 갈수록 인류는 다신론
또는 우상숭배를 자연스럽게 받아들이고 있었다. 이것은 종

교의 기원과도 관련되어 있는데, 흄은 무지하고 미개한 사람들에게 종교심을 일으키는 것은 "자연의 활동(질서와 조화)에 대한 관찰에서가 아니라 삶의 사건들에 대한 관심과 인간의 마음속에서 일어나는 끊임없는 희망과 공포의 감정"이라고 보았다.[75] 특히 이런 감정은 기적, 계시, 엄청난 자연적 변화 등 그 원인을 알 수 없는 경우 자연 속에서 신(들)의 흔적을 느끼게 만든다. 알 수 없는 원인에 대해 추적하는 일이 불가능하거나 만족스럽지 못할 때 희망과 공포의 감정은 종교적 대상에 대해 자연스러운 복종을 하도록 만든다.

흄은 다신론이 일신론보다 우선하며 더 일차적인 종교 형태라는 사실을 강조함으로써 일신론이 처음부터 인간에게 내재되어 있는 본능적 욕구라는 일반인들의 편견이 잘못이라는 것을 지적하고 있다. 그런데 다신론이거나 일신론을 막론하고 사람들이 신과 종교를 믿는 것은 그 마음속에 공통적으로 해답이 없는 물음에 대해 답을 구하고 싶은 욕망과 알 수 없는 힘에 대한 공포의 감정이 있기 때문이다. 내세가 있는 것인가? 있다면 나는 어떻게 될까? 나와 내 가족의 운명을 좌지우지하는 신은 존재하는가? 이런 질문들에 대해 가장 손쉬운 해답은 절대적 신을 가정하는 일이다.

홉스는 원초적으로 인간의 무지와 공포의 감정이 만들어 낸 인공적인 산물이 다신론이며, 그 후 자연의 궁극적 원인을 알고자 하는 지적인 호기심에서 추론의 끝에 도달한 결론이 유일의 절대자 개념이라는 것이다. 자연 현상들의 원인들을 거꾸로 추적해 가면 끝에는 모든 존재하는 것들의 최종적인 근거와 원인 제공자인 신이 도출될 수밖에 없다. 종교는 바로 이런 여러 신들이나 유일신에 대한 숭배 행위일 뿐이다.

　홉스는 종교를 다음과 같이 정의하고 있다.

> "눈에 보이지 않는 힘에 대한 두려움이 공적(公的)으로 허용되면 종교가 되고 허용되지 않으면 미신이 된다."
>
> "사람들이 눈에 보이지 않는 힘에 대한 두려움 때문에 셀 수 없이 많은 신을 만들었는데, 자신이 경배하고 두려워하는 대상에 대해서는 종교라 이름 붙이고 다른 사람의 것에 대해서는 미신이라 부른다."[76]

　이 정의에 의하면 종교와 미신 사이에는 우리가 생각하는 만큼의 질적인 차이가 없다. 숫자적으로 많은 사람들이 믿고 공적으로 인정하면 정통 종교가 되고, 믿는 사람이 소수이거나 내가 믿지 않는 것은 미신이거나 이방 종교에 그칠 뿐이다. 그리스도교도 처음에는 소수만이 믿었기 때문에 당시의 정통인 유대교의 입장에서 보면 미신 내지는 이단이라는 평가를 받았다. 바울이 개종 전에 그리스도교인들을 체포하러

다닌 것도 바로 이런 이유에서이다. 그러다가 점차 그리스도교를 믿는 사람의 숫자가 늘어나자 로마 정부는 그리스도교를 국교로 인정하게 되었다.

정통 종교와 이단을 가름하는 중요한 기준 가운데 하나를 믿는 사람의 숫자와 정치적 공동체인 국가 권력의 인정 여부에 있다고 보는 홉스의 의도는 무엇인가? 원래부터 정통 종교란 없다는 것을 말하고 싶어 했을 것이다. 가톨릭의 종교 독점주의가 정통의 이름으로 저지른 잘못이나 종교 개혁 이후 교파들 간의 반목과 갈등이 다른 종교적 신념을 이단 또는 미신으로 몰아가며 억압한 종교의 역사를 홉스는 기억했을 것이다. 17세기 당시뿐만 아니라 지금도 우리는 같은 그리스도교 공동체 내에서 이단 시비가 끊임없고, 다른 종교나 종파를 미신으로 몰아가는 행태를 여전히 목격하고 있지 않은가.

또 공적 허용을 종교의 기준으로 삼음으로써 종교를 정치적인 지배권 아래 두려는 것이 홉스의 드러난 의도였다. 그렇다면 왜 그렇게 했을까? 이 물음에 대한 답은 홉스가 교회보다 국가를 더 우위에 두는 입장(Erastianism)을 선택한 이유에서 찾아진다. 여기서 간단하게 결론만 말한다면 최고의 권위를 가진 사람은 정치적 통치권자 한 사람뿐이어야 하기 때문이다. 최고의 권위가 둘 이상이면 갈등이 생겼을 때 조정 또는 해결하기 어렵게 된다.

홉스는 성(聖)과 속(俗)을 구분하는 이분법적 구도를 거부한 사람이다. 종교, 교회의 문제도 정치적인 권위자가 최종적으로 결정할 수 있을 때 종교 간의 갈등을 피할 수 있게 된다고 홉스는 보았다. 시민전쟁을 비롯한 많은 정치적 소용돌이의 배후에는 교회와 성직자들이 도사리고 있다는 사실에서 홉스는 이들을 통제하지 않고서는 영국 사회의 평화와 안전을 보장할 수 없다는 점을 간파했을 것이다.

기적론

대부분의 종교에서 기적은 사람들을 믿게 만드는 데 필요한 수단으로 활용된다. 또 사람들은 믿기 위해서 기적을 보여달라고 신에게 또는 교주에게 요청한다. 그리스도교의 경우 구약시대에는 예언자들과 선지자들이 이스라엘 백성에게 기적을 자주 보여 주었다. 하느님의 말을 극적으로 전하는 수단이 기적을 보여 주는 일이었다. 그리고 그리스도 역시 여러 번 기적을 행하였다.

그러나 예수의 죽음 이후 신약시대에 와서는 사도들과 교회가 하느님의 말씀을 대신 전하는 전달자의 역할을 해 왔으며, 이들은 기적에 대해 언급하는 것을 상당히 조심했다. 왜 그런가? 그것은 기적의 조건이 간단하지 않기 때문이다. 만

약 기적이 과거에 일어났던 사건이라면 현재에도 일어나야
되는데 실제로는 그렇지 않으며, 기적을 행하는 주체가 하느
님이어야 하는데 그것을 증명하기가 불가능하기 때문이다.
홉스는 기적에 대한 정의를 통해 이 조건들이 결코 충족시키
기 어렵다는 것을 말하고 있다.

홉스는 『리바이어던』 37장에서 기적에 대해 두 가지로 정
의하고 있다.

> "기적이란 하느님이 하는 감탄할 만한 일을 의미하며, 그렇기
> 때문에 경이로움이라고도 불린다. 그리고 이 기적들은 거의 모
> 두가 그것 없이는 하느님이 무엇을 명령했고 무엇을 하지 않았
> 는지 사람들이 의심하는 경향이 있는 그런 경우에 하느님의 명
> 령을 나타내기 위해서 이루어지는 것이다."

그리고 두 번째 정의는,

> "기적이란 (창조할 때 정해진 자연법칙에 의한 하느님의 작업
> 을 제외한) 하느님의 활동이며, 자신이 세운 백성들에게 그들의
> 구원을 위해 아주 특별한 대리자의 사명을 명백히 하기 위해 행
> 해진 일이다."

기적에 대한 홉스의 두 정의를 보면 몇 가지 구성 요소를 갖추고 있어야 기적이라 말할 수 있다는 사실을 알게 된다. 첫째, 기적은 하느님만의 놀라운 활동이다. 둘째, 하느님의 명령을 이해시키기 위한 수단으로 기적을 활용한다. 셋째, 자연법칙을 뛰어넘는 현상이다.

기적은 오직 하느님만이 할 수 있는 행위라는 점을 강조함으로써 홉스는 거짓 예언자나 성직자들이 기적을 악용할 수 있는 가능성을 차단하고 있다. 특히 사도들 이후에는 기적이 없다는 사실을 말함으로써 가톨릭 교회가 주장하는 성찬식(Eucharist)에서 빵과 포도주가 그리스도의 몸과 피로 변화한다는 성체 변화설(trans-substantialism)에 대해 홉스는 비판적인 견해를 보이고 있다. 그 이유는 성체가 변화한다는 기적이 매일 같이 일어난다면 그것은 더 이상 기적이 아니며, 빵과 포도주가 그리스도의 몸과 피로 변화한다는 주장은 홉스 당시의 과학적 견해와도 일치하지 않는다는 것이다. 가장 중요한 이유는 성직자들에게 그런 기적을 행할 권한이 주어졌을 경우 이를 악용할 소지가 많기 때문이다.

또 기적의 효과에 대해 홉스는 하느님을 믿지 않거나 하느님의 대리자(예언자)를 통해 하느님이 하려는 일에 대해 확신이 없는 사람들에게 믿음을 주는 데 필요하다는 점을 지적하고 있다. 신앙을 갖게 하는 것이 기적의 본질적 요소라고 말하고 있다. 기적의 효과와 관련해서는 두 가지가 지적될 수 있다.

첫째, 기적은 하느님이 자신의 명령을 자신이 선택한 백성들(이스라엘)에게 전달하기 위한 수단으로 활용했다는 점이며, 이는 사실이다. 하느님은 자신이 직접 보이거나 아니면 대리인(예언자들)을 통해 이스라엘 백성들에게 자신의 의지를 표시하기 위한 수단으로 활용했다. 다른 민족에게 보이기 위해 기적을 행한 것은 아니다.[77] 둘째, 기적은 믿음을 강화하는 데 필요하다는 견해인데 이는 정확한 것 같지 않다. 기적은 신앙이 없는 사람에게 신앙을 갖게 하는 데 효과가 있는 것이 아니라 반대로 신앙을 가진 사람에게만 기적이 보인다는 흄의 지적이 더 정확한 것으로 판단된다.

흄은 「기적에 관하여」라는 짧은 글에서, "기적이란 자연법칙을 위반하는 것이다"[78]라고 정의하고 있다. 이것은 홉스가 기적을 자연법칙을 제외한 하느님의 활동이라고 한 것과 대동소이한 정의이며, 대부분의 사람들이 동의할 수 있는 가장 일반적인 정의일 것이다. 흄은 어디에서도 기적의 가능성 또는 불가능성을 명백하게 언급하고 있지 않다. 기적은 한 종교를 세우는 데 그 기반으로서 필요조건이라기보다는 충분조건에 해당된다.

기적은 결코 이성적 추론을 통해 증명될 수 없는 문제이다. 만약 그것을 시도하는 사람이 있다면 그가 바로 기독교에 가장 위험하고 위장된 적(敵)이 된다. 기적은 신앙의 눈으로만 이해될 수 있는 현상일 뿐이다. 따라서 기적이 신앙을 정당화해 주거나 강화시켜 주는 것이 아니라 반대로 신앙이 기적을 가능하게 만들 뿐이다. 이 점에 홉스와 흄은 약간 다른 입장을 보이고 있다.

하느님의 첫 번째 왕국과 두 번째 왕국

만약 3권 후반부의 논의를 좀더 자연스럽게 전개하고자 한다면 39장「성서에 나타난 교회라는 말의 의미에 관하여」는 42장「교회 권력에 관하여」 앞에 놓여야 된다. 39장에서는 간략하게 교회에 대한 사전적인 정의와 홉스 자신이 말하고자 하는 교회에 대한 견해를 밝히고 있다. 그런 다음에 교회 권력에 대해 논의해야 자연스럽다. 그러나 홉스는 실제로 39장과 42장 사이에 하느님의 왕국(40장)과 그리스도의 직무(41장)에 관한 설명을 하고 있다. 이렇게 논의 순서를 배열한 것은 우연일까 아니면 어떤 의미가 있는 것일까?

교회, 하느님의 왕국 그리고 그리스도 사이에는 아주 밀접한 연관 관계가 있다는 것을 볼 수 있다면 그 해답은 간단하다. 40장에서 다룬 하느님의 왕국은 구약성서를 무대로 하고 있으며, 첫 번째 하느님의 왕국(the first Kingdom of God)이다.

홉스는 하느님의 직접통치가 가능했던 구약시대의 역사를 계약론적 관점에서 새롭게 해석하고 있다. 그의 해석에 따르면 하느님은 아브라함과 직접 계약을 맺음으로써 이스라엘 민족이 처음으로 고대국가를 형성할 수 있도록 했다. 왜 하느님은 아브라함과 계약을 맺었을까 반문하면서 그 이유를 힘(권력)에서 찾고 있다.

아브라함은 당시의 부족장 중에서 가장 힘이 강한 사람으로서, 그의 말이 곧 법이었으며, 명령을 어기는 사람을 처벌할 수 있는 실질적인 힘을 가진 사람이었기 때문에 하느님은 그를 계약의 상대자로 선정했다는 것이 홉스의 생각이었다. 하느님 왕국에서 통치권자인 하느님 자신을 대신할 수 있는 사람은 실질적인 통치 권력을 소유한 사람이 되어야 한다. 그만이 하느님의 명령을 제대로 해석하고 이행할 수 있는 힘이 있으며, 그 힘으로부터 권위와 정당성이 확보될 수 있기 때문이다. 만약 아브라함이 힘없는 무명의 족장이었다면 하느님은 결코 그와 계약을 맺어 하느님 왕국을 세우지 않았을 것이다.

하느님의 왕국은 아브라함에 이어 모세로 이어진다. 모세만이 하느님과 직접 대화하며 신의 명령을 전달하고 해석하는 권위를 가진다. 모세가 죽고 난 후 통치권은 아론의 아들인 제사장 엘르아살에게 돌아간다. 이는 이스라엘의 고대국가가 제정일치(祭政一致) 시대로 들어갔음을 의미한다. 제사장은 전쟁 선포권과 외교권 그리고 사법권 등 정치권력뿐만 아니라 제사를 관장하는 교회의 권력까지를 모두 한손에 장악할 수 있었다. 정치와 종교는 둘이 될 수 없었고 하나였다.

여호수아가 죽고 난 후 이스라엘의 고대국가에는 왕이 없는 사사(재판관)의 시대를 겪는다. 재판관들은 정치적 권력은 가지고 있었으나 교회의 권력은 제사장에게 있었다. 사무엘의 시대에 와서 비로소 이스라엘 백성들은 "다른 나라들처럼 우리에게 왕을 세워 우리를 다스리게 하소서"라고 요청하여 사무엘은 사울을 이스라엘의 세속적인 왕국의 첫 번째 왕으로 세운다. 이렇게 하여 하느님의 첫 번째 왕국은 사실상 막을 내린다. 성서는 이를 다음과 같이 기록하고 있다. "백성이 너에게 한 말을 다 들어 주어라. 그들이 너를 버린 것이 아니라 나를 버려서 자기들의 왕이 되지 못하게 한 것이다."(사무엘 상 8장 7절)

사울의 등장은 제정일치 시대의 종말이자 왕권국가의 시작을 의미했으며, 왕의 권위를 가졌던 제사장의 명령을 따르기보다는 정치적 왕의 통치를 받겠다는 선언이었다. 또 종교

(교회)가 정치(국가)에 종속되는 역사적 전환점이 되었다. 이후 구약의 역사서에 기록된 이스라엘 민족의 고대사는 메시아의 도래와 두 번째 하느님의 왕국의 건설을 희망하는 기다림의 역사였다.

그렇다면 두 번째 하느님의 왕국은 언제부터이며, 첫 번째 왕국과 두 번째 왕국 사이는 무엇이라 하는가? 홉스는 두 번째 하느님의 왕국이 아직 오지 않았다고 말한다. 그리스도가 다시 이 땅에 재림할 때 비로소 하느님의 두 번째 왕국이 재건되며, 그 사이는 소위 헌정중단(interregnum) 시기일 뿐이라는 것이 그의 생각이었다. 그리스도 예수가 공생의 삶 3년을 살면서 전한 메시지는 하느님 나라의 도래(到來)이며, 이는 두 번째 하느님 왕국의 실현을 의미한다.

정통 교회의 해석과 일치하느냐 그렇지 않느냐의 문제는 남아 있지만 홉스가 보는 현재 세계는 하느님의 직접 통치권이 유보(留保) 또는 유고(有故)된 헌정중단 상태이다. 그렇다면 이 시기에 지상의 통치권은 누구에게 있는가? 두 가지 조건을 만족시키는 사람에게 통치권이 주어져야 한다는 것이 홉스의 생각이었다. 그 조건이란 첫째 통치할 수 있는 실질적인 힘(권력)을 가진 사람이어야 하고, 둘째 그 힘의 근거가 피지배자인 백성들의 자발적인 계약에 의해 통치자로 세워진 사람이어야 한다.

이는 마치 아브라함이 실질적인 힘을 가진 최고의 족장이었고 하느님이 바로 그런 사람과 직접 계약을 맺음으로써 정당한 지도자로 세워진 것과 마찬가지이다. 따라서 지상의 왕국은 사회계약을 맺어 정당성을 확보하고 또 실질적으로 권력을 장악한 통치권자의 지배를 받아야 마땅하다. 현실적인 힘을 소유한 사실적 통치자(de facto ruler)이자 사회계약을 통해 정통성을 획득한 합법적 지배자(de jure ruler)가 헌정 중단 시기의 지배자가 되어야 한다. 이런 이가 바로 진정한 리바이어던이다.

교회와 신앙

　『리바이어던』에서 가장 길이가 긴 부분은 교회 권력에 관해서 논의하고 있는 42장이다. 3권 전체 12장의 3분의 1 이상을 차지하고 있는 이 한 장에서 홉스는 교회 권력에 대해 집중적으로 논의하고 있다. 교회 권력에 대해 이토록 많은 지면을 할애하면서까지 논의하고 있는 이유는 아마도 교회와 성직자가 세속 정치와 불가분의 관계를 맺고 있기 때문일 것이다. 또 교회와 성직자는 언제나 지배 계급의 이익에 봉사해 왔으며, 특히 17세기 당시 영국 시민전쟁의 배후에는 이들이 자리 잡고 있었기 때문이다.

　비판에 민감한 반응을 보이는 교회와 성직자들을 상대로 해서 비판적인 글을 쓴다는 것은 홉스 시대나 지금이나 마찬가지로 모험에 가까운 일이다. 신앙의 이름으로, 교리의 이름으로 그리스도인들의 신앙 세계에 영향을 미치고 세속적인 일까지도 직 · 간접으로 간섭해온 교회는 정치적 조직체이고, 이들을 상대로 해서 논쟁한다는 것은 계란으로 바위치기와 같은 싸움이 되기 쉽다. 그래도 홉스는 성서에 대한 해박한 지식을 동원하여 물러서지 않는 싸움을 평생에 걸쳐 지속했다. 교회는 그에게 개혁되어야 할 1차 대상이었을 것이다. 그렇다면 교회란 무엇인가? 홉스는 다음과 같이 정의하고 있다.

> "교회는 하나의 인격체로 이해될 수 있다. 즉 의지를 가지고 판단을 내리고 명령하고 복종케 하고, 법을 만들고 그 밖의 무슨 일이든 할 수 있는 힘을 가진 자라고 말할 수 있다. 교회란 그리스도 종교를 고백하는 사람들의 모임으로서 한 통치권자 안에서 결합되고 그의 명령에 따라 소집해야만 하고 그의 권위 없이는 소집해서도 안 되는 그런 집합체이다."[70]

이 정의에서 주목할 점은 교회를 하나의 인격체로 보고 있다는 점과 합법적 권위에 의해서만 소집이 가능한 공동체라는 점이다. 교회가 인격체라는 것은 사람과 같이 의지를 가지고 행동하며, 책임과 권리를 가진다는 말과 같다. 사람의 몸이 머리와 몸과 손, 발로 이루어져 있듯이 교회도 사람의 머리에 해당하는 직책이 있고, 몸이나 손, 발에 해당하는 직분이 있다. 교회의 머리는 상징적으로 말하면 그리스도 자신이지만 세속적인 의미에서는 교황이나 최고위직 성직자라고 생각될 수 있다. 그러나 홉스는 교황의 권위나 보편 교회에 대해 인정하고 있지 않다. 각 나라마다 교회의 수장은 국왕이어야 하며, 교황은 결코 모든 그리스도인들의 통치권자가 될 수 없다는 것이 그의 생각이었다.

그리스도인들은 자신이 속한 교회의 신자(信者)이자 동시에 자기 나라의 신민(臣民)이기도 하다. 따라서 한 개인은 신자로서의 의무와 신민으로서의 의무를 동시에 지고 있다. 그리스도교를 국교로 인정하는 왕국에서 교회와 국가는 동일한 것이며, 국가의 통치자가 교회의 수장(首長)이어야 하는 이유는 백성이 신자이자 신민이기 때문이며 통치권은 언제나 한 사람에게 있어야 하기 때문이다.

홉스가 절대군주론자인 이유도 여기에 있다. 만약 통치 권력이 둘로 나누어진다면 국가와 교회, 세속과 영성, 정의의 칼과 신앙의 방패, 그리고 보통사람과 그리스도인들 사이에 충돌이 불가피하며, 내란과 혼란이 일어날 위험이 크다는 것이 홉스의 진단이다.

교회와 성직자에게는 법을 만들거나 명령하는 권한이 주어진 것이 아니라 복음을 세상에 전파하기 위해 가르치는 임무만 주어졌다. 두 번째 하느님의 왕국이 올 것이라는 것을 선포하고, 그리스도가 메시아라는 것을 설교하고 세례를 주는 일이 성직자에게 주어진 임무이다. 예수의 승천 이후 재림할 때까지 교회는 통치권을 행사하는 것이 아니라 사람들을 도덕적으로나 영적으로 쇄신(regeneration)하는 일만 해야 한다.

이에 반해 정치적 통치권자는 법을 제정하고 명령하고 처벌할 수 있는 권한을 가지고 있으며, 교회와 종교에 관한 문제도 해결할 수 있는 능력과 권한을 가지고 있어야 한다. 왜냐하면 성직자들과 교회 사이에 극단적인 분쟁이 생겨 자체 조정이 불가능할 때 이를 최종적으로 조정할 수 있는 권한과 힘은 통치권자만이 가지고 있기 때문이다.

오늘날에도 영국 성공회의 경우 켄터베리 대주교의 임명권이 여왕에게 있는 것은 상징적이지만 교회를 국가가 관장한다는 전통에서 비롯된 것이다. 대주교나 주교의 임명은 교회 내의 조직에서 결정하지만 수상의 제청에 의해 최종 결정권은 여왕이 행사한다. 교회에 대한 국가 우위론을 주장한 홉스의 의견은 여전히 유효하다고 볼 수 있다.

42장에서 다루고 있는 또 하나의 주제는 신앙에 관한 문제이다. 먼저 홉스는 신앙을 다음과 같이 정의하고 있다.

"신앙은 하느님의 선물로서 결코 사람이 줄 수 있거나 보상의 약속이나 고문의 위협을 통해 빼앗을 수 있는 것이 아니다."

"마음속의 신앙은 그 자체의 본질상 보이지 않는 것이며, 모든 인간적인 심판에서 제외된다."[80]

그리스도교의 신앙은 사도신경에서 압축적으로 표현되고 있다. 즉 예수가 하느님의 아들이며 그리스도이고 메시아라는 것을 고백하는 일이다.[81] 그리스도에 대한 신앙과 하느님의 명령인 자연법에 대한 복종만이 구원의 충분조건이라고 홉스는 말하고 있다. 이렇게 신앙의 조건을 단순화시킨 이유는 다름 아니라 그리스도 왕국에서 종교적 분열과 혼란을 피하기 위해서이다.

임의로 성서를 해석하여 교파나 교단 혹은 성직자 개인의 이익을 옹호하기 위한 교리를 만들고, 이를 근거로 그리스도인들 사이에 분열을 조장하여 종국에는 내란을 부추기는 일이 얼마나 위험한 일인가를 홉스는 영국 시민전쟁을 통해 경험한 바 있기 때문이다. 이런 점에서 홉스를 사소한 교리에 얽매이지 않는 종교적 자유주의자이자 광교파(廣敎派, latitu-dinarian)라고 부르는 것은 적절하다.

신앙은 사적인 고백이자 자발적인 선택의 문제이다. 한 개인의 신앙을 어떤 권위도 빼앗거나 강요할 수 없다는 것이 홉스의 기본 생각이었다. 그는 다음의 경우를 들어 종교와 신앙의 자유를 옹호하고 있다. 만약 그리스도교가 국교인 나라에 모슬렘이 살고 있을 때 법으로 모든 모슬렘에게 그리스도교의 예배에 참석하라는 명령을 내린다면 그 모슬렘은 어떻게 행동하는 것이 옳은가? 두 가지 답이 가능하다.

우선 예배에 참석하는 것을 거부하고 순교를 각오해야 한다고 주장하는 사람은 실정법을 위반하며 시민 불복종과 혼란을 부추기는 사람이 될 것이다. 참석해야 한다고 말하면서 자신은 모슬렘의 예배에 참석하지 않는다면 그는 "남에게 대접을 받고자 하는 대로 남을 대접하라"는 복음의 규칙과 "자기가 하기 싫은 일은 남에게 시키지 말라"는 자연법의 규칙을 위반하는 것이 된다.[82] 따라서 다른 사람의 종교나 신앙에 대해 간섭하거나 강제적으로 요구하는 것은 어느 경우에나 규칙을 위반하게 된다. 자신의 신앙을 간섭 받지 않을 권리가 있는 것처럼 다른 사람의 신앙이나 종교를 간섭할 권리도 없다는 것이 홉스의 생각이었다.

그런데 홉스는 신앙과 관련해서 한 가지 흥미로우면서도 까다로운 주장을 하고 있다. 만약 정치 권력자가 개인의 신앙을 금지한다면 어떻게 할 것인가? 라는 질문을 제기한다. 그리고 정치 권력자가 개인의 신앙을 금지할 때 그것은 효력이 없다고 대답한다. 그 이유는 신앙과 불신앙이 사람의 명령에 따르는 것이 아니기 때문이다. 그런데 홉스는 다시 질문을 제기한다. 만약 합법적 군주가 (입으로) 신앙을 부인하라고 명령한다면 복종해야만 하는가? 이 질문에 대해서는 군주의 명령에 따라야 한다는 대답을 한다.

폭군이거나 합법적 군주거나 정치적 권력으로부터 받을지도 모를 박해를 피하기 위해서는 입으로 신앙을 부인하는 행위가 정당화될 수 있다는 것을 홉스는 논증하고 있다. 성서에서 그 근거를 찾고 있는데, 열왕기하 5장 15절에서 19절에 있는 예언자 엘리사(Elisha)와 시리아 사람 나아만(Naaman) 사이에서 있었던 일화를 제시하고 있다. 이방인 나아만은 유대교로 개종한 시리아의 장군이지만 어쩔 수 없이 자신이 모시는 시리아의 왕과 함께 림몬(Rimmon)이라는 우상 앞에 경배하는 것을 엘리사는 허용하고 있다.

불가피한 이유, 특히 박해와 처형을 피하기 위해 외형적으로 우상을 경배하는 것과 마음으로 하느님을 믿는 것 사이에 갈등이 생기지 않는다는 것을 홉스는 말하고 있다. 자기보존에 대한 권리는 최우선적이기 때문에 겉으로 배교 행위처럼 보이는 행동도 마음이 그 반대의 경우에는 용납이 될 수 있다.

그렇다면 배교를 거부하고 죽음을 선택한 순교자의 행위는 어떻게 평가되어야 하는가? 땅 위에 십자가를 그려 놓고 그것을 밟고 지나가면 살려 주겠다는 관원의 제안을 거부하고 죽음을 선택한 한국 천주교 순교자들의 행위는 홉스의 관점에서 보면 어리석은 행위였던가? 사람의 명령보다는 하느님의 명령이 더 우선하기 때문에 순교는 마땅하다고 말하는 사람에 대해 홉스는 상당히 냉소적으로 비판하고 있다. 하느님의 명령을 우리는 어떻게 알 수 있는가? 하고 반문하면서 오히려 하느님의 명령이라 사칭하여 교회, 교파 또는 성직자 개인의 사익을 도모하려는 경향이 많다는 것을 지적하고 있다.

어떤 특정한 교리나 교파 또는 교회와 성직자를 위해 순교하는 것은 어리석은 일이라고 말하면서 오직 '예수가 그리스도이다' 라는 고백만이 순교를 위한 조건이다. 종교와 신앙의 이름으로 저질러지는 박해와 순교, 전쟁은 모두 반성서적이라는 것이 홉스의 생각이었다. 예루살렘 성지의 회복을 위해 일으킨 십자군 전쟁이나 이슬람 근본주의자들이 말하는 지하드(聖戰)를 위해 목숨을 바치는 행위는 순교라 불릴 수 없다. 홉스의 이런 순교관은 냉소적이고 순교의 순수성을 부인하는 것처럼 보이지만 사실은 인간의 생명이 그 무엇보다 중요하다는 것을 강조하려는 것이 그의 진정한 의도였다.

5장

교황주의의 유령이 떠돌고 있다:
어둠의 왕국론

어둠의 왕국의 세력들

아우구스티누스는 『신국론』에서 두 가지 종류의 왕국이 있다고 말한다. 하나는 신의 나라(civitas Dei)이고 다른 하나는 땅의 나라(civitas Terrena)이다. 신의 나라는 하느님의 백성들이 믿음, 소망, 사랑의 정신으로 결합된 왕국이며, 땅의 나라는 신을 배반하고 악마와 함께 세속적인 탐욕과 이기심으로 가득한 사람들의 왕국이다. 이 두 왕국 사이의 끊임없는 투쟁이 인류의 역사며, 결국 땅의 나라는 멸망하고 신의 나라가 승리함으로써 역사의 종말이자 완성에 이른다.

아우구스티누스는 신의 나라가 곧 로마 교회이고 땅의 나라가 로마 제국이라고 보지는 않았지만 지상에서 로마 제국이 하느님의 정의를 실현하는 데 실패했기 때문에, 로마 교회가 신의 나라의 원리를 실현시킬 수 있는 유일한 대안으로 보았다. 교회가 교황을 정점으로 사제들의 위계질서를 잘 갖추고 있는 것은 신의 나라의 통치 질서를 위해서 필요하기 때문이다. 세속적인 국가보다 교회가 정치적으로나 도덕적으로 더 우위에 있어야 하는 이유가 여기에 있다고 그는 말하고 있다.

홉스는 아우구스티누스의 구분법과는 사뭇 다르게 하느님의 왕국과 어둠의 왕국을 대비해서 설명하고 있다. 아우구스티누스가 교회를 신의 나라를 상징하는 것으로 지목한 것과는 반대로 홉스는 교회와 성직자들을 바로 어둠의 왕국의 중심적인 지배 세력으로 지목하고 있다. 아우구스티누스가 교회를 국가보다 도덕적으로 더 우위에 있는 것으로 본 것과는 반대로 홉스는 국가가 교회보다 더 우위에 있어야 한다고 주장한다. 아우구스티누스와는 다르게 땅의 나라는 두 번째 하느님의 왕국이 올 때까지 지상을 지배할 권한을 가지고 있으며, 그 통치권의 정당성을 확보하기 위해 계약론과 교회에 대한 국가 우위론을 홉스는 제시하고 있다.

어둠의 왕국이란 다음과 같다.

"단지 사기꾼들의 동맹일 뿐인데, 이들은 이 세상에서 사람들을 지배하는 권세를 획득하기 위해 애매모호하고 잘못된 교설로 전력을 다하고, 자연과 복음의 빛을 사라지게 만들어 앞으로 올 하느님의 왕국을 위해 사람들이 준비하지 못하도록 만든다."[83]

이 어둠의 왕국을 지배하는 세력들은 공통적으로 한 가지 주장을 내세운다. 그것은 하느님의 왕국이 현존한다는 주장이다. 이런 주장을 강변함으로써 궁극적으로 노리는 것은 세속적인 정치권력을 약화시켜 땅의 나라의 지배권을 다시 회복하려는 데 있다.

교황의 권력과 황제의 권력 다툼에서 밀린 교회는 아직 오지 않은 하느님의 왕국이 마치 현실 속에 존재하는 것처럼 꾸미고 이를 무기로 삼아 세속 정치를 공격하고 있다는 것이 홉스의 지적이다. 특히 가톨릭과 장로교파는 현재 교회가 곧 하느님의 왕국이기 때문에 성직자들의 위계질서가 곧 정치 질서와 동일하다는 주장을 한다. 교황이 황제의 자리에, 고위직 성직자들이 그 대리인으로 성속(聖俗)의 세계 모두를 지배해야 한다는 논리이다.

홉스는 어둠의 왕국을 지배하는 네 가지 세력을 다음과 같이 지적하고 있다. 첫째, 성서에 대한 우리의 무지를 이용하여 성서를 악용하는 세력, 둘째 악마론이나 귀신론을 유포하여 우상숭배에 빠지게 만드는 세력, 셋째 그리스 철학, 특히 무용지물과 같은 아리스토텔레스 철학을 신학에 잘못 이용하는 세력들, 넷째 잘못된 철학적 권위와 전통을 왜곡시키는 세력 등이 그들이다. 이 어둠의 세력들은 여전히 우리 시대와 사회 안에서 지배적인 힘으로 작용하고 있다.

성서를 목회자들이 너무 자의적으로 해석하는 것이 문제가 되는 일은 예전이나 지금이나 별로 달라진 것 같지 않다. 성서는 비유와 은유로 표현된 구절들이 많은데 이들을 근본주의자들처럼 너무 문자적으로 해석하려는 경향이 있는 것도 사실이며, 반대로 성서의 원래 의미와는 상관없이 견강부회(牽强附會)가 가장 심하게 일어나는 곳이 성직자들의 설교라는 것도 사실이다.

성서가 자국어로 번역되기 전에 성서를 해독할 수 있는 수준의 사람이란 교육받은 귀족들과 성직자뿐이었다. 이들의 자의적 해석에 대해 아무도 이의를 제기할 수 없었을 만큼 성서 해석의 독점권을 성직자들이 갖고 있었다. 라틴어를 읽을 줄 모르는 평신도들에게 성서는 암흑의 세계와 다를 바 없었다. 해독 능력이 없이는 성서는 암호문서와 같았을 것이다. 종교개혁 이후 성서의 자국어 번역본이 처음으로 나왔다는 사실은 가톨릭 교회의 일방적인 성서 해석을 거부하고 개별 교회의 독립과 개인의 종교적 자유를 확보하는 데 획기적인 계기가 되었다.

또 교회가 천국과 지옥, 천사와 귀신 이야기 그리고 악령 추방 등을 말함으로써 사람들을 공포심에 사로잡히게 만들고, 그 공포심은 마치 전염병이 번지는 것처럼 악마의 이야기를 다른 사람이나 지역에 전파시켰다. 이런 것들은 모두 인간의 상상력이 만들어낸 이미지(模像)에 불과한 것들이다.

교회는 이런 실재하지 않는 것을 마치 실재하는 것처럼 가르쳐서 사실처럼 믿게 만드는 힘을 가지고 있다. 눈에 보이지 않는 힘에 대한 공포는 사람의 마음에서 결코 제거할 수 없는 감정이다. 이런 공포의 감정을 먹으면서 자라는 비실재적인 것들이 실재의 세계를 지배하고 있다. 홉스가 교회를 신랄하게 공격하는 이유 가운데 하나가 바로 인공적인 상징물을 숭배의 대상으로 만들어 사람들의 정신세계마저 지배하려고 하기 때문이다.

아리스토텔레스 철학 비판

 "지금 한 유령이 전 유럽을 배회하고 있다. 공산주의라는 유령이." 마르크스가 공산당 선언 첫머리에서 한 말은 150여 년 전의 이야기만은 아니다. 그보다 200여 년 전 한 유령이 영국과 유럽을 배회하고 있었다. 교황주의라는 유령이. 갈릴레이와 코페르니쿠스가 열어 놓은 근대 과학의 문으로 이미 추방되었어야 할 로마 제국의 유령인 교황정치가 슬며시 들어와 소멸된 자신의 무덤 위에서 왕관을 쓰고 있다. 어둠의 왕국이 다시 도래하여 잃어버린 지배권을 되찾기를 기다리면서. 악마의 군주, 바알세블 또는 어느 시인의 말처럼 오베론의 왕이라 불리는 이 유령은 낡은 로마의 언어(라틴어)로 말하고 지금의 교회가 하느님의 왕국이라 속이고 오직 하나의 보편 교회와 보편 국가와 하나의 교황만을 인정해야 한다고 선전하고 있다.

이런 어둠의 왕국을 지배하는 이데올로기의 유령은 주로 아리스토텔레스의 철학에서 비롯되었다는 것이 홉스의 지적이다. 스콜라 철학이 지배적이었던 중세 시대를 지나 근대 과학의 문이 열린 17세기에 들어서서도 여전히 대학과 교회는 낡은 아리스토텔레스 철학에 뿌리를 둔 스콜라 철학의 강력한 영향권 아래에 놓여 있었다. 이들 대학과 교회가 사회, 정치적 혼란의 한 원인 제공자이기 때문에 이들을 비판하려면 당연히 그 이데올로기인 아리스토텔레스 철학을 공격하지 않을 수 없다고 보았다. 홉스가 아리스토텔레스 철학과 스콜라 철학을 가장 신랄하게 비판한 곳은 자주 인용되고 있는 다음 구절이다.

> "스콜라 학파의 자연철학은 학문이라기보다는 꿈이었으며,……도덕철학은 자신들의 감정을 묘사하는 것에 불과하며,……그들의 논리학은 단지 말의 설명에 불과하다.……오늘날 아리스토텔레스의 형이상학이라 불리는 것보다 더 불합리하게 자연철학에 관해 말해진 것은 거의 없고, 그가 정치학에서 말한 것보다 통치에 대해 더 모순된 것은 없으며, 그의 윤리학의 대부분보다 더 무지하게 말한 것은 없다."[84]

홉스가 플라톤보다 아리스토텔레스 철학을 더 강하게 비판하는 이유는 스콜라 철학에 대한 반감 때문이었다. 플라톤은 자신이 세운 대학, 아카데메이아에 입학하는 학생들에게 적어도 어느 정도의 기하학적 지식을 요구했다. 기하학은 홉스가 가장 좋아했던 학문이었는데, 이는 기하학이 엄밀한 추론의 학문이기 때문이다. 홉스가 플라톤에 대해 더 우호적이었던 이유 중의 하나는 바로 이런 기하학에 대한 이해 덕분이었다.

반면 스콜라 철학에 대한 반감은 이들이 무의미하고 이치에 맞지 않는 불합리한 말들을 아리스토텔레스 철학의 권위를 방패삼아 위장하고 있기 때문이다. 철학은 본래 알려진 원인으로부터 알려지지 않은 결과로 또는 알려진 결과로부터 알려지지 않은 원인으로 추론하는 행위인데, 아리스토텔레스의 형이상학이나 스콜라 철학은 이런 추론이 불가능한 체계라는 지적이다.

홉스의 선배인 프랜시스 베이컨이 '극장의 우상'이라고 지목하고 있는 잘못된 철학의 대표적인 철학자로 아리스토텔레스를 사례로 든 것이나 아리스토텔레스의 삼단논법이 아무런 새로운 지식을 발견해내지 못하고 생산성이 없다는 베이컨의 지적은 홉스의 생각과 일맥상통하고 있다. 베이컨의 말을 직접 인용해 보면 아마도 홉스도 같은 심정이었을 것이다.

"아리스토텔레스는 자신의 논리학으로 자연철학을 온통 망쳐 놓고 말았다."

"아리스토텔레스는 경험을 완전히 버린 그의 새로운 추종자들 (스콜라 철학자들)보다도 더 큰 비난을 받아 마땅하다."[85]

홉스가 아리스토텔레스 철학을 헛된 철학이라 부르고 이 철학이 그리스도교 신학과 결합되었을 때 국가에 해롭고 위험하다는 것을 『리바이어던』 여러 곳에서 말하고 있는데, 특히 『리바이어던』의 마지막 장인 47장에서 구체적으로 지적하고 있다. 어둠의 왕국에서 가장 혜택을 얻는 집단이 교회와 교황을 정점으로 하는 성직자들이며 이들 배후에 스콜라 철학으로 무장된 대학이 있다는 것을 분명하게 말하고 있다.

홉스는 정치에서 수사학이 얼마나 유용한가에 대해 아리스토텔레스에 동의하지 않는다. 아리스토텔레스는 수사학을 변증법(dialectic)과 쌍을 이루는 논증의 수단이라 보고 있는데, 이 두 가지 논증 기법은 모두 상대방을 설득시키는 데 유용한 기술이기 때문이다. 수사학과 변증법의 궁극적 목적은 모두 상대방, 적대자를 설득하고 굴복시키는 데 있다.

이와는 반대로 홉스는 수사학에 대해 비판적인데, 그 이유는 수사학이 사람들의 감정을 자극해서 어떤 일에 대해 객관적인 판단을 못하도록 만들기 때문이다. 특히 정치적 수사학은 선동과 반란을 일으키는 단초라고 보았다. 『시민론』에 있는 홉스의 말을 인용해 보자.

> "웅변(eloquence)은 두 가지 면이 있다. 하나는 마음에 있는 생각을 우아하고 분명하게 표현하는 것인데, 그 생각이란 부분적으로는 사물 자체에 대해 심사숙고해서 얻은 것이며, 또 부분적으로는 적절하고 정확한 의미를 가지고 사용된 말을 잘 이해해서 얻은 것이다. (웅변의) 다른 면은 희망, 공포, 분노, 연민 같은 마음의 정념들을 동요시키는 일이다. 이들 정념들은 감정에 적합한 말들을 비유적으로 사용해서 생기는 것들이다. 전자는 참된 원리를 통해 말을 하는 것이며, 후자는 그 본질이 무엇이든 이미 수용된 여론에 따라 말하는 것이다. 전자의 기술은 논리학이며, 후자의 기술은 수사학이다. 전자의 목적은 진리를 찾는 데 있고 후자의 목적은 승리하는 데 있다."[86]

6장

왜 『리바이어던』을 읽어야 하는가

『리바이어던』에 대한 당시의 평가

홉스는 "새로운 철학의 빛나는 땅을 개척한 위대한 콜럼 버스였다"라는 찬사와 "최고의 무신론자며 맘스베리의 악마였다"라는 비난을 동시에 받고 있다.[87] 전기 작가 존 오브리의 말에 의하면, "그는 탁월하고 학식 있는 많은 친구들을 가지고 있었으며 또 많은 적대자들도 가지고 있었다. 마치 예언자가 자신의 나라에서는 존경을 받지 못한 것처럼 그도 국내 사람들보다는 외국인들로부터 더 많은 존경을 받았다."[88] 아마 홉스만큼 당시의 사람들로부터 양극단적인 평가를 받은 철학자도 흔치 않을 것이다.

서양 철학사를 쓴 렘프레히트는 홉스의 정치사상에 적대적이었던 51명과 우호적이었던 2명의 명단을 보고하고 있다.

압도적인 숫자가 말해 주고 있듯이 홉스 철학이 지녔던 선구자적이며 예언자적인 충격은 동시대인들로부터 이런 일방적인 대접을 받도록 만들었을 것이다. 홉스가 살아 있을 당시에도 그의 철학을 추종하는 사람들을 호비스트(Hobbist)라 불렀고, 호비즘(Hobbism)은 아주 위험하고 해로운 사상이며, 전통을 무시하고 상식에 어긋나는 주장이라는 오해가 포함되어 있었다.

무신론, 유물론, 성악설, 절대군주론 등은 모두 홉스 철학에 붙여진 이름들이며, 이것들을 한꺼번에 묶어 호비즘이라 불렀다. 홉스주의자라는 이유로 캠브리지 대학에서 해직 위험에 몰린 다니엘 스카길(Daniel Scargill)은 스스로 홉스주의자가 아니라는 것을 공개적으로 부인하고서야 복직되었다. 또 머튼 대학의 교수였던 윌리암 카도넬(William Cardonnel)은 홉스주의자로 몰리자 자살했다. 이처럼 홉스 당시 영국의 대학과 교회는 그의 철학 전반에 대해 적대적인 태도를 보였다.[8]

홉스 철학에 우호적이고 지지했던 사람들조차도 자신이 호비스트라고 불리기를 원하지 않았으며, 홉스의 이론을 계승하는 데 관여하지 않았다. 우리에게 호비스트라고 알려진 사람은 거의 없다. 이 호비즘은 홉스 철학 자체라기보다는 당시 사람들의 눈으로 읽어내고 해석된 견해라고 볼 수 있다.

스콜라 철학과의 과감한 결별, 사상사의 뒤편에 물러 앉아 있던 유물론의 재도입, 기하학의 공리적 방법에 기초한 새로운 방법론의 확대 적용, 지위나 신분사회에서 계약사회로의 이행, 국가의 보호와 국민의 복종 사이에 새로운 관계 정립 그리고 성서에 대한 비판적 해석 등은 당시 일반인들의 정서와 지식인들의 보수적 경향을 고려할 때 상당히 도발적이었을 것이다.

그러나 호비즘이 단순히 홉스 철학을 부정적으로 평가하는 이름으로 그치지는 않았다. 오히려 홉스 철학이 다음 세대에 전달되는 데 그 운반선 역할을 했다. 로크, 스피노자, 라이프니츠, 벤담을 거쳐 현대에 이르기까지 홉스 철학은 호비즘의 얼굴을 하고 전승되어 왔다.

로크는 공개적으로 홉스의 『리바이어던』을 결코 읽지 않았다고 주장하고 있으며, 자신의 『시민정부론』이 홉스의 작품 여러 곳을 표절했다는 당시의 평가에 대해서도 강하게 부인하고 있다. 그러나 로크가 옥스퍼드의 학생이었을 때 출판되었으며, 또 당시 가장 논쟁거리가 된 책 『리바이어던』을 읽지 않았다는 것은 의심스럽다. 또 로크의 친구들인 샤프츠베리(Shaftesbury), 쿠드워스(Cudworth), 보일(Boyle) 등이 홉스가 제기한 문제들에 대해 깊은 관심을 가지고 논쟁을 했음에도 불구하고 로크만이 의도적으로 홉스의 철학에 무관심을 보였다는 것은 자연스럽지 못하다. 로크는 자신의 작품 속에서 의도적으로 홉스의 이름을 언급하지 않음으로써 홉스로부터 받은 영향을 부인하려고 한 것 같다. 로크는 "어떤 사람들"이라는 표현으로 홉스나 호비스트들을 지칭하면서 홉스 철학에 반대하는 의견을 피력하고 있다.[90]

스피노자는 대륙의 철학자 가운데 가장 홉스를 깊이 연구한 철학자이다. 스피노자의 대표작『에티카』,『신정론』그리고『정치론』에서 우리는 홉스의 개념과 사상적 내용을 많이 발견할 수 있다. 홉스가 기하학적 방법을 신뢰했던 것과 마찬가지로 스피노자 역시 기하학의 서술 방식으로『에티카』를 저술했다. 다음은 스피노자가 홉스의 사상을 흡수했다고 보이는 부분들이다.

(1) 자기보존의 욕구는 모든 생명체가 가지고 있는 기본적인 자연스러운 경향이다.

(2) 자연 상태에서 모든 개인은 다른 사람의 공격을 스스로 방어할 수 있다고 믿어지는 한 독립적이다.

(3) 혼자서 모든 타인의 적대 행위에 대해 방어하려고 노력하는 것은 무모하다.

(4) 서로 돕지 않으면 사람은 생명을 유지할 수 없기 때문에 자연권이 보장한 권리보다 작은 권리를 가지고 사회를 구

성한다.

(5) 통치권은 국민의 동의로부터 나온다.

(6) 교회의 힘이 세속적 힘(civil power)으로부터 독립적이거나 그보다 우월하다는 것은 부정되어야 한다.

라이프니츠는 자신의 '원초적 운동력(conatus)' 개념을 사용하는 데 있어서 상당부분 홉스의 '의도(endeavour)' 개념에 빚지고 있다고 말하고 있다. 1670년 25세의 라이프니츠는 83세의 홉스에게 편지를 쓰고 있다. 이 편지에서 라이프니츠는 홉스를 매우 격찬하고 있는데 특히 홉스의 유물론과 유명론에 관해 동감을 표시하고 있다. 1671년에 쓴 편지에서 라이프니츠는 자신의 작품 『추상운동론(Theory of Abstract Motion)』에서 홉스의 '의도' 개념을 그대로 사용하고 있음을 밝히고 있다. 이 작품에서 라이프니츠는 모나드 이론의 기본 생각을 설명하고 있으며 충족이유율에 대해서도 처음으로 언급하고 있다.

홉스와 그의 사상에 우호적인 사람들에게 붙여진 또 하나의 이름은 리버틴(libertine)이었다. 이 리버틴은 자유분방주의자라는 정도의 뜻으로 해석될 수 있다. 자유분방주의(libertinism)라는 말에서 나온 자유분방한 사람이란 자유사상가, 도덕률을 폐기한 사람 또는 이성 간에 지켜야 할 도덕적 구속력을 무시하는 사람 등을 지시하고 있다. 당시 사람들이 홉스를 자유분방한 사람으로 부른 이유는 주로 그가 무신론자이고 국교를 믿지 않고 당시의 일반적인 도덕에 대해 비판적이었기 때문이다.[91]

이들이 홉스를 자유분방주의자라고 부르는 것은 경멸적인 의미에서였지만 이는 오히려 홉스가 자유주의자였다는 것을 역설적으로 반증해 주는 것이라 볼 수 있다. 홉스는 결코 무신론자거나 반 그리스도인이 아니었는데도 종교에 대해 폭넓은 이해를 하고 있었다는 이유 때문에, 그리고 성서를 계약론적 관점에서 해석하고 있다는 이유로 그를 자유분방주의자로 불렀다면 이는 곧 그가 종교적 자유주의였다는 것을 말해 준다.

정치적 관점에서 보면 홉스는 왕당파나 의회주의자 모두로부터 일정한 거리를 둔 중립주의자였던 것으로 판단된다. 그는 어느 쪽으로부터도 확실하게 자기편 사람으로 인정받지 못했다. 『리바이어던』이 출판되자 그 책 속에서 말하는 군주가 찰스 1세를 지칭한다는 소문과 시민전쟁에서 의회파를 승리로 이끈 올리버 크롬웰을 지칭한다는 소문이 공존했던 것으로 미루어 보아 홉스는 정치적으로 중립적인 태도를 취한 것이라 보인다.

『리바이어던』의 현대적 의미

21세기를 살아가는 우리가 왜 17세기의 홉스를 다시 공부해야 하는가? 왜 그의 대표작인 『리바이어던』을 읽어야 하는가? 우리가 지나간 과거의 철학자들을 다시금 돌이켜보는 일은 반성의 거울로 삼기 위해서이다. 홉스 철학은 우리에게 무엇을 반성하게 해 주는가? 이미 고전으로 확고한 자리를 차지하고 있는 이 작품은 동·서양을 넘어서서 철학이나 정치학을 배우려는 사람들에게 필독이 요구되는 책이다.

『리바이어던』 31장 맨 마지막에서 홉스는 자신의 이 작품이 통치자의 손에 들어가 백성들에게 교육되었을 때 이론으로 그치지 않고 실용적인 효과를 얻을 수 있기를 희망하고 있다. 그 희망을 우리도 이 작품 속에서 여전히 발견할 수 있다

는 점을 생각할 때 고전의 힘이 얼마나 큰가를 알 수 있다. 욕
망의 자유와 이기주의적 본성에 가해졌던 도덕적 비난을 벗
어나게 해주었고, 평화를 추구하고 백성의 안전을 국가 최고
의 의무로 만든 홉스의 정치사상은 여전히 우리 시대에도 의
미를 지닌다.

　세계화 시대며 무한경쟁 사회에서 살고 있는 우리의 존재
상황은 홉스가 말하고 있는 자연 상태 또는 전쟁 상태와 다를
바 없어 보인다. 그래도 인류가 파멸로 가지 않고 자유로운
시민사회로 남을 수 있는 것은 합리적인 이성의 힘과 자기보
존 본능, 그리고 계약의 정신이 버팀목이 되어 주기 때문이
다. 홉스의 공헌이 있다면 그것은 바로 전통에 기대하지 않고
새로운 정치 철학을 세움으로써 근대 시민사회의 토대를 마
련했다는 점일 것이다.

　일반적으로 지나간 철학자의 정치 이론은 그가 살았던 시
대나 사회의 변화로부터 나온 사회·정치적 도전에 대한 대답
으로서 해석되어야 한다. 홉스의 『리바이어던』이 17세기 영
국 사회에 대한 진단과 처방으로서의 가치를 지니고 있다면
그의 철학은 오늘 우리에게 어떤 가치를 지니고 있을까? 17
세기 영국과 유럽의 사회가 겪었던 진통을 오늘의 아시아와
아프리카에서 여전히 겪고 있지는 않는지? 시민전쟁, 교회와
국가의 갈등, 종교적 분파주의, 그리고 정당화되지 못한 통치

권의 수립 등을 경험하고 있는 많은 국가들이 아직도 있음을 상기할 때 홉스가 『리바이어던』에서 보여 주고 있는 정치철학적 교훈은 여전히 유효한 것이 아닌가.

세계 곳곳에서 전쟁이 벌어지고 있으며 경쟁적인 자본주의가 주도하는 오늘날 "만인에 대한 만인의 투쟁", "인간은 인간에 대해 늑대"라는 그의 정곡을 찌르는 표현들은 단지 수사상의 과장법을 넘어서서 현실을 그대로 반영하고 있다. 그리고 "전쟁은 결코 승리함으로써 끝나지 않는다"라는 홉스의 말은 놀랍게도 아프가니스탄과 이라크 전쟁을 통해서 검증되고 있다. 최강대국 미국이 세계에서 가장 가난한 나라 아프가니스탄이나 힘없는 이라크를 상대로 일방적인 전쟁을 치르고 승리했다는 종전 선언을 한 후에도 아직 끝나지 않은 전쟁을 계속하고 있다.

우리는 근대인들이 물려준 문화, 기술, 사상의 빚을 많이 지고 살고 있다. 지난 20여 년 동안 지식인 사회에서 근대와 탈근대에 관한 논의가 많이 이루어졌지만 근대정신에 대한 재평가 작업은 21세기를 살아가는 우리 자신의 위상을 파악하는 데 필수적인 작업이다. 왜냐하면 우리는 아직도 여전히 근대의 연장선상에서 살고 있기 때문이다.

근대 시민사회의 토대들인 개인주의, 자유주의, 민주주의, 자본주의의 이념들은 여전히 우리의 삶을 규정짓는 원리들이다. 이 중 개인주의와 자유주의 사상의 형성에 홉스 철학이 던진 빛은 깊고도 긴 그림자를 우리 시대에까지 드리우고 있다. 홉스는 근대 철학자 어느 누구보다도 우리 시대와 깊은 연관성을 가진 철학자이다. 프레스톤 킹의 홉스에 대한 다음 평가는 우리가 홉스를 다시 읽어야 하는 이유를 분명하게 보여 주고 있다.

"홉스는 마키아벨리보다 더 분석적이며, 보댕보다 더 간결하며, 데카르트보다 더 역사적이며, 스피노자보다 더 통찰력이 있으며, 로크보다 더 일관성이 있으며, 아마도 이들 모두보다 더 근대적이었다."[92]

2부

본문

Leviathan

홉스의 「리바이어던」은 모두 4부로 구성되어 있다. 이 가운데 사람들은 I.「인간에 관하여」, II.「국가에 관하여」에 관심을 가장 많이 보여 왔는데 홉스의 사회, 정치 철학의 핵심이 여기에 있기 때문이다. 그러나 III.「그리스도 왕국에 관하여」, IV.「어둠의 왕국에 관하여」에서 다루는 종교 신학적인 문제들도 홉스가 관심을 둔 주제들이다. 『리바이어던』, 이 책 한권에는 그의 인간론, 도덕론, 정치론, 종교철학, 형이상학과 인식론 등이 모두 담겨 있다.

I. 인간에 관하여(Of Man)

제1장 : 감각에 관하여

사고(思考)란 보통 대상(object)이라 불리는 외부 사물의 어떤 성질이 표상(表象)되거나 나타나는 것이다. 모든 사고의 근원을 우리는 감각(sense)이라고 부른다. 감각의 원인은 각각의 감각 기관에 압력을 가하는 외부 물체 또는 대상에 있다. '감각할 수 있는 것'이라 부를 수 있는 모든 성질은 그 성질의 원인이 되는 대상 속에 있다. 그러나 사물은 여러 가지로 다양하게 운동하기 때문에 우리의 감각 기관에도 다양하게 압력을 가한다. 우리의 내부에 압력이 가해진 것은 다른 것이 아니라 다양한 운동일 뿐이다. 왜냐하면 운동은 오직 운동만을 만들어 내기 때문이다. 눈을 누르거나 문지르거나 또는 때렸을 때 그것은 우리에게 빛이 있다는 상상을 갖게 하며, 또 귀에 압력을 줌으로써 소음을 생기게 하는 것과 같이 우리가 보거나 듣거나 하는 물체도 비록 볼 수는 없지만 강한 작용을 함으로써 같은 일(상상을 갖게 하는 일)을 생기게 하고 있다. 왜냐하면 색채나 음향을 발생케 하는 물체 즉 대상으로부터 색채나 음향을 분리할 수 없기 때문이다.

모든 경우에 감각은 단지 '원초적인 환상(original fancy)'일 뿐이며, 이 환상은 우리의 귀나 눈 그리고 필요한 여러 기관에 압력을 가함으로써 즉 외부 사물의 운동에 의해서 생기는 것일 뿐이다. 그러나 스콜라 철학은 기독교 왕국들의 모든 대학에서 아리스토텔레스의 어떤 작품에 근거해서 다른 학설을 가르치고 있다. (pp. 85~86)[93]

나는 대학의 필요성을 부인하기 위해 이런 것을 논하는 것이 아니라 앞으로 국가 안에서 대학의 직분이 무엇인지를 말하려고 하기 때문이다. 대학에서 무엇이 수정되어야 하는지를 말해야만 하며, 무의미한 말을 빈번히 하는 것도 대학이 고쳐야 할 점들 가운데 하나이다. (p. 87)

제2장 : 상상력에 관하여

정지되어 있는 물체는 어떤 다른 것이 자극하지 않는 한 영구히 정지되어 있으려 한다는 것은 누구도 의심하지 않는다. 움직이는 물체는 다른 어떤 것이 정지시키지 않는 한 영원히 운동을 계속하려고 한다.

사람들은 다른 사람뿐만 아니라 모든 다른 사물들을 스스로 측정한다. 사람들은 자신이 운동 후에 고통과 피로에 지쳐 있는 것을 보고 다른 모든 사물들도 운동에 지쳐 저절로 쉬기를 바라고 있다고 생각한다. 스콜라 철학은 말하기를, 무거운 물체는 가장 알맞은 곳에 멈추어서 그 본질을 보존하려는 욕구 때문에 떨어지며, 생명이 없는 사물들에다 '욕구'니 '자기보존에 좋은 것이 무엇인지 아는 지식'이니 하는 불합리한 말들을 붙인다. (p. 87)

대상이 제거되거나 눈을 감은 후에도 현실적으로 보고 있는 것보다는 모호하지만 우리는 여전히 그 사물에 대한 영상(image)을 가지고 있다. 이것을 로마 사람들은 봄(seeing)으로써 만들어진 영상에서 이름을 따와 '상상력(imagination)'이라고 부른다. 이것을 그리스 사람들은 '환상(fancy)'이라고 부른다. 상상력은 단지 '쇠퇴해 가는 감각(decaying sense)'일 뿐이다. 어떤 대상을 보고, 즉 감각하고 난 후 시간이 오래 지나면 지날수록 상상력은 더욱더 약해진다. (p. 88)

'쇠퇴해간다'고 하는 말이 감각이 희미해져 가고 낡고 지나가는 것을 의미할 때 그것은 '기억(memory)'이라고 불린다. 따라서 상상력과 기억은 이름만 다를 뿐 같은 것이다. 많은 사물들에 대한 기억은 '경험(experience)'이라 불린다. 상상력은 이미 전에 감각에 의해 대상 전체가 일시에 지각되거나 또는 여러 번에 걸쳐 부분적으로 지각된 사물들에 대해서만 존재한다. 전자를 '단순 상상(simple imagination)'이라 부르고 후자를 '복합 상상(compounded imagination)'이라 부른다. (p. 89)

잠자는 사람들의 상상력을 우리는 '꿈'이라 부른다. 꿈 또한 다른 모든 상상력과 같이 이미 전체적으로 일시에 또는 부분적으로 감각 속에 있었던 일이다. 따라서 감각과 꿈을 엄격하게 구분하기는 어려운 일이며 많은 사람들은 불가능하다고 생각한다. 꿈은 신체 내의 어느 부분이 이상해서 생겨난다고 볼 때 여러 가지 정상이 아닌 것들은 다른 꿈을 꾸게 만드는 것이 틀림없다. 두뇌로부터 신체의 부분들로, 그리고 신체의 부분들에서 두뇌로의 운동은 상호 교환적이다. 꿈은 우리가 깨어 있을 때의 상상력과 반대 방향에 있다. 깨어 있을 때의 운동이 한쪽 끝에서 시작한다면 꿈은 다른 쪽에서 시작한다. (pp. 90~91)

꿈이나 다른 강한 환상을 환영과 감각으로부터 구별하지 못하는 무지 때문에 과거에는 정령, 목신, 요정 등을 숭배하는 많은 종교가 생겨났다. 그리고 오늘날에도 마찬가지로 무지한 사람들은 요정이나 유령, 도깨비 그리고 마녀들의 마력 등에 대한 믿음을 가지고 있다. 요정, 걸어 다니는 유령 같은 것에 대한 의견들이 의도적으로 가르쳐져 왔거나 반박되지 않았다. 왜냐하면 십자가나 성수(聖水) 그리고 신들린 사람들이 만들어 내는 다른 것들이 악령 추방에 효능이 있다는 믿음을 유지하기 위해서이다. (p. 92)

악한 사람은 하느님이 무엇이든지 할 수 있다는 것을 구실로 삼아 사실이 아니라고 생각하면서도 무모하게 아무 말이나 한다. 올바른 이성이 믿게끔 만드는 것 이상을 믿지 않는 것이 현명한 사람이다. 교활하고 야심을 품은 사람이 없어진다면 사람들은 지금보다 훨씬 국가에 복종하기 쉽게 될 것이다. 따라서 이런 일은 스콜라 철학이 해야 할 일인데도 오히려 그들은 그런 교설들을 조장하고 있다. 상상력이나 감각에 대해 알지 못하면서 그들은 받아들인 것을 그대로 가르친다. (p. 93)

말이나 다른 자발적인 기호에 의해서 인간 (또는 상상의 기능을 지닌 모든 피조물)의 내부에서 일어나는 상상력을 우리는 '이해(understanding)' 라고 부른다. (p. 94)

제3장 : 상상의 연속 또는 계열에 관하여

사고의 연속 또는 계열을 통해 한 사고에서 다른 사고로 계승되는 것을 '정신적 담론(mental discourse)' 이라 이해한다. 이런 사고의 계열 또는 정신적 담론에는 두 종류가 있다. 하나는 '유도되지 않고 의도도 없고 비지속적인' 것이며, 다른 하나는 '욕구(desire)와 의도(design)에 의해 규제됨으로써 보다 지속적'인 것이다. 욕구 때문에 우리는 전에도 유사한 목표를 성취하게 해준 적이 있다고 알고 있는 몇 가지 수단들에 대해 생각하게 된다. 그리고 수단에 대한 생각으로부터 '수단에 대한 수단'을 생각하게 된다. (pp. 94~95)

규제된 사고의 계열에는 두 가지가 있는데 하나는 상상한 어떤 결과에 대해 그 원인이나 수단을 찾는 경우이다. 그리고 이것은 동물과 사람 모두에게 공통적이다. 다른 하나는 무엇이든지 어떤 것을 상상하면서 그것에 의해 만들어질 수 있는 모든 가능한 결과에 대해 알려고 하는 것이다. 이것은 사람에게만 유일하게 존재하는 호기심이라 말할 수 있다.

마음의 담론이란 그것이 욕구에 의해 지배되는 한 '탐구' 또는 '발견의 기능'에 지나지 않는다. 로마 사람들은 이것을 '예민함(sagacitas)' 또는 '영리함(solertia)'이라 불렀다. 이것은 현재나 과거의 어떤 결과를 보고 원인을 찾는 일이거나, 현재나 과거의 어떤 원인으로부터 결과를 찾는 일이다. 때때로 사람은 한 행동의 결과를 알고자 원한다. 그리고 유사한 행동에는 유사한 결과가 따를 것이라 추정하면서 비슷한 과거의 행동과 그 행동의 결과에 대해 하나씩 생각해 본다. 이런 종류의 생각을 '장

래에 대한 고려(foresight)', '실천적 지혜(prudence)' 또는 '선
견지명(providence)', '지혜(wisdom)'라 부른다.

현재만이 오직 자연 속에 존재하며 과거는 기억 속에서 존
재하고 앞으로 일어날 미래는 존재하지 않는다. 미래란 과거
행동의 귀결이 현재의 행동에 적용하는 마음의 허구(fiction)
일 뿐이다. 가장 경험이 많은 사람은 최대한의 확실성을 가지
고 이런 일을 행할 수 있으나 그 확실성도 충분하지는 않다.
(pp. 96~97)

어떤 종류의 일에 대해 경험이 풍부한 사람은 미래를 예측
하는 데 필요한 표시(sign)를 가장 많이 가지고 있으며 실천
적 지혜가 가장 많은 사람이다. 실천적 지혜는 과거의 경험에
서 집약된 미래에 대한 추정인데, 추정에는 과거의 어떤 사물
로부터 얻어진 경험을 가지고 미래가 아닌 똑같은 과거에 대
해 추정하는 것도 있다. 번창하던 국가가 무슨 경로를 거쳐
내란이 생기고 멸망해 갔는가를 본 사람은 다른 국가의 멸망
을 보고서 거기에도 비슷한 과정이 있었으리라 추정한다. 그
러나 이런 추측은 미래에 대한 추측과 마찬가지로 불확실하
다. 과거와 미래에 대한 추측은 모두 경험에만 근거하고 있기
때문이다.

오관 이외의 기능은 인간에게만 고유하며 연구와 노력에
의해서 획득되고 증대된다. 그리고 대부분의 사람들은 교육

과 훈련을 통해 배운다. 이런 기능은 모두 말과 언어의 발명으로부터 생긴 것들이다. 우리가 상상하는 모든 것은 유한하다. 우리가 '무한하다'라고 부르는 것에 대한 관념이나 개념은 존재하지 않는다. 어떤 것이 무한하다고 말할 때 그것은 그 사물의 끝이나 한계에 대해서 우리가 인식할 수 없다는 것을 의미할 뿐이다. 그 사물에 대한 개념을 가질 수 없으며 다만 우리 자신의 무능력에 대한 개념만을 가진다. 하느님이란 이름은 우리가 그 분을 인식하기 위해 사용하는 것이 아니라 그 분을 찬양하기 위해 사용한다. 왜냐하면 그 분은 이해할 수 없으며 그 분의 위대함과 능력을 우리는 인식할 수 없기 때문이다. (pp. 98~99)

제4장 : 언어에 관하여

인쇄술의 발명이 천재적이기는 하지만 문자의 발명과 비교하면 대단한 것이 못된다. 그러나 모든 것 중에서 가장 고귀하고 유익한 발명은 '이름' 또는 '명칭'과 이것들의 결합으로 이루어진 언어(speech)의 발명이었다. 이것에 의해서 사람들은 자기들의 생각을 기록할 수 있었고, 또 지나간 것이 되었을 때 기억해 낼 수 있으며, 서로의 유익과 대화를 위해 상호간에 생각을 말할 수 있게 되었다. 언어가 없이는 사람들 사이에 국가도, 사회도, 계약도, 평화도 없으며, 사자나 곰,

늑대들의 세계와 다를 바가 없다. (p. 100)

언어의 일반적인 용도는 우리들의 정신적인 담론을 언어로 전환하거나 사고의 계열을 언어의 계열로 전환하는 데 있다. 언어의 두 가지 편리한 점 가운데 하나는 징표 또는 표시(marks)의 기능이며 다른 하나는 기호(sign)의 기능이다. (p. 101)

언어의 4가지 효용과 대응해서 4가지 악용이 있다. 명사에는 고유명사와 보통명사가 있다. 후자와 같은 종류의 명사는 보편적(universal)이라 불린다. 이 세상에 보편적인 것은 존재하지 않고 다만 이름(names)만 존재한다. 왜냐하면 이름 붙여진 사물들은 모두 개별적이고 특수한 것들 중의 하나이기 때문이다. (p. 102)

두 개의 명사가 하나의 귀결이나 긍정명제(affirmation)로 결합될 때 뒤에 오는 명사가 앞의 명사를 전부 의미한다면 이 귀결이나 긍정명제는 참(true)이 되며 그렇지 않으면 거짓(false)이 된다. 참과 거짓은 말의 속성이지 사물의 속성은 아니기 때문이다. 진리는 긍정명제에 있어서 명사들의 올바른 순서에 달려 있음을 볼 때, 정확한 진리를 추구하는 사람은 자신이 사용하는 모든 명사들이 어떤 의미를 나타내는지 기억할 필요가 있다. 기하학에 있어서 사람들은 먼저 자신들이 사용하는 말의 의미를 확정짓는 일부터 시작한다. 이것을 그

들은 정의(definition)라고 부른다. (pp. 104~105)

무의미한 말(insignificant words)에는 다음과 같은 두 종류가 있다. 첫째는 새로운 말로서 아직 정의에 의해 그 의미가 설명되지 않은 것이며, 둘째는 의미가 서로 모순 되거나 일치하지 않는 두 명사를 결합하여 하나로 만드는 경우이다. 예를 들면 '무형의 물체(incorporeal body)'나 '둥근 사각형' 같은 것들이다. (p. 108)

모든 사람이 똑같은 사물에 의해 같은 감정이 일어나는 것도 아니며 동일한 사람도 항상 같은 감정이 일어나는 것은 아니기 때문에, 우리들을 유쾌하게 만들거나 불쾌하게 하는 사물들의 이름은 그 뜻이 한결같지 않다. 우리가 지각하는 사물의 성질이 같다 하더라도 여러 가지 체질이나 편견 때문에 지각의 다양함은 여러 가지 다양한 정념들을 일으킨다. 그러므로 추리할 때도 사람들은 언어에 주의해야 한다. (p. 109)

제5장 : 추리와 학문에 관하여

사람들이 추리한다는 것은 단지 여러 부분을 더하여(덧셈) 전체의 합을 고려하거나 또는 어떤 전체에서 다른 부분을 빼내어(뺄셈) 나머지를 생각하는 것일 뿐이다. 만일 이와 같은 일들이 언어의 영역에서 이루어진다면, 그것은 모든 부분들에 대한 이름을 더하여 전체에 대한 이름으로 연속해서 생각하는 것이거나 또는 전체나 한 부분에 대한 이름에서 다른 부분에 대한 이름으로 연속해서 생각하는 것이다.

요컨대 어떤 문제에서나 덧셈과 뺄셈의 여지가 있는 곳에서는 추리의 여지가 있으며 그런 여지가 없으면 추리가 있을 수 없다. 이런 의미에서 추리란 우리의 사고를 표시(marking)하고 기호화(signifying) 하기 위해 동의된 일반 명사들의 연속적인 결과들을 추정해 보는 일이다.

어떤 계산에 대해서 논쟁이 생겼을 때 두 당사자는 자발적으로 어떤 중재자 또는 판정자의 추리를 올바른 추리로 세우고 쌍방이 모두 그의 판결을 지지해야만 한다. 만약 그렇지 않으면 쌍방은 천부적으로 주어진 올바른 추리가 없기 때문에 주먹 사태가 일어나거나 해결되지 않을 것이다. (pp. 110~111)

추리의 효용과 목적은 최초의 정의나 의미가 확정된 명사들로부터 출발하여 하나의 귀결에서 다른 귀결에로 나아가는 데 있다. 이와 마찬가지로 다른 모든 사물들에 관한 추리에 있어서도 저자들(여기서는 홉스 자신보다 앞선 철학자들이나 저술가들을 의미)을 (무조건) 신뢰하여 결론을 그대로 채택하고 모든 계산에 있어서도 최초의 항목(여기서는 정의에 의해 정해진 명사들의 의미)으로부터 결론을 끌어내지 않는 사람들은 헛수고만 하는 것이며 그들은 무엇인가를 알고 있는 것이 아니라 단지 믿고 있을 뿐이다. 우리가 언어를 가지고 일반적인 의미에 대해 추리할 때나 잘못된 추론에 빠졌을 때, 그것은 보통 '오류(error)'라고 불리나 사실은 '불합리(absurdity)'하거나 '무의미한 말'이다.

그러나 이 특권(모든 사물에 대해 추리하고 계산할 수 있다는 점)은 또 하나의 특성 즉 불합리라는 특성으로 인해 약화된다. 인간을 제외한 다른 어떤 생물도 이런 특성에 빠지지 않는다. 그리고 인간 중에서도 철학을 직업으로 하는 사람이 다른 누구보다도 여기에 빠지기 쉽다. (pp. 112~113)

불합리한 결론에 이르는 첫째 이유는 방법의 결핍에 있다. 불합리한 주장을 하는 둘째 이유는 물체의 이름에 우연성을 또는 우연성의 이름에 물체를 부여하는 데 있다. 셋째 이유는 외부에 있는 물체의 우연성을 우리 신체 내부에 있는 우연성에 부여하는 데 있다. 넷째 이유는 개별적인 사물의 이름을 일반 명사나 언어에 부여하는 데 있다. 다섯째 이유는 우연성을 지닌 명사를 일반 명사나 언어에 부여하는 데 있다. 여섯째 이유는 적절한 말 대신에 은유나 비유 그 밖의 수사적인 말을 사용하는 데 기인한다. 일곱째 이유는 아무런 의미도 없는데 스콜라 철학으로부터 빌려와 그대로 외워서 배운 명사들을 사용하는 데서 비롯된다.

추리는 감각이나 기억처럼 선천적인 것도 아니며 분별력

처럼 경험에 의해서만 얻어지는 것도 아니다. 그것은 노력에 의해서 획득되어지는 것이다. 학문은 하나의 사실이 다른 사실과 서로 연속적이며 의존되어 있다는 것을 아는 지식이다. (pp. 114~115)

인간 정신의 빛은 명료한 언어에 있으며 그것은 우선 정확한 정의에 의해 애매성이 제거되고 순화된다. 추리는 인간 정신의 '발걸음 폭'이고, 학문의 증진은 그 '도정(道程)'이며, 인류의 복리가 그 목표이다. (p. 116)

제6장 : 정념과 그것을 표현하는 언어에 관하여

동물은 두 종류의 운동을 하는데, 하나는 '생명적(vital)'이라 부르는 것으로 상상력의 도움이 필요치 않다. 다른 하나는 '동물적' 또는 '자발적(voluntary)' 운동(motion)이다.[94] 자발적 운동은 운동에 앞서 '어디에', '어떻게' 그리고 '무엇을'과 같은 생각에 항상 의존하고 있음을 볼 때, 상상력(imagination)이 모든 자발적 운동의 최초의 내적 동기가 된다는 것은 분명하다. (p. 118)

걷고 말하고 때리는 등 눈에 보이는 행동으로 나타나기 전에 사람의 몸 안에서 일어나는 운동의 작은 시작을 보통 '의도(endeavor)'라고 부른다. 어떤 사물들을 향한 의도를 '욕구(appetite)' 또는 '욕망(desire)'이라 부른다. 욕망이 일반 명사로 쓰이며, 욕구는 배고픔이나 갈증같이 음식과 관련된 욕망을 나타내는 좁은 의미로 쓰인다.

어떤 사물들로부터 멀어지려는 의도를 일반적으로 '혐오(aversion)'라고 부른다. '욕구'와 '혐오'는 모두 운동을 의미하는데, 하나는 접근하는 쪽, 다른 하나는 후퇴하는 쪽으로의 운동이다. 스콜라 철학자들은 가거나 움직이고 싶은 욕구가 전혀 실질적 운동이 아니라고 말하며, 만약 운동이 필요하다면 그것은 비유적 운동이어야 한다고 말한다. 물체(bodies)와 운동(motion)은 결코 비유적일 수 없다. 사람들이 욕망하는 것은 '사랑'한다고도 할 수 있으며, 혐오하는 것은 '미워'한다고 말할 수 있다. (p. 119)

욕구와 혐오 가운데 어떤 것은 태어날 때부터 지니고 있고, 다른 어떤 것은 개별적 사물들에 대한 욕구로서 경험을 통해서 알거나 또는 자기 자신과 다른 사람에게 어떤 결과를 초래할 것인가를 시험해 봄으로써 안다.

선과 악 : 어떤 사람이 욕구하거나 욕망하는 대상은 무엇이거나 그에게는 선이며, 그가 미워하거나 혐오하는 대상은 무엇이거나 악이라 불린다. (p. 120)

아름다움(Pulchrum)과 추함(Turpe) : 선과 악을 예상케 하는 표정 또는 용모를 의미한다. 실제 우리 안에 있는 것은 욕구와 혐오를 일으키는 운동 또는 의도뿐이다.

공포(fear) : 어떤 대상으로부터 피해를 입지 않을까 하는 생각이 동반된 혐오감.

용기(courage) : 공포의 대상으로부터 오는 해로움을 저항함으로써 피할 수 있다는 희망.

자비(benevolence) : 다른 사람에게 선을 베풀려는 욕망이며, 선의지, 자선과 같다.

사랑의 정념(passion of love) : 한 사람만 사랑하고 또 사랑 받고자 하는 감정.

질투(jealous) : 사랑이 일방적이지 않을까 하는 두려움을 가지고 하는 사랑.

호기심(curiosity) : '왜' 또는 '어떻게'를 알고자 하는 욕망이며, 인간에게만 있다.

종교(religion)와 미신(superstition) : 정신에 의해 가상되거나 꾸민 이야기로부터 상상된 보이지 않는 힘에 대한 공포가 공개적으로 인정되면 종교이고, 인정되지 않으면 미신이다.

참된 종교(true religion) : 이 상상된 힘이 참으로 우리가 상상한 것과 같은 것일 때 참된 종교가 된다.

헛된 자만(vain-glory) : 다른 사람의 아첨에 의해서나, 결과에 대한 환희 때문에 스스로 상상한 득의는 헛된 자만이다.

연민(pity) : 다른 사람의 재난에 대해 느끼는 슬픔. 공감,

동정이라고도 부른다.

냉혹함(cruelty) : 다른 사람의 재난에 무감각하거나 멸시하는 것으로 자기 자신의 운명은 안전하다고 믿는 데서 온다.

숙고(deliberation) : 어떤 일이 가능하다거나 또는 불가능하다고 생각될 때까지 계속된 욕망과 혐오, 희망과 공포의 감정들을 전부 합한 것. 불가능한 일이나 과거의 일 그리고 완성된 일에 대해서는 숙고할 필요가 없다.

의지(the will) : 숙고에 있어서 행위 하거나 회피하는 것에 직접적으로 연결된 마지막 욕구 또는 혐오를 의지라고 부른다. (pp. 121~128)

욕구와 혐오의 감정은 우리가 숙고하는 것의 행동의 결과가 좋은지 나쁜지를 예견함으로써 생긴다. 행동이 선한 결과나 악한 결과를 낳는 것은 일련의 결과에 대한 예견에 달려 있다. (p. 129)

제7장 : 담론의 종착점 또는 해결에 관하여

선과 악에 관해 숙고할 때 욕구가 번갈아 일어나는 것처럼 과거와 미래의 진리에 대한 탐구에서도 의견(opinion)이 번갈아 일어난다. 숙고에 있어서 마지막 욕구가 '의지'라고 불리듯 과거와 미래의 진리를 찾는 데 있어서 마지막 의견은 '판단', '결단(resolute)' 그리고 담론한 사람의 '마지막 판결(final sentence)'이라 불린다.

회의(doubt) : 참(true)과 거짓(false)의 문제에서 번갈아 일어나는 여러 가지 의견들의 전체 연결 과정을 회의라고 부른다.

학문이라 불리는 인과 관계에 대한 지식은 절대적이 아니라 조건적이다. 그리고 이 담론이 언어로 표현되어 말에 대한 정의로부터 시작하여 이들의 결합에 의해 일반적인 긍정으로 나아가고 다시 삼단논법으로 표현될 때 이 마지막 총 결합을 결론이라 부른다. 조건적인 지식, 말의 인과 관계에 대한 지식을 학문(science)이라 부른다. 만약 모든 담론의 일차적 근거가 '정의(definition)'로부터 시작되지 않거나 정의를 잘못 결합한 삼단논법이면 그 결론은 '의견(opinion)'에 지나지 않는다. (pp. 130~131)

양심(conscience)은 천 명의 증인과 같다. 사람들이 자신의 의견에 애착을 가지고 완강하게 그것을 유지하려고 할 때, 이 의견을 변경하거나 반대하는 것은 불법처럼 보이고 자신들의 의견에 양심이라는 명칭을 부여한다. 의견에 불과한 것을 마치 진리를 알고 있는 것처럼 위장한다.

자연적 이성의 원리로부터 논증된 것이 아니라 말하는 사람의 권위나 그에 대한 우리의 의견에 근거해서 그의 말을 진리라고 믿을 때, 그것은 그의 인격에 대해 신뢰하고 믿고 찬양하며 그의 말을 신앙의 대상으로 삼는 것에 불과하다. 즉

우리가 단순히 인간의 권위나 그들 작품의 권위로부터 끌어
낸 이유 이외에 어떤 이유도 없이 믿는 것은 다만 인간에 대
한 신앙에 지나지 않는다. (pp. 132~134)

제8장 : 일반적으로 지적(知的)이라 부르는 덕(德)과
그 반대의 결함에 관하여

일반적으로 덕(virtue)은 탁월함에 붙여진 가치며 비교에
바탕을 둔 것이다. 지적인 덕(intellectual virtue)은 정신의 능
력이며 훌륭한 지력(good wit)이라고도 불린다. 덕에는 두
종류가 있는데, 하나는 '자연적 덕(natural virtue)'이며 다른
하나는 '획득된 덕(acquired virtue)'이다.

자연적이란 태어날 때부터 가지고 있다는 의미가 아니라
방법, 문화 또는 교육 없이 습관적인 사용과 경험에 의해 얻
어진 지력을 의미한다. 자연적인 지력은 상상력의 신속함과
어떤 인정된 목표를 향한 고른 지향성에 있다. 상상력의 느림
은 우둔 또는 어리석음이라 불린다. 이런 신속함의 차이는 정
념의 차이에서 기인된다.

사물을 비교할 때 다른 사람은 거의 보지 못하는 것을 관
찰하는 사람은 좋은 지력 또는 상상력을 지닌 사람이다. 사물
과 사물 사이를 구별, 식별, 판단할 때 어려운 것을 잘하는 사
람은 좋은 판단력을 지녔다고 말한다. 상상은 판단의 도움

없이는 덕이 될 수 없으며, 판단 또는 분별력은 상상의 도움 없이도 덕이라 불린다. 좋은 시에서는 탁월한 상상력이 더 중요하며, 훌륭한 역사에서는 판단력이 뛰어나야 한다. 지력이 없을 때 부족한 것은 상상력이 아니라 분별력이다. 상상이 없는 판단은 지력이나 판단력이 없는 상상은 지력이 못된다. (pp. 134~137)

실천적 지혜 또는 사리분별(prudence) : 의도를 가지고 있는 사람이 많은 일을 살피면서 어떻게 이런 생각들이 의도에 도움이 되는가, 또는 어떤 의도에 도움이 되는가를 관찰할 때 그 관찰이 쉽거나 평범한 것이 아니라면 이런 지력을 실천적 지혜라고 부른다. 그리고 이것은 많은 경험과 기억 그리고 그 인과관계(consequence)에 의존되어 있다. 한 집안을 잘 다스리는 것과 왕국을 잘 다스리는 것은 실천적 지혜의 정도 차이에 있는 것이 아니라 일의 종류 차이에 있다.

교활함(craft) : 실천적 지혜를 가지고 부당하고 부정직한 수단을 사용하거나 비뚤어진 지혜를 가지고 있다면 그것은 교활함이다.

획득된 지력(acquired wit) : 방법과 교육에 의해 얻어진 것이며, 오직 추리(reason) 뿐이다. 추리는 언어의 올바른 사용에 근거하며 학문을 만들어 낸다. 지력의 차이는 정념의 차이에서 기인하며, 정념의 차이는 부분적으로는 신체의 구성(체질)의 차이에서, 그리고 다른 부분에서는 교육의 차이에서 기인한다. 지력의 차이를 만들어 내는 정념들 중 중요한 것은 '권력에 대한 욕망(desire of power)', '부(riches)', '지식(knowledge)' 그리고 '명예심(honour)'에 대한 크고 작은 욕망들이다. 이 가운데 권력에 대한 욕망에 나머지 세 가지 욕망은 환원된다. 왜냐하면 다른 세 가지 욕망도 결국 권력의 한 종류이기 때문이다.

광기(madness) : 보통 다른 사람에게서 보이는 것보다 어떤 것에 대해 더 강렬한 정념을 가지고 있는 것. (pp. 138~140)

불합리라는 이름으로 앞의 5장에서 다룬 언어의 악용은 또 하나의 광기라 보아도 좋다. 이런 악용은 스콜라 철학자들처럼 이해할 수 없는(incomprehensible) 문제에 대해서나 난해한 철학의 문제에 대해 논의하는 사람들에게서 흔히 있을 수 있다. 이런 종류의 불합리를 광기 가운데 하나로 분류하는 것은 정당하다. (pp. 146~147)

제9장 : 지식의 여러 주제들에 관하여

두 종류의 지식이 있는데, 하나는 사실에 대한 지식이며 다른 하나는 한 긍정에서 다른 긍정으로의 연속에 관한 지식이다. 전자는 절대적 지식이고, 후자는 학문이라 불리며 조건적인 지식이고 철학자에게 요구되는 지식이다. 사실에 관한 지식은 역사라 불리며, 학문의 기록은 일반적으로 철학책이라 불린다. (pp. 147~149)

제10장 : 힘, 가치, 존엄성, 명예 그리고 적절성에 관하여

사람의 힘이란 미래의 분명한 선을 획득하기 위해 현재 소유하고 있는 수단을 말하며, '본래적(original) 힘' 과 '수단적(instrumental) 힘' 으로 나누어진다. 전자는 탁월한 몸과 마음의 기능에서 생기고 후자는 전자의 힘과 행운에 의해 생기며 더 많은 힘을 얻기 위한 수단과 도구이다. 힘의 본질은 무거운 물체가 운동을 하면 할수록 더 빨라지는 것과 같이 추구할수록 증가하는 명예와 같다.

사람이 가지고 있는 가장 위대한 힘은 국가의 힘처럼 동의(consent)에 의해 대부분 사람의 힘이 한 사람(자연인이거나 인공인)에게 결집된 것이다. 학문도 작은 힘이 되는데 탁월해서가 아니라 소수의 사람에게 몇 가지 일에 대해 인정되기 때문이다.

사람의 가치는 다른 사물들의 가치와 마찬가지로 힘을 행사할 수 있도록 그에게 주어진 만큼의 값과 같다. 따라서 절대적이 아니라 다른 사람의 요구나 판단에 달려 있다. 전쟁 시기에는 능력 있는 지휘관이 가치가 있으나 평화 시기에는 그렇지 못하며, 박식하고 타락하지 않은 재판관은 평화 시기에 많은 가치가 있으나 전쟁 시기에는 그렇지 못한 것과 같다. 사람은 누구나 자신의 값을 최대한으로 매기려고 하나 참된 값은 다른 사람에 의해 인정된 것 이상일 수는 없다. 값을 정하는 것은 파는 사람(seller)이 아니라 사는 사람(buyer)이다. 복종하는 것은 명예롭게 하는 것이다. 왜냐하면 아무도 자신에게 아무런 도움이나 해로움을 줄 수 있는 힘이 없는 사람에게 복종하지는 않기 때문이다. (pp. 150~152)

여러 가지 명예롭게 만드는 방법들은 모두 자연스러운 것들이며 국가가 존재하거나 그렇지 않거나 마찬가지다. 그러나 국가 안에서 최고의 권위를 가진 사람은 명예롭게 만드는 다른 기준을 만들 수 있다. 많은 사람들에 의해 명예롭게 되거나 사랑을 받거나 두려움을 느끼게 만들면 이것은 힘의 논증으로서 명예로운 일이다.

경험, 학문, 분별력 또는 지력 등으로부터 나오는 모든 행동과 말은 명예스러운 것이다. 왜냐하면 이런 것들은 모두 힘이 되기 때문이다. 어떤 행동이 정의롭거나 부정하거나 간에 그런 행동이 명예와 불명예를 변경시키지 않는다. 왜냐하면 명예는 단지 힘에 대한 의견에 달려 있기 때문이다.

적절성(worthiness)이란 한 사람의 값어치나 가치와는 다른 것이며 그의 공적이나 업적과도 다른 것이다. 그것은 특별한 힘 또는 능력에 달려 있는 것인데 이런 특별한 능력을 보통 적합성(fitness) 또는 적성에 맞음(aptitude)이라고 부른다. (pp. 154~156)

제11장 : 행동 양식의 차이에 관하여

행동 양식이란 사람들이 평화롭게 단결해서 함께 살아가는 데 필요한 인간의 품성을 의미한다. 삶의 행복은 만족스러운 마음의 평화에 있는 것이 아니다. 낡은 도덕 철학자들의 책에서 말한 것 같은 궁극적 목적 또는 최고의 선은 없다. 인간의 일반적인 경향은 끊임없이 권력을 추구하고자 하는 욕망이며, 이 욕망은 죽어야만 멈춘다. 권력을 추구하는 것은 현재 가지고 있는 권력만으로는 잘살 수 있는 힘과 수단이 못되기 때문이다. 부와 명예와 명령권 또는 다른 힘을 추구하는 경쟁은 싸움과 적대감과 전쟁을 야기시킨다. 편안함과 감각적 기쁨에 대한 욕망은 사람들을 공동의 권력자에게 복종하도록 만든다. (pp. 160~161)

지식에 대한 욕망과 평화 시기의 예술은 사람들을 공동의 권력자에게 복종하도록 만든다. 억압에 대한 두려움 때문에 사람은 사회로부터 도움을 기대하거나 추구하려는 경향을 가진다. 왜냐하면 자신의 생명과 자유를 보호할 수 있는 다른 방법이 없기 때문이다. (pp. 162~163)

학문이 결여되어 있거나 원인들에 대해 무지한 사람은 다른 사람의 충고나 권위에 의존하려는 경향이 있다. 말의 의미에 대해 무지한 사람은 자신이 알지 못하는 진리만이 아니라 잘못에 대해서도 믿으려는 경향이 있다. 권리, 평등, 법률 그리고 정의 같은 것들의 원인과 본래적 원리들에 대해 무지한 사람은 관습이나 전례를 자기의 행위의 기준으로 삼으려는 경향이 있다. (pp. 164~165)

먼 원인에 대해 무지한 사람은 모든 일을 직접적이고 수단적인 원인에서 찾으려는 경향을 가진다. 미래에 대한 두려움은 사물의 원인들에 대해 탐구하도록 한다. 호기심 또는 원인에 대해 알고자 하는 마음은 원인을 추적해서 끝내는 더 이상 어떤 원인도 필요치 않은 영원한 것에 이른다. 이것을 사람들은 신이라 부른다.

신의 본성에 대해 대답할 수도 없고 신에 대해 어떤 관념도 마음속에 가질 수 없음에도 불구하고 하나의 영원한 신이 존재한다고 믿지 않고서는 자연의 원인들에 대해 어떤 심오한 탐구도 불가능하다. 사물의 자연스런 원인에 대해 탐구하지 않으면서, 그리고 사람에게 해로움과 이로움을 줄 수 있는 힘을 가진 것에 대한 무지로부터 사람들은 눈에 보이지 않는 여러 가지 종류의 힘을 가정한다. 눈에 보이지 않는 사물들에 대한 두려움이 종교의 씨앗이다. (pp. 166~168)

제12장 : 종교에 관하여

종교는 사람에게만 존재한다. 모든 사람은 행운과 불운의 원인을 탐구하는 일에 아주 많은 호기심을 가지고 있다. 원인들에 대한 무지로부터 생기는 미래에 대한 지속적인 두려움은 어떤 대상을 필요로 한다. (pp. 168~169)

옛 시인이 말하길, 신들은 인간의 두려움으로부터 만들어졌다고 하였다. 자연적 물체들의 원인에 대해 알고자 하는 인간의 욕구는 하나의 영원하고 무한하고 전능한 신을 쉽게 인정하게 만든다. 영(spirits)이 '신체를 가지지 않으며(incorporeal)', '비물질적(immaterial)'이라는 생각은 자연스럽게 인간의 마음 가운데 들어오지 않는다. (pp. 170~171)

유령(ghosts)에 대한 생각, 제2원인들에 대한 무지, 인간이 두려워하는 것에 대한 헌신 그리고 예견을 위해 인과적 사물을 취하는 일 등 4가지가 종교의 자연스러운 씨앗이다. 종교의 목적은 종교에 의존하는 사람들을 법, 평화, 자선 그리고 시민사회에 보다 잘 복종하게 만들려는 데 있다. (pp. 172~173)

이방인들 가운데 최초로 국가를 세우고 입법을 한 사람들은 국민들을 복종하게 만들고 평화를 유지하기 위해서 종교를 이용했다. 로마는 하느님의 왕국을 말하는 유대교를 제외하고는 로마 정부에 반항하지 않는 한 어떤 종교도 인정했다.

이방인들의 종교는 로마 정책의 일부분이었다. (pp. 177~178)

신, 또는 눈에 보이지 않는 힘 그리고 초자연적인 것에 대한 생각은 인간 본성에서 결코 제거되지 않는다. 성직자의 도덕적 타락은 사람들의 신앙을 타락시켰고, 아리스토텔레스의 철학을 종교에 도입함으로써 많은 모순과 불합리를 초래했다. 종교가 변하는 모든 원인들 가운데 가장 공통된 원인은 로마 가톨릭 교회나 가장 개혁적이라고 생각되는 개신교 성직자들의 타락에서 찾을 수 있다. (pp. 179~183)

제13장 : 인간의 자연적인 조건에 관하여

자연은 인간을 신체적으로나 정신적인 기능에 있어서 평등하게 만들었다. 이런 능력의 평등으로부터 목적을 얻고자 하는 똑같은 희망이 생기게 된다. 두 사람이 동일한 대상에 대해 소유하고 싶은 욕구를 가지나 (양이 충분하지 못해) 서로 만족할 수 없을 때 두 사람은 적이 된다. 힘과 의지를 통해 더 이상 자신에게 위협이 되는 어떤 힘도 없다는 것을 볼 때까지 가능한 한 모든 사람을 지배하려는 것은 자연스럽다. 그리고 이것은 자기보호를 위해 요구되는 것으로 인정된다.

사람의 본성 가운데에는 분쟁의 세 가지 주된 원인이 있는데, 첫째 경쟁심은 사람들을 무엇인가 얻기 위해 공격하게 만든다. 둘째, 자기 확신의 결핍은 안전을 확보하기 위해 공격하게 만들며, 셋째, 영광에 대한 욕구는 명성을 얻기 위해 사람을 공격적으로 만든다. 따라서 모든 사람을 떨게 만드는 공통의 힘(common power)이 없는 동안 사람들은 '만인에 대한 만인의 투쟁' 같은 전쟁 상태에 놓이게 된다. (pp. 183~185)

전쟁은 단지 전투 행위에만 있는 것이 아니라 전쟁을 하겠다는 의지가 충분하게 알려진 시간의 흔적 안에도 있다. 전쟁의 최악의 결과는 지속적인 공포와 폭력적인 죽음에 대한 위험이 상존한다는 데 있다. 이런 때의 인간의 삶은 고독하고, 비참하고, 괴롭고, 잔인하고 그리고 짧다.

사람의 욕구나 다른 정념들은 그 자체로 죄악이 아니다. 이런 정념들로부터 나오는 행동은 법이 그것을 금지했다는 것을 알 때까지 죄악이 아니다. 이와 같은 만인에 대한 만인의 투쟁 같은 전쟁 상태나 그런 시대가 전 세계에 걸쳐 없었다고 생각될지도 모른다. 그러나 오늘날 그런 상태로 살고 있는 지역이 많이 있다. 두려워할 공통의 힘이 없는 곳에서의 삶의 양식이 어떠하리라는 것은 인지될 수 있으며, 전에는 평화롭게 살던 사람들도 이런 삶의 양식에 의해 쉽게 시민전쟁으로 전락하게 된다.

'만인에 대한 만인의 투쟁' 상태에서는 불의한 것은 아무

것도 없다. 옳고 그름, 정의와 부정의 같은 개념들은 전쟁 상태에서는 설 자리가 없다. 공통의 권력이 없는 곳에는 법이 없으며, 법이 없는 곳에 부정의도 없다. 전쟁 상태에서는 소유권도, 지배권도 없으며, 내 것과 당신 것의 구분도 없다.

평화를 추구하려는 정념은 죽음에 대한 공포며, 이성은 유용한 평화의 조항들을 제안한다. 이 조항들을 자연법이라 부른다. (pp. 186~188)

제14장 : 제1 · 제2자연법과 계약에 관하여

자연권(Jus Naturale)이란 각 사람이 자신의 생명을 보호하기 위해 원할 때는 언제나 자신의 힘을 사용할 수 있는 자유를 의미한다. 엄밀한 의미에서 자유는 외부적인 장애물이 없는 상태를 의미한다. 자연법(Lex Naturalis)은 이성에 의해 발견되는 계율(precept) 또는 일반적인 규칙이다. 권리(Jus)와 법(Lex)은 구별되어야 한다. 왜냐하면 권리는 하거나 하지 않을 수 있는 자유에 있고, 법은 이것들을 결정하거나 의무를 지워 준다. 제1자연법은 '평화를 추구하고 따르라.' 제2자연법은 '평화와 자기보호를 위해 필요하다고 생각하는 한 모든 것에 대한 이 권리(자연권)를 다른 사람과 똑같이 기꺼이 포기해야만 한다. 그리고 자신이 다른 사람에게 허용한 만큼의 자유에 만족해야만 한다.' (pp. 189~190)

한 사람이 권리를 포기하거나 양도할 때 그는 그 권리의 포기로 인해서 혜택을 받는 사람을 방해하지 않아야 할 의무가 있다. 누구에게도 포기하거나 양도할 수 없는 권리가 있다. 힘으로 공격하거나 생명을 노리는 사람들에 대해 저항할 수 있는 권리는 포기될 수 없다. 권리를 포기하거나 양도하는 동기와 목적은 자기보호에 있다.

권리의 상호 양도를 계약(contract)이라 부른다. 계약의 두 당사자 가운데 한쪽은 계약을 실행하고 다른 한쪽은 일정한 기간 뒤에 할 것을 믿고 기다릴 때 그것은 협정(pact)이나 신약(covenant)이라 부른다. 권리의 양도가 상호적이지 않을 때 그것은 계약이 아니라 무상으로 주는 선물(free-gift)이나 혜시(惠施)이다. (pp. 191~193)

모든 계약은 권리의 상호 교환이기 때문에 (말로) 약속만 한 사람도 권리를 양도하겠다는 의지를 가진 사람으로 이해되어야 한다. 약속도 신약과 동등한 것이며 따라서 의무적이다. 만약 신약이 맺어지되 양쪽의 아무도 현재는 실행하지 않고 서로 신뢰만 한다면 그것은 자연 상태에서 공허할 뿐이다. 그러나 실행을 강요할 수 있는 충분한 권리와 힘을 가진 공동의 힘(common power)이 세워진다면 그 신약은 공허하지 않게 된다. (pp. 194~196)

신약은 숙고의 마지막 행위며 미래의 일이나 실행이 가능하다고 판단되는 것으로 이해되어진다. 자연 상태에서처럼 공포 때문에 한 신약도 의무적이다. 사면(赦免)에 대한 확신 없이 자기를 고발하는 신약은 무효이다. 저항해서는 안 되는 의무가 지워진 사람은 없다. 언어의 힘은 너무 약해서 사람들이 신약을 지키도록 만들지 못한다. 약속을 어겼을 때 오는 결과에 대한 두려움(fear)과 어길 필요가 없을 때 나타나는 영광(glory)과 자부심(pride)이 신약을 지키도록 도와준다. (pp. 197~200)

제15장 : 그 밖의 자연법에 관하여

제3자연법 : "사람들은 자신들이 맺은 신약을 이행해야 한다." 그리고 이 자연법 안에는 정의의 원천과 기원이 있다. 부정의(不正義)에 대한 정의(定義)란, '신약을 지키지 않는 것이다.' 각자의 것이 없는 곳, 즉 소유권이 없는 곳에는 부정의도 없으며, 확립된 강제력이 없는 곳, 즉 국가가 없는 곳에는 소유권도 없다. (pp. 201~202)

저술가들에 의해 행위의 정의는 교환적(commutative)인 것과 분배적(distributive)인 것으로 나누어진다. 전자는 산술적 비례에 있고, 후자는 기하학적 비례에 있다고 그들은 주장한다.

제4자연법 : "다른 사람으로부터 단순한 은혜를 입은 사람은 그것을 준 사람이 자신의 선의를 후회하는 합당한 이유를 가지지 않도록 노력해야 한다."

제5자연법 : "다른 사람을 기쁘게 하는 것, 즉 모든 사람은 자신을 다른 사람에게 적응시키도록 노력해야 한다." (pp. 208~209)

제6자연법 : "미래에 대한 경고에 근거해서 과거에 죄를 범한 사람이 후회하고 용서를 구한다면 그를 용서해 주어야 한다."

제7자연법 : "보복(악을 악으로 갚는 일)에 있어서 사람들은 지나간 악이 큰 것을 보지 말고 앞으로 올 선의 위대함을 보아야 한다."

제8자연법 : "누구든지 행위, 언어, 표정, 행동에 의해 다른 사람을 증오하거나 경시하고 있다는 것을 나타내지 않아야 한다."

제9자연법 : "모든 사람은 다른 사람도 본성적으로 동등하다는 것을 인정해야만 한다."

제10자연법 : "평화의 상태로 들어설 때에는 누구도 다른 사람이 가지고 있으면 만족스럽게 생각하지 않을 그런 권리를 자신은 가지겠다고 요구해서는 안 된다."

제11자연법 : "만약 어떤 사람에게 사람과 사람 사이를 판정하는 일이 맡겨져 있다면, 그는 그들을 평등하게 처리해야 한다."

제12자연법 : "나누어질 수 없는 사물들은 가능하다면, 그리고 제한 없이 그 사물의 양이 허용된다면 공동으로 향유해야 한다. 그렇지 않고 나누어지는 경우에는 권리를 가진 사람들의 수에 따라 비례적으로 해야 한다."

제13자연법 : 나누어지거나 공유할 수도 없는 것들에 대해서 공평을 규정하는 자연법은, "모든 권리 또는 최초의 소유권은 추첨에 의해 결정되기를 요구한다."

제14자연법 : "임의적인 추첨은 경쟁자들에 의해 합의된 것이고 자연적인 추첨은 장자 상속권 또는 최초의 점유를 의미한다."

제15자연법 : "평화를 중재하는 모든 사람에게는 행위의 안전이 보장되어야 한다."

제16자연법 : "분쟁을 하고 있는 사람들은 중재자의 판결에 자신들의 권리를 복종시켜야 한다."

제17자연법 : "누구도 자신의 문제에 대해 재판관이 될 수 없다."

제18자연법 : "편파성을 보일 만한 자연스러운 원인을 지닌 사람은 재판관이 될 수 없다."

제19자연법 : "사실에 관한 분쟁에서 재판관은 (분쟁의 두 당사자를 신뢰할 수 없을 경우) 제3자 또는 그 이상의 사람들

(증인)을 신뢰해야만 한다." 자연법은 심지어 가장 능력이 적은 사람이라도 알 수 있도록 쉽게 요약되어 있다: "너는 네 자신에게 이루어지기 원치 않는 일을 다른 사람에게 행하지 말라."(pp. 210~214)

자연법은 내면의 법정(in foro interno)에서만 의무를 지운다. 즉 자연법이 이루어져야 한다는 욕망을 갖도록 구속한다. 그러나 외부의 법정(in foro externo)에서 자연법은 항상 반드시 활동하도록 구속하지는 않는다. 자연법은 영원불변하다. 이들 법에 관한 학문이 참되고 유일한 도덕철학이다. 이와 같은 이성의 명령들을 인간들은 법이라는 이름으로 불렀다. 그러나 이것은 부적절하다. 왜냐하면 이들 자연법은 무엇이 인간의 보존과 방어에 도움이 되는가를 말해 주는 결론이거나 정리(定理)들이기 때문이다. (pp. 215~217)

제16장 : 인격체, 본인 그리고 인격화된 것에 관하여

인격체(person)란 말과 행동이 자신의 것으로 인정되거나 또는 다른 사람의 말과 행동을 대표하는 사람을 말한다. 자신의 것으로 인정될 때 그를 자연적인 인격체(natural person)라 부르고, 다른 사람의 말과 행동을 대표할 때 그를 인공적인 인격체(artificial person)라 부른다. 인공적인 인격체 가운데는 그들이 대표하는 사람들의 말과 행동을 소유하고 있는 인격체가 있는데, 이를 대리인(actor)이라 하며 그의 말과 행동을 소유하고 있는 인격체를 본인(author)이라 부른다. 대리인이 권위를 가지고 신약을 맺을 때 본인이 신약을 맺은 것과 똑같이 대리인은 본인을 구속한다. 대리인이 본인의 명령에 의해 자연법에 어긋나는 일을 했을 경우 자연법을 어기는 것은 대리인이 아니라 본인이다. (pp. 217~219)

다수의 사람이 한 사람 또는 한 인격체에 의해 대표될 때 하나의 인격체로 만들어진다. 이 인격체를 하나로 만드는 것은 대표되는 사람들의 통일성이 아니라 대표하는 사람의 통일성에 있다. 오직 하나의 인격체를 담지하고 있는 이는 대표자이다. 다수의 군중은 자신들의 이름으로 대표자가 말하고 행동하는 모든 것들에 대해 본인으로 이해될 수 있다. 만약 대표자가 많은 사람으로 이루어져 있다면 다수의 의견을 전체 의견으로 간주해야 한다. (pp. 220~222)

II. 국가에 관하여(Of Commonwealth)

제17장 : 국가의 기원, 발생 그리고 정의에 관하여

사람들에게 자연법을 지키게 할 수 있는 어떤 힘의 위협이 없다면 자연법은 우리들의 타고난 정념에 반대되고 우리들을 편파성, 오만, 보복 같은 것으로 유도한다. 칼이 없는 신약(covenants)은 말에 불과하며 사람들을 보호할 힘이 전혀 없다.

소수의 사람들이 결합해 있어도 그것이 사람들에게 안전(자기보호)을 제공하지는 못한다. 아무리 많은 사람들이 모여도 그들의 행동이 각각의 개별적인 판단이나 욕구에 따라 지시된 것이라면 공동의 적에 대항하거나 서로 상처 주는 일을 피할 수 있는 어떤 방어나 보호도 기대할 수 없다. 사람들은 안전이 평생 동안 지속되기를 바라지만 제한된 기간 동안 하나의 판단에 의해서 통치되고 지도되는 일은 안전을 위해 충분하지 못하다. (pp. 223~225)

공동의 권력을 세우는 유일한 길은 사람들이 자신의 모든 권력과 힘을 한 사람 또는 하나의 합의체(one assembly of men)에 부여하는 일이다. 이것은 동의(consent)나 화합(concord) 이상의 것이며, 그들 모두의 참된 통일이다. 하나의 인격체 안에서 통일된 군중은 커먼웰스(Commonwealth), 키비타스(Civitas)라 불린다.[95] 이것이 위대한 리바이어던(Leviathan) 또는 유한한 신(mortal God)의 탄생이다. 우리들이 평화를 유지하고 방어하는 것은 이 유한한 신(神) 덕분이다. 국가란 하나의 인격체로서, 다수가 상호 신약에 의해 스스로 그 인격체가 하는 행위의 본인이 되며, 그 목적은 그가 공동의 평화와 방어에 필요하다고 생각할 때 다수의 모든 힘과 수단을 이용할 수 있도록 하는 데 있다. 이 인격체를 이끌고 있는 이가 통치자며 통치권을 가지고 있다고 말한다. 그 밖의 모든 사람은 그의 신민이라 부른다. (pp. 227~228)

제18장 : 세워진 통치권자의 권리에 관하여

다수의 사람들이 자기들의 인격을 대표할 수 있는 권리를 한 사람 또는 소수의 사람들로 구성된 합의체에 주자고 동의

하거나 신약을 맺을 때 국가는 세워진다. 국가가 세워짐으로써 통치권이 부여된 사람(들)의 모든 권리와 기능이 나온다.

첫째, 백성들은 정부 형태를 변경할 수 없다. 둘째, 통치권은 상실될 수 없다. 셋째, 누구라도 불의를 저지르지 않고서는 다수에 의해 선포되고 세워진 통치권에 대항할 수 없다. 넷째, 모든 백성들은 세워진 통치권자의 모든 행동과 판단의 본인이기 때문에 그가 행하는 것은 무엇이나 백성들을 침해하는 것이 되지 않으며, 백성들에 의해 통치권자가 부정의로 비난되어서도 안 된다. 다섯째, 통치권자가 무슨 일을 하든지 그 백성들에 의해 처벌될 수 없다. 여섯째, 통치권자는 백성들의 평화와 방어에 무엇이 필요한지, 또 백성들을 가르치기에 어떤 교설이 적합한지를 판단하는 판단자이다.

일곱째, 통치권에 부속되어 있는 권리는 규칙을 만드는 권리인데, 이것에 의해 모든 백성들은 자기의 것이 무엇인지를 알며 불의를 저지르지 않고서는 다른 사람의 것을 빼앗을 수 없다는 것을 안다. 여덟째, 통치권자에게는 모든 분쟁들에 대해 심리(審理)하고 판단할 수 있는 재판권이 있다. 아홉째, 통치권자에게는 공공의 선을 위해 가장 적절하다고 생각할 때 전쟁을 선포하거나 평화 협정을 맺을 수 있는 권리가 있다. 열 번째, 전쟁시에나 평화로운 때에 모든 자문관과 각료를 선택할 수 있는 권리가 있다. 열한 번째, 통치권자에게는 돈이나 명예로 보상하고 체벌(體罰)이나 벌금형 또는 명예를 박탈하는 것 등 처벌의 권리가 있다. 열두 번째, 명예와 서열을 정하는 권리가 있다. (pp. 228~235)

이런 권리들이 통치권의 본질을 이루는 것이며, 전수하거나 분리할 수 없다. 통치자는 자기 백성을 보호할 수 있는 힘을 보유하고 있어야 한다. 세워진 국가의 목적은 평화와 정의를 보호하는 데 있으며, 분할된 왕국은 이 목적을 수행할 수 없다.

통치자의 위대한 권위는 분할되지 않으며, 통치권에 부속되어 있다. 권력뿐만 아니라 명예에 있어서도 통치자는 백성보다 더 위대해야 한다. 왜냐하면 통치권은 모든 명예의 근원이기 때문이다. 통치자는 개별적인 백성보다 더 큰 힘(singulis majores)을 가지고 있지만 모든 백성들이 합한 힘보다는 약하다(universis minores)는 주장은 근거가 없다. 백성을 보호하는 데 충분하기만 하다면 모든 형태의 권력은 동일하다.

모든 사람은 본래부터 정념들과 자기애(self-love)라는 확대경을 가지고 태어나며, 그것을 통해 보기 때문에 아주 작은 보상도 큰 불평으로 나타난다. 그리고 도덕과학과 사회과학이라는 망원경을 가지고 있지 못하기 때문에 자신들의 머리 위에 맴돌고 있는 불행을 멀리 내다볼 수 없다. (pp.

236~239)

제19장 : 세워진 국가의 종류와 통치 권력의 계승에 관하여

국가의 차이는 통치자나 대중들을 대표하는 인격체의 차이에 있다. 그 대표자가 하나일 때 군주정치, 모든 사람이 참여하는 합의체가 그 대표자일 때 민주정치, 합의체의 일부만이 대표할 때 귀족정치라 불린다. 이 밖의 다른 종류의 국가는 있을 수 없다. 전제정치, 과두정치는 새로운 형태의 정부 이름이 아니다. 군주정치에 불만을 품은 사람들이 전제정치라 하고, 귀족정치는 과두정치라 부를 뿐이다.

민주정치에 고통 받고 있는 사람들은 그것을 무정부주의라고 부른다. 이미 통치권이 확립되어 있는 곳에는 동일한 사람들을 대표하는 또 다른 대표자가 있을 수 없다. 왜냐하면 이는 두 사람의 통치자를 세우는 일이며, 서로 대립하는 두 대리인이 한 사람을 대표함으로써 분할할 수 없는 권력을 나누지 않을 수 없기 때문이다. (pp. 239~240)

군주정치 600년 동안 통치권을 지닌 사람을 통치자라 부르고, 폐하라는 칭호를 붙이고 왕이라 간주해 왔음에도 불구하고 대표자라 부르지 않은 이유를 나는 알 수 없다. 이들 세 가지 국가 사이에 있는 차이점이란 권력(힘)의 차이가 아니라 백성의 평화와 안전을 보장하기 위한 편리함과 적절함의 차이이다. 군주정치와 다른 두 정치 형태를 비교해 보자.

첫째, 공익과 사익이 서로 엇갈리는 경우가 있는데 보통은 사익을 더 선호한다. 왜냐하면 정념이 이성보다 더 강하기 때문이다. 군주정치에서는 사익과 공익이 동일하다. 반면 민주정치와 귀족정치에서의 공익의 번영은 부정하고 야심적인 사람의 사적인 재산을 늘려 주는 것이 아니라 불성실하고 변덕스러운 조언이나 행동 그리고 내란을 몇 배로 늘려 준다.

둘째, 군주정치는 때, 장소, 사람을 가리지 않고 필요할 때는 언제나 조언을 구할 수 있으나, 의회 통치는 그런 권리를 가진 사람만 허용된다.

셋째, 군주의 결단은 본성 이외에는 어떤 것에 의해서도 일관성을 잃지 않으나, 의회 통치는 숫자에 의해서도 일관성을 잃는다.

넷째, 군주는 욕심과 이익 때문에 자기 자신과 불일치할 수 없다.

다섯째, 군주정치에서는 한 사람의 힘에 의해 어떤 백성이라도 소유하고 있는 모든 재산을 빼앗길 수 있는데, 이것이 피할 수 없는 군주정치의 불편함이다.

여섯째, 통치권이 어린아이나 선과 악을 구별할 수 없는 사람에게 계승될지 모른다는 것은 군주정치의 불편함이다. 이런 불편함은 군주정치 탓이 아니라 백성들의 야망과 불의

탓이다. 백성들이 자신들의 의무와 통치권자의 권리에 대해 잘 교육 받지 않은 곳에서는 그 통치 형태가 무엇이냐에 상관없이 이런 불편함이 똑같이 발생한다. (pp. 241~244)

세 가지 통치 형태가 혼합해서 만들어 내는 다른 종류의 국가 형태가 있을 수 있다고 생각하는 사람이 있다. 예를 들면, 왕이 제한된 기간 동안만 통치권을 가지게 되는 '선거로 세워진 왕국'(elective Kingdom), 제한된 힘을 가진 왕국, 총독 같은 대리인을 통해 피정복국을 통치하는 것 등이다. 사람들의 평화를 보존하기 위해서 인공적인 인격체(artificial Man), 즉 국가에 질서가 필수적인 것처럼 (국가) 생명의 인공적인 영속성을 위해서도 질서가 있어야 한다. 이 인공적인 연속성을 사람들은 계승(succession)이라고 부른다.

계승권을 결정할 권리가 현재의 통치권자에게 없는 곳에 완전한 형태의 정부란 없다. 계승권과 관련해서 가장 큰 어려움은 군주정치에 있다. 군주정치에서 계승자의 결정권은 항상 현실적으로 통치권을 소유한 사람의 판단과 의지에 달려 있다는 것은 명백하다. (pp. 245~251)

제20장 : 가부장적 지배와 전제적 지배에 관하여

획득에 의한 국가란 힘(force)에 의해 통치권이 얻어지는 국가를 말한다. 사람들의 생명과 자유를 자신의 손안에 쥐고 있는 한 사람 또는 합의체의 행위에 죽음에 대한 공포 또는 속박 때문에 권위를 부여할 때 힘에 의한 통치권이 획득된다. 이런 종류의 지배나 통치권과 세워진 통치권이 다른 점은 한 가지인데, 자신들의 통치자를 선택한 사람들은 그 통치자에 대한 두려움 때문이 아니라 서로간의 두려움 때문에 그렇게 한다는 것이다. 전자의 경우 그들은 두려워하는 통치자에게 자신들을 복종시킨다. 통치권자의 권리는 세워진 통치자나 힘에 의해 획득된 통치권자나 동일하다. (pp. 251~252)

지배는 두 가지 방식, 즉 출생과 정복에 의해서 획득된다. 출생에 의한 지배권은 부모가 자식에 대해 가지는 것으로서 가부장적(paternal)이라 불린다. 가부장적 지배는 단지 부모가 자식을 낳았다는 사실로부터 오는 것이 아니라 자식의 동의(consent)로부터 나온다. 자연 상태에서 부모들은 자식들에 대한 지배권을 계약에 의해 정하거나 아니면 전혀 규정하지 않을 수 있다. 만약 계약이 없다면 지배권은 어머니 쪽에 있다. 어머니가 자녀 양육을 포기했다면 그 아이를 양육한 사람에게 지배권이 돌아가야 한다. 왜냐하면 생명의 보존은 목적인데, 아이를 보호해준 사람에게 복종해야 하기 때문이다. 모든 사람은 자신을 구할 수 있거나 또는 파괴할 수 있는 힘을 가진 사람에게 복종을 다짐한다. (pp. 253~254)

정복이나 전쟁에서 승리함으로써 얻어진 지배권은 전제

적(despotical)이라 불리며 하인을 다스리는 주인의 지배권과 같다. 이 지배권은 패배자에 의해 승리자에게 주어진 것이다. 패배자에 대한 지배권을 주는 것은 승리가 아니라 패배자 자신의 신약(covenant)이다. 가부장적 지배와 전제적 지배의 권리와 결과는 세워진 통치권자의 그것과 전적으로 동일하다. 통치권자는 두 경우(정복에 의해서거나 백성들에 의해 세워졌거나) 모두에 있어서 절대적이다. 만약 그렇지 않다면 통치권이란 존재하지 않는다.

사람들이 국가를 세우고 자신들을 보호하기에 충분한 권력을 군주나 합의체에 맡기고 그의 통치 아래로 들어가는 경우, 인간의 본능과 필요와 계획으로부터 알아낸 통치권자의 여러 권리들에 관해서는 이제까지 충분하게 설명했다. 이제 이 점에 관해 성서에서 어떻게 가르치고 있는지 살펴보자. (pp. 255~257)

모세에 대해 이스라엘 자손들은 다음과 같이 말하고 있다: "당신이 우리에게 말씀하소서. 우리가 들으리이다. 하느님이 우리에게 말씀하시지 않게 하소서. 우리가 죽을까 하나이다." 이것은 모세에 대한 절대적인 복종이다.

하인들의 복종에 대해 바울은 다음과 같이 말하고 있다: "종들아, 모든 일에 육신의 주인들에게 순종하라." "자녀들아, 모든 일에 부모에게 순종하라." 우리의 구세주 자신이

"가이사의 것은 가이사에게"라고 말했는데, 이것은 왕이 사람들에게 부여한 세금을 내는 것을 인정하고 있으며 자신도 내고 있는 것이다. (pp. 258~259)

이성적으로나 성서를 통해서 보더라도 통치자의 권력은 군주정치, 귀족정치, 민주정치를 막론하고 상상할 수 있는 한 최대한으로 강대해야 한다. 무한한 권력으로부터 많은 나쁜 결과가 생길 수 있다고 사람들이 생각할지 모르나, 통치권이 없기 때문에 오는 결과, 즉 만인에 대한 만인의 끊임없는 투쟁이 훨씬 더 나쁘다. 백성들의 불복종과 국가의 존립 기반인 신약의 파기로부터 생기는 불편보다 더 큰 것은 없다. 국가를 세우고 유지하는 기술은 산술학이나 기하학처럼 어떤 규칙에 달려 있는 것이지 테니스를 치는 것처럼 훈련에 달려 있는 것은 아니다. (pp. 260~261)

제21장 : 백성의 자유에 관하여

자유(liberty 또는 freedom)란 반대가 없음을 의미하며, 반대란 운동을 (가로막는) 외적인 방해를 말한다. 자유인이란 자신의 힘과 지력으로 할 수 있는 일 중에서 원하는 것을 방해 받지 않고 할 수 있는 사람이다. 두려움과 자유는 일치한다. 배가 침몰하는 것이 두려워 물건을 바다에 던지는 경우처럼 하지 않을 수도 있지만 자발적으로 그렇게 한다. 이것은 자유로운 사람의 행위이다.

자유와 필연은 일치한다. 물이 자유롭게 흐르지만 동시에 물길을 따라 흘러야 하는 필연성이 있는 것처럼, 사람의 행위가 자유의사로부터 나오기 때문에 자유롭지만 동시에 그 행위가 어떤 원인에 따라 나오기 때문에 필연성도 있다. 평화와 자기보존을 획득하기 위해 사람들은 연방이라고 부르는 인공적인 사람을 만들고 또 시민법이라 불리는 인공적인 쇠사슬을 만든다. (pp. 261~263)

사람들의 모든 행위와 말을 규제하기에 충분한 규칙을 세우고 있는 국가란 이 세상에 없다. 따라서 사람들은 법이 간과하고 있는 모든 행위들 가운데서 자신들에게 가장 이로운 것을 할 수 있는 자유를 가지고 있다. 이런 자유에 의해 생사여탈권을 가지고 있는 통치자의 권력이 폐지되거나 제한되어야 한다고 이해되어서는 안 된다. 통치권의 대표자가 백성들에게 어떤 구실로 어떤 일을 하든지 부정의 또는 침해라고 불리지 않는다. 왜냐하면 모든 백성이 통치자의 모든 행위의 장본인이기 때문이다. 국가가 군주적이거나 민주적이거나 자유는 여전히 동일하다. (pp. 264~267)

백성의 참다운 자유, 즉 통치자가 명령한 일이라도 불의를 범하지 않고 거부할 수 있는 것들이 무엇인가를 알기 위해서, 우리는 국가를 세울 때 어떤 권리를 양도했으며, 어떤 자유를 스스로 포기했는가를 생각해 보아야 한다. 왜냐하면 우리들의 의무와 자유는 복종의 행위 안에 있기 때문이다. 백성들의 의무와 자유는 ('나는 통치자의 모든 행위에 권위를 부여한다' 하는 것과 같이 명백히 표현된) 말로부터 나오거나 아니면 통치권을 세운 목적, 즉 백성들 사이의 평화와 공동의 적을 방어하는 일로부터 나와야 한다.

복종을 거부하는 일이 통치권에 부여된 목적을 방해하는 것이 된다면, 우리에게 (복종을) 거부할 자유는 없으며 그렇지 않을 경우에만 거부할 자유가 있다. 다른 사람을 방어하기 위해 국가의 칼(정의의 칼과 전쟁의 칼)에 저항할 수 있는 자유는 아무에게도 없다. 왜냐하면 그런 자유는 통치자로부터 우리를 보호할 수 있는 수단을 빼앗는 일이며 정부의 본질을 파괴하는 일이기 때문이다. (pp. 268~270)

그 밖의 다른 자유들은 법의 침묵에 달려 있다. 통치자가 아무런 규칙도 정하지 않았을 경우 백성들은 자신의 판단에 따라 하거나 하지 않을 수 있는 자유가 있다. 만약 군주가 자기 백성들에게 자유를 허용하면서도 백성들의 안전을 보장할 수 없다면 그런 자유의 허용은 공허하다. 통치자에 대한 백성의 의무는 통치자의 힘이 지속적으로 백성들을 보호할 수 있을 때까지만 지속된다. 통치권은 국가의 정신과 같으며, 복종의 목적은 보호에 있다. 통치권은 그것을 세우는 사람들의 의도에서 보면 영원하지만, 그 본질상 외국과의 전쟁으로 폭력적인 죽음을 맞이하거나 내부의 불화로 자연스럽게 사라지기도 한다. (pp. 271~274)

제22장 : 국민의 정치적·사적 조직에 관하여

조직이란 사람들이 하나의 이익이나 일로 결합된 것을 의미한다. 조직에는 정규적인 것과 비정규적인 것이 있는데, 정규적인 조직이란 한 사람 또는 일단의 합의체가 전체 구성원의 대표자로 구성되어 있는 경우며, 그 밖의 모든 것은 비정규적이다. 자기 자신의 대표자 이외에 어느 누구에게도 종속되지 않는 절대적이고 독립적인 정규 조직체는 오직 국가뿐이다.

정치적 조직, 즉 다른 말로 정체(政體) 또는 법인은 통치권자의 힘으로부터 나오는 권위에 의해 만들어진 것들이다. 정체에서 대표자의 힘은 항상 통치권자의 힘에 의해 제한된다. 모든 국가에서 통치자는 모든 백성들의 절대적 대표자이다. 정체의 대표자에게 주어지는 힘의 범위는 통치권자가 발부하는 영장이나 문서 또는 국법에 의해 알려진다. 모든 사람이 통치자가 하는 행위의 장본인이 된 까닭은 그가 그들의 무제한적 대표자이기 때문이다. (pp. 274~277)

통치자의 권력에 지배 받는 종속적인 정체 내에서 한 개인이 합의체의 대표자에 대해 공개적인 저항을 하는 것은 합법적일 뿐만 아니라 당연한 일이다. 그러나 합의체의 통치권자에게 저항하는 것은 두 가지 이유 때문에 인정되지 않는다. 통치자에게 저항하는 것은 통치권을 부인하는 것이기 때문이며, 백성들에게 통치권자가 내린 명령은 무엇이나 그 명령에 의해 정당화되기 때문이다.

모든 사람은 통치에 직접 참여하고 싶은 타고난 욕망을 가지고 있으나, 그렇지 못할 경우 공통의 이익을 관리하기 위해서는 민주적 형태의 정부보다는 군주정치 형태의 통치에 위임하려는 타고난 본성을 가지고 있다. 외국과의 교역을 잘 처리하기 위한 정체들 가운데 가장 편리한 대표는 모든 구성원들로 이루어진 합의체이다. (pp. 278~282)

한번 통치권이 세워진 곳에서는 그것 이외에 국민들의 절대적 대표자는 있을 수 없다. 정규적이고 합법적인 사적 조직들이란 공통적인 법 이외에 증서나 그 밖의 문서에 의해 권위가 주어지지 않고서도 구성될 수 있는 것들이다. 예를 들면 아버지나 주인이 구성원 전체에게 명령을 내리는 가족과 같은 것들이 이에 해당된다. 정규적이나 불법적인 사적 조직들이란 어떤 공적인 권위도 없이 하나의 대표자를 중심으로 자신들을 결합하는 그런 것들이다.

모든 국가에서 한 개인이 정부보다 더 많은 하인을 거느리고 있다면 그것은 파당이며 불법적이다. 왜냐하면 국가의 보호를 받고 있어 사병(私兵)에 의한 방위를 필요로 하지 않기 때문이다. 혈연에 의한 파당이 옳지 못한 것처럼, 교황파와 신교도파 같은 종교적 파당이나 고대 로마의 귀족파와 평민파, 고대 그리스의 귀족주의자와 민주주의자와 같은 파당들도 옳지 못하다. (pp. 284~288)

제23장 : 통치권의 공적인 대리자에 관하여

공적인 대리자란 통치권자에 의해 어떤 일(공직)에 고용된 사람으로서 그 맡겨진 일에 관한 한 권위를 가지고 국가의 인격을 대표하는 사람이다. 이들 중에는 영토 전체에 대해서나 일부에 대해 행정 책임을 맡은 사람들이 있다. 일부 또는 지방의 대리자에는 총독, 부관, 사령관, 태수 등이 있다. 이런 공적 대리자는 마치 자연적인 신체의 팔 다리를 움직이는 여러 신경이나 힘줄과 유사하다.

이밖에 공적인 대리자에는 첫째, 국가의 경제에 관한 임무를 지고 있는 사람이 있다. 이들이 대리자인 이유는 대표적 인격체(통치권자)에게 봉사하며 그 명령에 어긋나거나 권위 없이는 어떤 일도 할 수 없기 때문이다. 또 공적인 이유는 그들이 통치권자의 정치적 역량 안에서 그를 위해 봉사하기 때문이다.

둘째, 군사에 관한 권위를 가지고 전쟁을 수행하는 데 필요한 물품을 제공하는 일을 하는 공적 대리자가 있다.

셋째, 통치권에 대한 백성들의 의무를 가르치거나 옳고 그름을 알게 하고, 그렇게 함으로써 서로 선하고 평화롭게 살 수 있게 하고 공동의 적에게 저항할 수 있도록 가르치는 사람도 공적인 대리자이다.

넷째, 사법권이 주어진 사람도 공적 대리자이다.

통치 권력으로부터 (위임 받은) 권위를 가지고 사람들을 가르치거나 재판하는 공적인 사람들은 국가의 구성원들로서 마치 자연적 신체에서 소리를 내는 기관에 비교된다. 또 자연적 신체에서 손이나 눈이 하는 일과 같은 그런 일을 하는 공적 대리자들도 있다. (pp. 289~294)

제24장 : 국가의 양분(養分)과 번성(繁盛)에 관하여

국가의 영양분은 생명에 도움이 되는 물자의 풍부함과 분배에 있으며, 물자들을 조합(調合)하고 준비하는 데 있다. 그리고 공공의 사용을 위해 편리한 수송로를 이용하여 물자들을 운반하는 데 있다. 물자의 풍부함에 관해 말하자면 그것은 자연에 의해 제한된 사물들로서 우리들의 어머니의 젖가슴 같은 땅과 바다로부터 얻어지는 것들이다. 하느님이 인간에게 무상으로 준 동물, 식물, 광물들이 영양분이며, 이것들을 얻기 위해서는 오직 노동과 근면함이 요구된다. 국내에서 생산된 잉여 생산품은 부족한 물자를 교환, 전쟁 그리고 노동에 의해 외국으로부터 들여오는 데 사용된다. 사람의 노동은 다른 것과 마찬가지로 이익을 위해 교환이 가능한 상품이다. (pp. 294~295)

재화의 분배는 '내 것, 네 것 그리고 그의 것', 즉 한마디로 소유권을 정하는 일이며, 이 일은 모든 종류의 국가에서 통치권자에게 속해 있다. 소유권의 도입은 국가가 세워진 이후의 결과며, 통치권을 가지지 않은 사람은 결코 만들 수 없는 법에 달려 있다.

옛 사람들은 우리가 법이라 부르는 것을 '분배(nomos)'라고 불렀고 정의(justice)를 '각자에게 각자의 몫을 나누어 정하는 것'이라 정의하였다. 통치권자 또는 국가가 오직 공동의 평화와 안전을 위해 행위 하듯 토지의 분배도 동일한 목적을 위해 이루어져야 한다. 토지의 분배와 마찬가지로 백성들이 외국과 어떤 장소에서 어떤 물자를 교역할 것인지를 결정하는 일도 통치권자에게 달려 있다. (pp. 296~297)

사람들이 교환이나 상호 계약에 의해 상호간에 남는 재산을 분배하고 소유권을 양도하는 것은 필요하다. 백성들 사이에서 이루어지는 모든 종류의 계약 방식을 정하는 일은 국가(통치권자)에 속하는 일이다. 조합(調合)이란 지금 쓰지는 않지만 미래의 영양분을 위해 비축하는 모든 물자를 동일한 가치를 지닌 무엇으로 대체하는 것을 의미한다. 이것에는 금과 은, 화폐가 있다. 이런 조합은 국가의 혈액순환과 같은데, 이는 자연적인 혈액이 땅의 열매에서 만들어지고 순환하면서 신체의 각 부분에 영양분을 공급하는 것과 같기 때문이다. (pp. 299~300)

국가의 번성(출산) 또는 자식들이란 이주민 또는 식민지인이라 불린다. 이들은 국가로부터 아무도 살지 않는 외국 땅으로 보내진 사람들이다. (p. 301)

제25장 : 충고에 관하여

명령이란 그것을 말하는 사람의 의지 외에 다른 이유 없이 '이것을 하라' 또는 '이것은 하지 말라' 고 말하는 것이다. 충고란 '이것을 하라' 또는 '이것은 하지 말라' 고 말하는 것이며, 그렇게 말하는 이유는 단지 그것을 말하는 사람의 상대에게 돌아갈 이익에서 유래한다. 충고와 명령 사이에는 큰 차이가 있는데, 명령이 자기 자신의 이익을 지향한다면 충고는 다른 사람의 이익을 지향한다. 복종하겠다는 약속을 한 사람에게는 명령 받은 바를 수행해야 할 의무가 있는데, 충고 받았을 때는 수행해야 할 의무가 지워지지 않는다. 이것이 두 번째 차이점이다. 세 번째 차이는 아무도 다른 사람의 충고자가

될 권리를 요구할 수 없다는 데 있다. (pp. 302~303)

　일반적으로 충고를 요구하는 사람은 그 충고의 장본인이기 때문에 그 충고에 대해 처벌할 수 없다. 권고와 말림이란 들어주기를 간절히 바라는 마음의 표시가 담긴 충고이다. 간단히 말해서 강렬하게 표현된 충고이다. 권고하는 사람은 자신이 충고하는 사람에게 행동하도록 용기를 북돋워 준다. 이것은 말리는 사람이 상대에게 행동을 삼가도록 충고하는 것과 같다. (pp. 304~305)

　경험이란 전에 관찰된 유사한 행동들의 결론을 기억하는 것에 지나지 않으며, 충고는 이런 경험을 다른 사람에게 알리는 것에 지나지 않는다. 국가의 인격체(통치권자)에 대해 충고자들은 기억과 정신적 담론의 장에서 봉사한다. 좋은 충고자의 첫째 조건은 다음과 같다.

　충고자의 목적과 관심은 충고를 받는 사람의 목적이나 관심과 불일치되어서는 안 된다. 둘째, 충고자의 임무는 충고를 받는 사람이 진실 되고 명백하게 알 수 있는 방법으로 충고의 결과들을 분명하게 해야 한다. 경솔하고 증거가 불충분한 추론, 예를 들면 사례들이나 책의 권위에서 뽑아낸 것, 선과 악에 대한 논증이 아니라 사실이나 의견에 대한 증언, 애매모호한 표현들, 정념들을 흔들어 놓는 모든 비유적 말들은 충고자의 임무와 거스른다. 셋째, 누구라도 좋은 충고자가 될 수 있다고 생각하지 말고 단지 충분히 정통할 뿐만 아니라 많이 생각하고 고려한 일에 대해서만 좋은 충고자가 되어야 한다. (pp. 306~307)

충고를 위해 요구되는 지력(智力)은 판단력이다. 넷째, 다른 나라에 관한 일로 국가에 충고하기 위해서는 정보와 문서, 국가 사이에 맺은 조약과 협정에 관한 모든 기록들을 잘 아는 일이 필수적이다. 다섯째, 충고자를 개별적으로 분리해서 듣는 것이 합의체에서 듣는 것보다 더 좋은 충고를 얻을 수 있다. (pp. 308~309)

많은 눈이 하나의 눈보다 많은 것을 보는 것이 사실이지만 이것이 곧 많은 충고자로 이해되는 것은 아니다. 마지막 결정이 오직 한 사람(통치권자)에게 있을 때만 위의 말이 사실이 된다. 표적을 놓치지 않으려는 사람은 두 눈을 사용하여 살펴보지만 겨냥을 할 때는 한쪽 눈만 쓴다. (pp. 310~311)

제26장 : 시민법에 관하여

시민법(civil law)이란 국가가 말이나 글 또는 그밖에 그 의지를 나타내기에 충분한 표시를 통해 옳고 그름의 구별, 즉 무엇이 규칙에 어긋나고 무엇은 어긋나지 않는지를 구별하는 데 쓰기 위해 모든 백성들에게 명령하는 규칙들이다. 이 정의로부터 필연적인 귀결로서 따라 나오는 것은 무엇이나 진리로 인정되어야 한다. 첫째, 모든 국가에서 입법자는 오직 통치권자이다. 둘째, 국가의 통치권자는 시민법에 종속되지 않는다. 셋째, 법을 권위 있게 만드는 것은 오랜 시간의 경과가 아니라 침묵으로 표명된 통치권자의 의지이다. (pp. 312~313)

넷째, 자연법과 시민법은 서로를 포함하고 있으며 그 범위를 같이 하고 있다. 다섯째, 입법자는 권위를 가지고 법을 처음으로 만든 사람이 아니라 권위를 가지고 현재의 법을 계속해서 법이 되게 만드는 사람이다. 여섯째, '관습법은 의회만이 통제자를 가진다.' 또는 '국가의 두 팔은 힘과 정의인데, 전자는 왕에게 있고 후자는 의회의 손에 있다' 와 같은 견해들은 법률가들의 잘못된 의견들이다. 일곱째, 법은 결코 이성에 반(反)할 수 없으며, 문자가 아니라 입법자의 의도에 일치하는 것이 법이다. 여덟째, 법은 만들어져도 알려지지 않으면 법이 아니다. 법은 명령이다. (pp. 314~317)

자연법은 공포되거나 선포될 필요가 없다. 다음 한 문장 안에 (그 정신이) 포함되어 있다: "다른 사람이 그대에게 하는 일이 불합리하다고 생각되는 일을 다른 사람에게 하지 말라." 자연법을 제외한 모든 법에서 본질에 속하는 일은 다음 두 가지 점이 모든 사람에게 알려져야 한다는 것인데, 법에 복종해야 할 의무가 있다는 것과 그것이 통치적 권위로부터

나온다는 것이다. (pp. 318~319)

법의 선언뿐만 아니라 그 입안자(author)와 권위의 충분한 표시는 법의 필수조건이다. 모든 국가에서 입안자 또는 입법자는 분명하다고 생각된다. 왜냐하면 그는 통치권자이기 때문이다. 입법자가 알려져 있고 법이 충분하게 공포되었다 하더라도 그 법을 의무적이게 만드는 데는 또 하나 중요한 것이 필요하다. 왜냐하면 법의 본질은 문자에 있는 것이 아니라 의도와 의미, 즉 법의 진정한 해석(입법자의 의향)에 있기 때문이다. (pp. 320~321)

모든 법의 해석은 통치자의 권위에 달려 있다. 해석자는 통치자가 임명하는 사람 이외에는 될 수 없다. 자연법의 해석은 통치권자의 권위에 의해 임명된 재판관의 판결문에 있다. 그 해석이 진실한 이유는 사적인 판결문이기 때문이 아니라 통치자의 권위에 의해 내려진 것이기 때문이다. (pp. 322~323)

하급 재판관이나 통치권자도 공평한 판결에서 오류를 범할 수 있기 때문에, 추후 유사한 경우 반대 판결을 하는 것이 공평함에 더 적합하다는 것을 알았을 때 그에게는 그렇게 할 의무가 주어진다. 판결이 정당하다고 하더라도 제시된 증거를 심리하지 않고 유죄 판결을 하는 재판관은 정당하지 못한 재판관이다. 입법자의 의도는 항상 공평한 것으로 생각된다.

따라서 재판관이 통치권자와 다른 생각을 가진다는 것은 오만한 일이다. (pp. 323~326)

홀륭한 재판관 또는 뛰어난 법 해석자를 만드는 것은 첫째 '공평(equity)'이라 불리는 가장 중요한 자연법을 바르게 이해하는 일이다. 둘째, 불필요한 부와 승진을 가볍게 낮추어 보는 태도이다. 셋째, 판결을 할 때에는 공포, 분노, 증오, 애정 그리고 연민의 정을 스스로 포기해야 한다. 넷째, 심리할 때 인내심과 근면한 주의력이 필요하고 자기가 심리한 것을 기억하고 소화하고 적용해야 한다. (pp. 328~329)

자연법은 영원으로부터 항상 법이었으며, 자연적이라고 불릴 뿐만 아니라 도덕률이라고도 불린다. (자연법은) 정의와 형평 그리고 평화와 자비에 도움이 되는 모든 정신적 관습 같은 도덕적 덕(moral virtues)으로 이루어져 있다. 실정법은 통치권을 가진 사람의 의지에 의하여 법이 될 수 있다. 어떻게 사람은 초자연적인 계시 없이도 (다른) 선포자가 받아들인 계시에 대해 확신할 수 있는가? 어떻게 하여 사람은 그 계시에 대해 복종하는 의무를 지는가? 기적은 놀랄 만한 일이지만, 어떤 사람에겐 놀랄 만한 일도 다른 사람에게는 그렇지 않을 수 있다. 도덕률, 즉 자연법에 어긋나지 않는 한 모든 일에 대해 백성들은 신의 법에 복종할 의무가 주어진다. (pp. 330~333)

국가의 기본법이란 그것이 없어지면 국가가 무너지고 해체되는 그런 법을 말한다. 시민의 법과 시민의 권리가 혼동돼서는 안 된다. 권리는 자유며, 자유는 우리가 하는 대로 시민법이 내버려 두는 것이다. 시민법은 의무며, 자연법이 우리에게 준 자유를 빼앗아 가는 것이다. 법과 권리는 의무와 자유가 다른 만큼 서로 다르다. (pp. 334~335)

제27장 : 범죄, 면죄 그리고 죄의 경감에 관하여

죄(sin)란 법을 위반하는 것일 뿐만 아니라 입법자를 모욕하는 일이다. 범죄(crime)란 법이 금지하고 있는 것을 말이나 행동으로 짓는 죄이며, 또는 법이 명령한 것을 하지 않는 일이다. 모든 범죄는 죄이지만 모든 죄가 범죄는 아니다. 죄와 법, 범죄와 시민법과의 관계로부터 다음과 같은 것들이 추론될 수 있다.

법이 없는 곳에 죄도 없다. 시민법이 없으면 범죄도 없다. 통치자의 권력이 없으면 범죄도 없다. 모든 범죄의 근원은 '이해력의 부족', '추리에서의 오류' 그리고 '정념의 갑작스런 충동'에 있다. 이해력의 부족을 '무지'라 하는데 법, 통치자 그리고 형벌에 대한 무지가 있다. (pp. 335~337)

범행 이후에 만들어진 어떤 법도 그 행위를 범죄로 만들지 못한다. 추리의 결함 때문에 사람들은 법을 위반하려는 경향을 가지는데, 잘못된 원리를 추정함으로써, 거짓 교사들의 법에 대한 잘못된 해석 때문에, 그리고 올바른 원리로부터 추론은 하나 성급하게 하여 오류 추론을 하는 경우가 이들이다. (pp. 338~340)

가장 빈번하게 범죄의 원인이 되는 정념들 가운데 하나는 헛된 자만심(vain-glory) 또는 자신의 값어치에 대한 어리석을 만큼의 지나친 평가이다. 증오, 정욕, 야심, 탐욕의 정념들이 범죄를 낳는 경향이 있다는 것은 모든 사람의 경험으로 볼 때 명백하다. 이런 정념들은 사람의 본성 가운데 들어있는 약점들로서 이성을 활용하여 억제하거나 지속적으로 엄한 처벌을 통해 막아야 한다. 모든 범죄가 같은 질(質)의 것은 아니다. 면죄(excuse)의 여지가 있어서 유죄가 무죄로 될 수 있으며, 경감(extenuation)의 여지가 있어서 중죄가 가벼운 죄로 될 수 있다. (pp. 341~344)

미친 사람과 어린이는 자연법을 어겨도 면죄 받는다. 포로나 적군에 억류된 사람도 법의 의무로부터 면제된다. 생명을 위협 당하여 한 범법 행위에 대해서는 면죄된다. 범죄의 정도를 측정하는 기준은 여러 가지가 있다: 원인의 악의성, 전염성, 그 행위 결과의 해악, 그리고 시간과 장소, 다른 사람과의 공모 관계 등이 그것이다. 권력, 돈 또는 자기편이 있다고 믿고 법을 집행하는 사람들에 대항하는 범죄는 중죄가 된다. 돌

발적인 범죄보다 사전에 준비된 범죄가 더 무겁다. (pp. 345~348)

범죄를 결과의 해로움에 따라 비교한다면, 적은 사람에게 손해를 주는 경우보다 많은 사람에게 해를 끼치는 것이 더 무겁다. 상해보다는 살인이, 고통이 없는 살인보다는 고통을 수반한 살인이, 재산 상실보다는 신체적인 상해가 더 무거운 범죄이다. 사기보다는 절도가, 간음보다 강간이 더 중죄이다. 법은 개별적인 사람을 고려하는 것이 아니라 인류의 일반적인 성향을 고려한다. 같은 범죄라도 국가의 이름으로 고소를 당할 때는 공적인 범죄(public crime)라고 부른다. (pp. 350~353)

제28장 : 처벌과 보상에 관하여

처벌(punishment)은 사람들의 의지가 (법에) 복종하는 경향을 가지게 할 목적으로 공적인 권위가 법을 위반한 사람에게 부여하는 해로움이다. 누구도 신약(信約)에 의해 폭력에 저항하지 못하도록 의무 지워지지 않는다. 처벌에 대한 정의로부터 다음과 같은 것들이 추론된다. (1) 개인들 간의 사적인 보복이나 침해는 처벌이 아니다. (2) 공적인 신뢰를 얻지 못하거나 방치되는 것은 처벌이 아니다. (3) 선행하는 유죄 판결이 없이 공적인 권위에 의해 입는 해로움은 처벌이 아니다. (4)

찬탈한 권력이나 통치자로부터 권위를 부여받지 못한 재판관에 의해서 입은 해로움은 처벌이 아니다.[96] (5) 범법자나 다른 사람을 법에 복종하도록 만들 의도나 가능성이 없이 가해지는 모든 해로움은 처벌이 아니다. (6) 어떤 행위들에는 자연스럽게 나쁜 결과가 수반되는데 이는 신의 처벌일 수는 있으나 사람의 처벌은 아니다. (7) 범죄자가 받는 해로움이 범죄에 자연스럽게 수반되는 이익이나 만족보다 더 적으면 이는 처벌이 아니다. 사람들을 법에 복종하도록 하는 것이 처벌의 목적이고 본질인데 만약 처벌이 법을 어기고서 얻는 이익보다 작으면 그 목적을 이룰 수 없고 본질에도 어긋난다. (8) 과도한 처벌은 처벌이 아니라 적대 행위이다. (pp. 353~355) (9) 금지하는 법이 있기 전에 저지른 행위 때문에 주어지는 해로움은 처벌이 아니라 적대 행위이다. 법이 존재하기 전에 법의 위반이란 있을 수 없기 때문이다. (10) 국가의 대표자에게 가해지는 해로움은 처벌이 아니라 적대 행위이다. (11) 공개적으로 선언된 적에게 가하는 해로움은 처벌이 아니다. 왜냐하면 그들은 법에 종속되어 있지 않아서 어길 수도 없기 때문이다.

　가장 일반적으로 처벌을 분류하면, 신의 처벌과 인간의 처벌이 있다. 인간적인 처벌에는 신체적인 것, 금전적인 것, 공개적인 모욕, 감금, 추방 그리고 이들의 혼합 등이 있다. 감금이란 사람이 공적인 권위에 의해 자유를 빼앗기는 것으로 두 가지 목적 때문에 생긴다. 하나는 피고인의 안전한 보호를 위해서이고 다른 하나는 죄인에게 고통을 부여하기 위해서이다. (pp. 356~358)

무고한 백성을 처벌하는 것은 크고 작음을 불문하고 모두 자연법을 위반하는 일이다. 적국의 백성들에게 가하는 해로움은 처벌이 아니며, 자연법의 위반도 아니다. 반란을 일으킨 사람들과 그 3~4대 자손들에 대해서도 처벌은 정당화된다. 왜냐하면 반란은 새로 시작된 전쟁이기 때문이다. 보상(reward)은 선물이거나 계약에 의한 것 둘 중의 하나이다. 계약에 의한 보상은 급료나 임금이고, 선물은 주는 사람의 은혜로부터 나오는 혜택이다. 처벌과 보상은 국가의 사지(四肢)와 관절을 움직이는 신경과 힘줄과 같은 것이다. (pp. 359~362)

제29장 : 국가를 약하게 하거나 붕괴시키는 것에 관하여

국가가 외부의 폭력에 의해서가 아니라 내부의 혼란에 의해 붕괴될 때 그 잘못은 (국가를 구성하는) 내용(matter)으로서의 인간에게 있는 것이 아니라 국가의 제작자(maker) 또는 명령자로서의 인간에게 있다. 국가의 여러 결함 가운데 첫째는 불완전한 제도로부터 생긴다. 그 중의 하나는 '사람이 왕국을 손아귀에 넣었을 때 국가의 평화와 방위에 꼭 필요한 권력보다 작은 권력에도 종종 만족하는 것이다.' 둘째, 국가의 병은 선동적인 교설(敎說)의 해독(害毒)으로부터 생기는데 그 중의 하나가 '모든 개인들이 선과 악한 행위의 판단자' 라는 것이다. 이런 주장은 시민법이 없는 자연 상태에서나 시민 정부 아래에서라도 법에 의해 정해지지 않은 경우라면 맞는 말이다. (pp. 363~365)

시민사회에 거스르는 또 하나의 교설은 '사람이 자신의 양심을 어기는 것은 무엇이나 죄' 라는 것이다. 이것은 자신이 선과 악의 판정자라는 추정에 근거하고 있다. 법은 공적인 양심(public conscience)으로 사람은 그것에 따르기로 이미 약속했다. 사적인 의견에 불과한 개인의 양심에 따라 생기는 다양성 때문에 국가는 혼란스럽게 되고, 어떤 사람도 자신의 눈에 선으로 보이는 것 이외에는 통치 권력에 복종하려 하지 않는다. '신앙과 신성함은 연구나 이성에 의해 얻어지는 것이 아니라 초자연적인 영감이나 주입에 의해 얻어진다' 고 가르쳐져 왔다. 평화와 통치에 해로운 이와 같은 세 가지 견해들은 주로 무지한 성직자들의 혀나 붓에서 나온다.

국가의 본질에 거스르는 네 번째 견해는, '통치 권력을 소유한 사람도 시민법에 복종해야 한다' 이다. 다섯 번째 교설은 '모든 개인들은 자신의 재화에 대하여 통치자의 권리를 배제하는 것과 같은 절대적 소유권을 가지고 있다' 는 것이

다. (pp. 366~367)

여섯 번째 교설은 '통치 권력은 분할될 수 있다' 이다. 국가 권력의 분할은 국가의 붕괴일 뿐이다. 왜냐하면 분할된 권력은 서로를 파멸시키기 때문이다. 군주정치에 대한 반란의 원인 가운데 하나는 고대 그리스와 로마 사람들의 정치와 역사에 관한 책을 읽는 것이다. 그 해독을 제거하는 데 적합한 사려 깊은 교사들의 교정 없이 이런 책을 공공연하게 읽도록 허용하는 것보다 더 국가에 해로운 일은 없다.

사람에게 세 개의 영혼이 있다고 주장하는 사람이 있는 것처럼, 한 국가에도 하나 이상의 혼(통치자)이 있다고 말하는 사람이 있다. 이런 사람은 통치권에 대항해서 최고권 (supremacy)을, 법에 대해서는 교회법을, 그리고 시민적 권위에 대해서는 영적인 권위를 내세운다. 세속적인 것과 영적인 것이라는 무의미한 구분에도 불구하고 두 왕국이 존재하며 모든 백성은 두 주인에게 복종한다. 이 두 권력이 서로 대립할 때 국가는 오직 내란과 붕괴라는 큰 위험에 직면할 수밖에 없다. (pp. 368~372)

국가 재정이 한 사람이나 소수에게 너무 많이 집중되는 경우 국가는 마치 늑막염과 닮은 병을 앓는다. 국가의 또 다른 결함은 도시가 너무 크고 조합이 너무 많은 것이다. 정치적 분별력으로 위장한 사람들이 절대 권력에 대항하여 논박하는 자유도 국가를 위태롭게 한다. 마지막으로 전쟁에서 적이 승리하면 그 때에는 국가가 붕괴된 것이며, 각자 자기의 판단에 따라 자기를 보호해도 상관없다. 통치자는 국가에 생명과 운동을 주는 공공의 혼이며 그것이 소멸되면 구성원은 혼이 떠난 시체처럼 더 이상 국가에 의해 통치되지 않는다. (pp. 373~375)

제30장 : 대의적인 통치자의 직무에 관하여

통치자의 직무는 국민의 안전(salus populi)을 확보하는 데 있다. 여기서 안전이란 단지 생명을 보존하는 것이 아니라 국가에 해로움이나 위험을 주지 않으면서 각자가 근면하게 노력하여 얻을 수 있는 삶의 만족을 의미한다. 통치권의 필수적인 권리가 제거된다면 국가는 붕괴되고 모든 사람은 만인에 대한 전쟁의 비참함으로 되돌아간다. 이것이 이 세상에서 일어날 수 있는 최대의 악이다. 통치권의 권리를 온전하게 유지하는 것이 통치권자의 직무이다. 통치권의 권리들 중 어느 하나라도 다른 사람에게 양도하거나 스스로 포기하는 것은 첫 번째로 그의 의무를 어기는 일이다. 둘째로 국민을 무지한 채 방치하거나 통치자의 필수적 권리의 근거와 이유에 대해 잘못 알려진 것을 그대로 내버려 두는 것은 통치자가 그 의무를 어기는 것이다. (pp. 376~379)

국민들이 배워야 할 구체적인 내용은 첫째, 국민들이 이웃 나라의 정부 형태를 자기 것보다 더 좋아하거나 바꾸려는 생각이 들지 않도록 가르쳐야 한다. 둘째, 국민들은 오직 통치자에게만 해야 할 복종과 존경을 자신들 중의 한 사람에게 해서는 안 되며, 그의 덕을 찬양한 나머지 그에게 이끌려서도 안 된다. 셋째, 대의(代議)적인 통치자를 비난하는 것이 얼마나 잘못된 일인가를 가르쳐야 한다. 넷째, 백성들이 의무를 배울 수 있는 날을 따로 정해 두어야 한다. 다섯째, 아이들에 대한 일차적 가르침은 부모의 보호에 달려 있기 때문에 아이들은 부모에 복종해야만 한다.

여섯째, 모든 통치자는 정의(어떤 사람으로부터 그의 것을 빼앗지 않는 것)를 가르쳐야만 한다. 사람들이 소유하는 것 중 가장 중요한 것은 자신의 생명과 손발이다.[97] 일곱째, 부당한 행위와 그것을 하려는 계획과 의도 모두 부정의이며, 부정의는 의지의 타락에 있다는 것을 백성들이 배워야 한다. 국민을 가르치는 일은 전적으로 대학에서 청년들을 올바르게 가르치는 일에 달려 있다. (pp. 380~384)

국민의 안전을 위해서 정의가 모든 계층의 사람들에게 평등하게 시행될 것을 통치자에게 요구한다. 상류층 사람들의 명예는 그들이 하층 사람들에게 자선과 도움을 베푸느냐 그렇지 않느냐에 따라 평가되어야 한다. 세금의 평등한 부과는 평등한 정의에 속한다. 여기서의 평등이란 재산의 평등이 아

니라 모든 사람이 자기 방어를 위해 국가에 지고 있는 부채(빚)의 평등이다. (pp. 385~386)

좋은 법이란 국민의 선을 위해 필요하며 더욱이 명료한 것이어야 한다. 법의 효용은 모든 국민들이 자발적 행동을 못하도록 구속하는 데 있는 것이 아니라 충동적 욕망, 성급함 또는 무분별로 인해 스스로 상처 입지 않고 행동하도록 지시하고 인도하는 데 있다. 이는 마치 울타리가 여행자를 못 가게 하기 위해 세워진 것이 아니라 제 길을 갈 수 있도록 하기 위한 것과 같다.

통치자와 국민의 이익은 분리되지 않는다. 약한 백성을 가진 통치자는 약하며, 통치할 수 있는 힘이 없는 통치자를 가진 백성은 약하다. 처벌과 보상을 올바르게 적용하는 것도 통치자의 직무에 속한다. 좋은 충고자를 선택하는 것도 통치자의 일이다. 가장 능력 있는 충고자란 국가의 평화와 방위에 도움이 되는 일에 최고의 지식을 가진 사람들이다. 통치자 상호간의 직무에 관해서는 국제법에 들어 있다. (pp. 387~394)

제31장 : 하느님의 자연 왕국에 관하여[98]

사람들은 원하던 원치 않던 항상 신의 권력에 복종해야 한다. 세계를 통치하고 계율을 부여하고 인류에게 보상과 처벌을 하는 하느님이 있다고 믿는 사람들만이 하느님의 백성이다. 하느님은 자신의 법을 세 가지 방식, 즉 자연 이성의 명령, 계시, 그리고 기적으로 사람들의 신임을 얻은 어떤 사람의 목소리를 통해 선언한다. 하느님이 사람들을 통치하고 처벌하는 자연의 권리(Right of Nature)는 그의 '저항할 수 없는 힘' 으로부터 나온다. (pp. 395~397)

존경(honour)이란 다른 사람의 힘(power)이나 선함(goodness)에 대한 내면적인 생각 또는 평가이다. 그 평가에 대해 사람들의 말과 행동이 겉으로 나타난 것을 숭배(worship)라고 부른다. 힘과 선함에 대한 평가로 이루어진 내면적인 존경으로부터 세 가지 정념이 나온다. 선함과 관련해서는 사랑(love)이, 힘과 관련해서는 희망(hope)과 공포(fear)가 나온다. 사람들 사이의 숭배의 목적은 힘에 있다.

하느님을 숭배하는 일에 속해 있는 속성에는 다음과 같은 것들이 있다: 첫째, 존재(existence)는 신의 속성이다. 둘째, 세계 또는 세계의 영혼이 신이라고 말하는 것은 신의 존재를 부인하는 것과 같다. 신은 세계의 원인이기 때문에 '세계를 신이다' 라고 말하는 것은 '신은 없다' 는 말이 된다. 셋째, 세계는 창조된 것이 아니라 영원하다고 말하는 것은 신의 존재를 부인하는 것이다. 넷째, 신이 인류를 돌보지 않는다고 생각하는 사람은 신을 존경하지 않는 사람이다. 다섯째, 신이 유한하다고 말하는 것은 그를 존경하지 않는 것이다. (pp.

399~402)

　자연 이성에 의해 보증된 것만 신의 속성으로 부여하려는 사람은 '무한한', '영원한', '이해할 수 없는' 같은 부정적 속성을 사용하거나 또는 '가장 높은', '가장 위대한' 같은 최상급의 용어나 '선하고', '정의롭고', '거룩한' 창조자 같이 정의할 수 없는 속성들을 사용해야만 한다. 신의 본질에 관해 논쟁하는 것은 그에 대한 존경에 어긋난다. 신의 법, 즉 자연법에 복종하는 것은 모든 것 중에서 최고의 숭배이다. 자연적 정의에 관한 학문만이 통치자와 그의 중요한 각료들에게 필요한 유일한 학문이다. 언젠가 나의 이 작품이 통치자의 손에 들어가 사심이 있거나 질투심이 있는 해석자의 도움 없이 통치자 스스로 고찰하길 기대하며, 이것을 공개적으로 가르치는 것을 보호하는 데 모든 통치권을 행사함으로써 이 사변적 진리가 실제적인 효용가치로 전환되길 희망한다. (pp. 404~408)

III. 그리스도 왕국에 관하여
(Of A Christian Commonwealth)

제32장 : 그리스도교 정치학의 원리들에 관하여

지금까지 나는 통치 권력의 권리와 백성들의 의무에 관해 자연의 원리로부터 추론해 왔는데, 그 추론은 경험을 통해 우리에게 알려진 인간의 본성으로부터, 또는 모든 정치적 추론에서 필수적인 용어들을 정의하는 것으로부터 이루어진 것이다.

이제 내가 다음에 다루려는 것은 그리스도교 연방 국가의 본질과 권리에 관한 것인데, 이는 초자연적인 계시를 통해 나타나는 신의 의지에 상당 부분 의존되어 있다. 그러나 나의 논의는 신의 자연적인 말씀과 예언적인 말씀에도 근거를 두어야만 한다. 그렇다고 해서 우리가 감각과 경험을 포기하려는 것은 아니며, 우리의 자연 이성을 포기하는 것도 아니다. 왜냐하면 이것들(감각, 경험, 자연 이성)은 구세주가 다시 올 때까지 온갖 어려움을 극복할 수 있도록 하느님께서 우리 인간의 손에 쥐어준 능력이기 때문이다. 따라서 이 능력들은 은밀한 신앙의 손수건에 싸두지 말고 정의와 평화와 참된 종교를 찾는 일에 사용되어야 할 것이다.

하느님이 성서 안에서 어떤 사람에게 말했다고 하는 것은 하느님이 그에게 직접 말했다는 것이 아니라 예언자들이나 사도들 또는 교회를 매개로 해서 마치 하느님이 모든 그리스도인들에게 말한 것처럼 했다는 뜻이다. (p. 411)

제33장 : 성서의 여러 편의 숫자, 오래됨, 영역, 권위와 해석자들에 관하여

성서의 여러 편들이란 정경(正經, canon) 즉 교회의 법규집이 되어야 하는데, 이는 그리스도인들을 위한 삶의 규칙들이 되어야 한다. 사람들이 양심에 따라 지키도록 되어 있는 모든 삶의 규칙들은 법이기 때문에 성서에 관한 물음들은 곧 모든 그리스도 왕국에 걸쳐 자연법이란 무엇이며 실정법은 무엇인가 하는 (법적) 물음과 같다. (p. 415)

성서의 어느 한 편을 정경(正經)으로 만드는 것은 그 저자가 아니라 교회의 권위이다. 그리고 성서가 여러 사람의 손에 의해 씌어졌지만 그 저자들이 모두 하나의 동일한 정신을 부여 받았다는 것은 분명하다. 그리고 이들은 모두 하나의 동일한 목적을 도모하고 있는데, 그것은 하느님의 왕국 즉 성부와 성자와 성령의 왕국의 권리를 선포하는 데 있었다.

요컨대 구약성서의 역사서와 예언서들, 그리고 신약성서의 복음서와 (바울의) 편지들은 모두 하나의 동일한 의도를 가지고 있는데, 그것은 사람들을 변화시켜 하느님께 복종하도록 만드는 데 있었다. 처음에는 모세와 대 제사장들에게, 그 다음에는 인간 그리스도에게 그리고 세 번째는 사도들과 그 사도의 권력을 계승한 사람들에게 복종하도록 만드는 데 있었다. 이들 셋은 여러 번 하느님의 세 인격(성부, 성자, 성령)을 대표하는데, 구약성서에 나오는 모세와 그 계승자인 대제사장들과 유대의 왕들은 성부를, 그 자신이 이 땅에서 사신 그리스도는 성자를, 그리고 성령이 강림한 오순절 이후 오늘날까지 사도들과 그 계승자들은 성령을 대표한다. (p. 424)

성서는 어디에서 그 권위가 나오는가 하는 문제는 그리스도교의 여러 종파들 사이에서 많이 논의 되었던 문제이다. 이 문제는 또한 여러 번 다른 방식으로 물어졌는데, 예를 들면 우리는 어떻게 해서 성서가 하느님의 말씀인 것을 알 수 있는가? 왜 우리는 그것을 그렇다고 믿어야 하는가 등이다.

이런 문제가 해결되기 어려운 주된 이유는 그 질문 자체가 부적절한 언어를 표현되고 있기 때문이다. 왜냐하면 성서의 최초의 근원적인 저자가 하느님이라는 것은 널리 믿어지고 있는데도 문제가 되고 있는 질문은 그런 질문이 아니기 때문이다. 다시 말하지만 (모든 참된 그리스도인은 그렇게 믿지만) 성서가 하느님의 말씀이라는 것을 하느님이 스스로 초자연적인 방식으로 보여준 사람들을 제외하면 그것을 아는 사람은 아무도 없다는 것이 분명하다. 따라서 이 물음은 우리들에게 지식의 문제로 정당하게 제기된 것은 아니다.

끝으로 그 물음이 우리들 신앙의 문제로 제기되었다면, 어떤 사람은 이런 이유로 믿고 다른 사람은 다른 이유로 믿도록 제기되기 때문에 모든 사람에게 적합한 하나의 일반적인 해답이 주어질 수는 결코 없다. 정확하게 물음을 묻는다면 그것은 다음과 같다: 어떤 권위에 의해서 성서는 법이 되는가? (p. 425)

만약 교회가 하나의 인격이라고 한다면 교회는 그리스도인들의 연방(연합국가)과도 같다. 교회가 연방이라고 불리는 것은 그것이 한 사람, 즉 그들의 통치자 안에서 하나로 연합된 사람들로 구성되어 있기 때문이며, (국가가) 교회라 불리는 것은 그것이 한 사람의 그리스도인 통치자 안에서 하나로 연합된 그리스도인들로 구성되어 있기 때문이다.

그러나 만약 교회가 하나의 인격이 아니라면 교회는 아무런 권위를 가질 수 없다. 교회는 명령을 내릴 수도 없고 어떤 행동도 할 수 없고 어떤 힘도 가질 수 없고, 어떤 사물에 대해 권리를 가질 수도 없고, 의지나 이성을 가질 수도 없고 목소리를 낼 수도 없다. 왜냐하면 이런 모든 능력들은 인격적인 것들이기 때문이다.

　성서의 권위에 관한 물음은 다음과 같은 물음으로 환원된다: 그리스도인 왕이나 그리스도 연방에서 통치권을 가진 의회(assembly)가 직접 하느님 앞에서 자신들의 영토 안에서 절대적인 (권력 행사를 할 수 있는가) 아니면 모든 교회를 넘어서 세워진 그리스도의 한 대리자인(교황)에게, 즉 그가 공동선을 위해 도움이 되고 필요하다고 생각될 때 마음대로 심판하고 단죄하고 폐위시키거나 사형시킬 수 있는 그에게 복종할 것인가 하는 문제로 돌아간다. (p. 427)

제34장 : 성서의 여러 편에 나타난 영, 천사 그리고 영감의 의미에 관하여

　가장 일반적으로 받아들여진 의미에서 물체란 어떤 일정한 공간 또는 상상된 장소를 채우거나 점유하고 있으며, 상상에 의존하지 않고 우리가 우주라고 부른 것의 실질적인 한 부분을 차지하고 있는 것을 말한다. 왜냐하면 우주란 모든 물체들이 모인 것이기 때문에 그 우주에 물체가 아니면서 우주의 실질적인 부분인 것은 없다. (물체들의 집합인) 우주의 일부분이 아니면서 엄밀하게 말해 물체인 것도 있을 수 없다. 마찬가지로 물체들은 변화에 종속되고, 살아있는 피조물의 감각에 다양하게 나타나기 때문에 실체라고도 불린다. 실체와 물체는 같은 것을 뜻하며, 비물질적 실체라는 말은 마치 사람들이 비물질적 물체라는 말을 사용할 때처럼 서로 결합하여 사용하면 서로를 파괴한다. (p. 428)

창세기 1장 2절에서 "하느님의 영이 수면 위에 운행하시다"라고 말하고 있다. 여기서 만약 하느님의 영이 하느님 자신을 의미하는 것이라면 운동은 하느님의 속성 가운데 하나이며, 결과적으로 비물질적 실체로서가 아니라 오직 이해가능한 물체로서의 장소를 의미한다. 움직임이 지각되지 않고 장소가 변하지 않고 넓이를 가지고 있지 않는 장소란 우리의 이해를 넘어선다. 넓이를 가지고 있는 것은 무엇이나 물체이다.

이런 말들의 의미가 가장 잘 이해되는 곳은 창세기 8장 1절에 있는 말이다. "내가 나의 영을 대지 위에 가져오니 그러면 물이 줄어들 것이다." 여기서 '영'이라는 말은 바람(움직여진 공기 혹은 영)으로 이해되는데 하느님이 하는 일이기 때문에 하느님의 영이라고도 불릴 수 있다. (pp. 430~431)

일반적인 의미에서 천사란 사자(使者)를 의미하며 아주

종종 하느님의 사자를 뜻한다. 그리고 하느님의 사자란 하느님의 아주 특별한 현존을 알리는 일이며, 꿈이나 환상을 통해 하느님의 권능을 특이하게 드러내는 일이다. 천사가 어떻게 만들어졌는가에 대해서는 성서 어디에도 말해지고 있지 않다. 천사가 영이라는 것은 반복해서 말해지고 있다. 그러나 그 영이란 성서 속에서나 통속적으로나, 유대인들이나 이방인들이나 모두 희박한 물체(thin bodies)를 의미하고 있다. 마치 공기, 바람 그리고 살아 있는 피조물들의 생명혼, 동물의 정령 같은 것이다.

제35장 : 성서에 나타난 하느님의 왕국, 거룩함과 신성함 그리고 성례의 의미에 관하여

성직자들의 작품 속에서, 특히 신앙에 대한 설교나 논집에서 말해지고 있는 하느님의 왕국이란 가장 일반적으로는 이 세상 다음에 오는 천상에서 누리는 영원한 극락이라 이해되고, 영광의 왕국이라 불리며, 극락의 보증인 성화(聖化)가 이루어진다는 의미에서 은총의 왕국이라 부르기도 한다. 그러나 하느님의 왕국이 군주 국가를 위한 것은 아니다. 즉 백성들을 지배하는 하느님의 통치권을 백성들의 동의—이것이 바로 엄밀한 의미의 왕국을 뜻한다—에 의해 획득한 그런 군주 국가는 아니다.

이와는 반대로 나는 성서의 대부분에서 하느님의 왕국이 이름 그대로 엄밀한 의미에서 왕국을 의미하는 것임을 발견한다. 그 왕국은 이스라엘 백성들이 특정한 방식으로 투표를 통해 세운 것으로, 그들은 가나안 땅의 소유를 약속하는 하느님의 말씀을 근거로 하느님과의 신약을 통해 하느님을 그들의 왕으로 선택한다. (p. 442)

이후 하느님은 아브라함에게 말하며 창세기 17장 7, 8절에서 다음과 같은 말로 그와 계약을 맺는다. "내가 너와 네 후손에게 내 약속을 영원한 계약으로 지키고 너와 네 후손의 하느님이 될 것이다. 네가 지금 나그네 생활을 하고 있는 이 땅을 내가 너와 네 후손에게 줄 것이니 가나안 땅 전체가 네 후손들의 영원한 소유가 될 것이며 나는 그들의 하느님이 될 것이다."

이 신약을 기념하는 표지로서 아브라함은 할례라는 성례를 제정한다. 이것이야말로 오래된 신약, 즉 약속이라 불리는 것이며, 하느님과 아브라함 사이의 계약이 포함되어 있다. 이 계약을 통해 아브라함 자신과 그 후손들은 특별한 방식으로 하느님의 실정법에 복종하게 되었다. 아브라함은 충성의 서약을 한 것처럼 이전에는 도덕법에 대해서 복종할 의무가 있었다. 왕이라는 이름이 하느님에게 주어지지는 않았고, 아브라함과 그 후손에게 왕국이라는 명칭이 주어지지는 않았지

만 그래도 왕이나 왕국과 마찬가지였다. (p. 434)

하느님의 왕국은 정확하게 말해서 왕국 백성들이 자신들의 왕인 하느님을 향한 행위뿐만 아니라 정의의 관점에서 서로에 대한 행위를 규제하는 시민 정부를 위해, 그리고 평화와 전쟁에 있어서 다른 민족들을 향한 행위를 규제하기 위해 백성들의 동의에 의해 세워진 연방을 의미한다. 이런 것이 엄밀하게 말해서 왕국이며, 이 왕국 안에서 하느님은 왕이며, 최고 성직자는 (모세가 죽은 이후) 하느님의 유일한 대행자거나 대리인이 되어야 했다. (pp. 445~446)

하느님의 왕국은 실제적인 왕국이지 비유적인 왕국은 아니다. 이것은 구약에서뿐만 아니라 신약에서도 그렇게 이해되고 있다. "나라와 권세와 영광이 아버지께 있나이다"라고 말할 때 그것은 하느님의 왕국이 하느님의 힘의 권리에 의해서가 아니라 우리가 맺은 신약의 힘에 의해서 그렇게 되는 것으로 이해되어야 한다. 간단히 말해서 하느님의 왕국은 정치적 왕국이며, 모세가 시나이 산에서 가져온 율법들에 복종할 이스라엘 백성들의 의무 안에서 존재한다. (pp. 447~448)

제36장 : 하느님의 말씀과 예언자들에 관하여

하느님의 말씀은 그 분이 말한 것으로 간주되는 한 때로는 엄밀하게 또 때로는 비유적으로 이해된다. 엄밀하게 말하면,

하느님이 자신의 예언자에게 한 말이며, 비유적으로 말하면 이 세상을 창조함에 있어서 그 분의 지혜와 권능과 영원한 법규로 이해된다. 이런 의미에서 빛이 있으라, 궁창이 있으라, 우리 인간을 만들자 등의 여러 명령들이 곧 하느님의 말씀인 것이다. 또 요한복음 1장 3절에서 말씀하신 것처럼 "모든 것이 그로 말미암아 생겨났으니, 그가 없이는 생겨난 것은 하나도 없다"는 말도 같은 의미이다. (p. 453)

성서에서 예언자라는 명칭은 종종 대변자(prolocutor), 즉 하느님으로부터 인간에게 또는 인간으로부터 하느님께 대신 말하는 사람을 의미한다. 또 때로는 예보자(predictor), 즉 앞으로 일어날 일에 대해 미리 말하는 사람을 말한다. 또 종종 예언자는 마치 미친 사람이 횡설수설하는 것처럼 앞뒤가 안 맞는 말을 하는 사람을 나타내기도 한다. 예언자라는 말이 가장 자주 사용된 것은 하느님으로부터 사람에게 말한다는 의미에서이다. 그래서 모세, 사무엘, 엘리아, 이사야, 예레미야와 그 밖의 다른 이들이 예언자인 것이다. 이런 의미에서 대제사장도 예언자이다. 왜냐하면 그만이 오직 하느님께 묻기위해 지성소(至聖所)에 들어갈 수 있었고 하느님의 대답을 백성들에게 선포할 수 있었기 때문이다. (p. 456)

성서에서 예언자라는 말이 여러 가지 뜻으로 사용되었다 하더라도 가장 빈번하게 사용된 의미는 다음과 같다. 예언자란 하느님이 무엇인가를 직접적으로 말하는 사람이고 그것을 하느님으로부터 들어서 다른 사람에게, 혹은 백성에게 말하는 사람이다. 여기서 한 가지 질문이 제기될 수 있다. 도대체 어떤 방식으로 하느님은 그러한 예언자들에게 말하는가? 하느님이 마치 인간처럼 혀나 다른 기관을 가지고 있다고 말하는 것이 적절하지 않다고 한다면, 하느님이 목소리와 언어를 가지고 있다고 말하는 것이 적절할 수 있는가?

예언자 다윗은 (시편 94편 9절에서) 다음과 같이 말하고 있다: "눈을 지어 주신 분이 보지 않으시겠느냐? 귀를 지어 주신 분이 듣지 않으시겠느냐?" 그러나 이 말은 늘 그렇듯이 하느님의 본성을 나타내기 위해서 한 말이 아니라 하느님을 영예롭게 하기 위한 우리들의 뜻을 나타내는 말이다. (pp. 458~459)

그러므로 모든 사람은 누가 통치권을 가진 예언자, 즉 이 땅 위에서 하느님의 대리자며, 하느님 다음으로 누가 그리스도인들을 통치할 수 있는 권위를 갖고 있는지를 생각해 보아야만 한다. 그리고 하느님의 이름으로 가르치도록 명령한 교의를 하나의 규칙으로 지켜야만 한다. 그렇게 함으로써 기적을 동반하거나 그렇지 않거나 간에 위장된 예언자들이 아무 때나 제시하는 교의들의 진리성을 검토하고 검증해야만 한다. (p. 468)

제37장 : 기적과 그 효과에 대하여

기적이란 하느님이 하는 감탄할 만한 일을 의미하며, 그렇기 때문에 경이로움이라고도 불린다. 그리고 이 기적들은 거의 모두가 그것 없이는 하느님이 무엇을 명령했고 무엇을 하지 않았는지 사람들이 의심하는 경향이 있는 그런 경우에 하느님의 명령을 나타내기 위해서 이루어지는 것이다. 그러므로 그것들은 성서 안에서 전능하신 분이 불러일으키려고 하는 것을 보이거나 앞서서 나타내는 것을 말하기 위해 라틴 사람들이 오스텐타(Ostenta) 또는 포르텐타(Portenta)라고 부르는 것과 같은 뜻에서 보통 기호(sign)라고 불린다.

따라서 무엇이 기적인가를 이해하고자 한다면 우리는 먼저 사람들이 놀라워하고 감탄할 만한 일이 어떤 것들이 있는지를 이해해야만 한다. 어떤 사건에 있어서 사람들을 놀라게 하는 일에는 두 가지밖에 없다. 한 가지는 만약 그것이 아주 낯설다면, 즉 결코 일어나지 않거나 거의 발생하지 않는 것이라면 바로 그런 것이 이에 해당된다. 다른 하나는 만약 그것이 발생했을 때 우리가 그것이 자연적인 방법으로 이루어진 것이라 아니라 단지 하느님의 직접적인 손에 의해 발생했다고 상상할 수밖에 없을 때 그러하다. (pp. 469~470)

이 세상에 처음 나타난 무지개는 그것이 처음이자 낯설기 때문에 기적이었다. 그것은 하늘에 계신 하느님으로부터 온 표시로서 자신의 백성들에게 더 이상 물로 이 세상을 완전히 파괴하는 일은 없을 것이라는 점을 확신시키는 데 기여했다. 그러나 오늘날 무지개는 가끔 있는 일이기 때문에 무지개가 뜨는 자연적 원인들에 대해 알고 있는 사람에게나 모르는 사람에게나 모두 기적은 아니다. (p. 470)

다음과 같은 것들은 기적의 본질에 속한다. 즉 기적은 하느님의 사자들, 대리자들, 예언자들에게 신뢰감을 갖게 하여 그들이 하느님의 부르심을 받고 또 보내지고 사역을 담당하는 사람이라는 것을 다른 사람들이 알 수 있게 하며, 그들에게 복종하는 것이 더 낫다는 생각을 갖게 하는 것이다. 따라서 천지창조와 그 후 (노아의) 대 홍수를 통해 살아있는 모든 것을 파괴한 일은 놀랄 만한 (하느님의) 일이었지만 그런 일들이 어떤 예언자나 하느님의 대리자에게 신뢰감을 주기 위해서 이루어진 일이 아니기 때문에 보통 기적이라 불리지 않는다. (p. 471)

기적의 본성과 효과로부터 우리는 다음과 같이 기적을 정의할 수 있다: 기적이란 (창조할 때 정해진 자연법칙에 의한 하느님의 작업을 제외한) 하느님의 활동이며, 자신이 세운 백성들에게 그들의 구원을 위해 아주 특별한 대리자의 사명을 명백히 하기 위해 행해진 일이다. 이 정의로부터 우리는 다음과 같이 추론할 수 있다: 첫째, 모든 기적에서 그 이루어진 일은 예언자가 가지고 있는 어떤 덕성의 결과가 아니다. 왜냐하면 기적은 하느님의 손으로 직접 만들어낸 결과이기 때문이다. 즉 종속적인 원인으로서 예언자를 사용하지 않고 하느님이 그 일을 해냈기 때문이다. 둘째, 어떤 악마, 천사 혹은 그 밖의 만들어진 영은 결코 기적을 행할 수 없다. (pp. 473~474)

제38장 : 성서에 나타난 영원한 생명, 지옥, 구원, 내세 그리고 대속의 의미에 관하여

시민사회의 유지는 정의에 달려 있고, 정의는 연방 국가의 통치권을 지닌 사람들의 손에 있는 생(生)·살(殺)의 권력과 이보다는 작은 보상과 처벌의 권력에 달려 있다. 통치권자 이외에 누군가가 생명보다 더 큰 보상을 주거나 죽음보다 더 큰 처벌을 할 수 있는 권력을 가지고 있다면 그런 곳에서는 연방 국가는 존립하는 것이 불가능하다.

영원한 생명은 현재의 생명보다 더 큰 보상이며, 영원한 고통은 자연스러운 죽음보다 더 큰 처벌이라는 것을 생각할 때, 성서에서 영원한 생명과 영원한 고통이 무엇을 의미하며, 인간이 무슨 범죄를 누구에 대해 저질렀기에 영원한 고통을 당해야 하며 어떤 행위를 통해 영원한 생명을 얻을 수 있는가를 고찰하는 일은 (권위에 복종함으로써 혼란과 내란의 재앙을 피하

고자 하는 사람들에게는) 가치 있는 일이다. (pp.478~479)

이 책의 35장에서 인용된 성서의 여러 구절을 통해 증명되었듯이, 하느님의 왕국은 정치적 연방 국가와 같다. 이 왕국에서 하느님 자신은 처음에는 옛 약속으로, 후에는 새로운 약속을 통해 통치자가 되시며, 자신의 대표자나 대리인을 통해 지배하신다. 마찬가지로 우리의 구세주가 실제적이면서 영원히 우리를 통치하기 위해 영광스러운 왕으로 재림하신 후에는 하느님의 왕국은 이 땅위에 존재해야 한다는 것도 증명되었다. (p. 484)

성서 안에서 영생의 여러 가지 환희는 모두 구원 또는 구제 받음이라는 이름 아래 파악된다. 구제 받는다는 것은 특정한 해악들로부터 개별적으로 또는 결핍, 질병 그리고 죽음 같은 것을 포함해서 모든 악으로부터 절대적으로 안전하게 되는 것을 말한다. (p. 490)

한 죄인의 구원은 그에 앞서 대속(代贖) 즉 죄의 갚음을 전제로 한다. 왜냐하면 한번 죄를 지은 사람은 그 죄에 대해 처벌을 받아야 되고 그 자신이 (또는 그를 위해 누군가 다른 사람이 대신) 죄의 대가를 지불해야만 하기 때문이다. 그 대가란 침해당한 사람이 자신의 권력으로 요구할 수 있는 그런 것이다. 모든 것을 자신의 권력 안에 가지고 있는 전능하신 하느님 자신이 (죄인에게) 침해당한 분이라는 것을 고려할 때,

구원을 얻기 전에 (죄의) 대가는 하느님이 원하시는 것으로 지불되어야 한다. (p. 495)

제39장 : 성서에 나타난 교회라는 말의 의미에 관하여

성서의 여러 편에서 교회(에클레시아; Ecclesia)는 여러 가지 것을 나타낸다. 자주는 아니지만 때때로 교회는 하느님의 집, 즉 그리스도인들이 신성한 의무를 공공적으로 수행하기 위해 모이는 신전을 의미한다. (집을 상징하지 않을 때) 교회는 그리스 사람들이 코먼웰스라고 말하는 에클레시아와 같은 뜻을 나타낸다. 즉 지배자가 시민들에게 말하는 것을 듣기 위해 소집된 집회 또는 시민의회 같은 것이다. 그리고 그것은 로마의 코먼웰스에서 콘키오(Concio)라고 불렸다. 합법적인 권위에 의해 소집된 집회는 에클레시아 레기티마(Ecclesia Legitima), 합법적인 교회, 에노모스 에클레시아이다. 그러나 그들이 시끄럽고 선동적인 외침에 의해 흥분된 경우 그것은 혼란한 교회 에클레시아 슌케규메네였다. (pp. 496~497)

교회는 하나의 인격체(person)로 이해될 수 있다. 즉 의지를 가지고, 판단을 내리고, 명령하고 복종케 하고, 법을 만들고, 그 밖의 무슨 일이든 할 수 있는 힘을 가진 자라고 말할 수 있다. 이런 의미에서 나는 교회를 다음과 같이 정의하고자 한다. (교회란) 그리스도 종교를 고백하는 사람들의 모임으로서 한 통치권자 안에서 결합되고, 그의 명령에 따라 소집해야만 하고 그의 권위 없이는 소집해서도 안 되는 그런 집합체이다. (p. 498)

이 땅 위에는 모든 그리스도인들이 복종해야만 하는 보편적 교회는 존재하지 않는다. 왜냐하면 모든 다른 연방 국가가 복종하는 권력이 지상에는 없기 때문이다. 여러 군주와 국가의 영토 안에는 그리스도인들이 살고 있지만 그들 각자는 자신이 속한 연방 국가에 복종해야 하기 때문에 다른 어떤 인격체의 명령에도 복종할 수 없다. 명령하고, 판단하고, 사면하고 단죄하고 그 밖의 다른 행위도 할 수 있는 인격체로서의 교회는 그리스도인들로 구성된 정치적 연방 국가와 동일한 것이다. 그 신민이 사람들이기 때문에 정치적 국가라고 불리며, 그 신민이 그리스도인이기 때문에 교회라고 불리는 것이다.

통치자는 하나여야만 한다. 만약 그렇지 않다면 연방 국가 안에서는 반드시 교회와 국가 사이에, 영성주의자와 세속주의자 사이에, 정의의 칼과 신앙의 방패 사이에, 그리고 (더 나아가) 모든 그리스도인들 자신의 가슴 안에서는 그리스도인과 보통사람들 사이에 분열과 내란이 일어난다.

제40장 : 아브라함, 모세, 제사장들 그리고 유대의 왕들이

가지고 있는 하느님 왕국의 권리들에 관하여

아브라함과 하느님과의 계약 속에서 우리는 하느님 백성의 통치에 관한 세 가지 중요한 결론을 관찰할 수 있다. 첫째, 신약을 맺을 때 하느님은 오직 아브라함에게만 말했다는 점이다. 따라서 모든 연방 국가에서 초자연적인 계시를 받지 못하는 백성들은 외향적인 종교적 행위나 고백을 할 때 자신들의 통치자의 법률에 복종해야만 한다. 둘째, 통치권자가 법에 반대하는 사적인 영을 주장하는 사람을 처벌하는 것은 정당하다는 점이다. 셋째, 아브라함만이 그의 가족 가운데서 그랬듯이 그리스도교 왕국에서 오직 통치자만이 무엇이 하느님의 말씀이며 무엇이 아닌지를 알 수 있다. 왜냐하면 하느님은 오직 아브라함에게만 말했고, 그만이 하느님이 무슨 말씀을 했고 또 그것을 가족들에게 해석해 줄 수 있는 사람이었기 때문이다. 따라서 연방 국가에서 아브라함의 위치에 있는 사람만이 하느님이 말씀하신 것에 대한 유일한 해석자이다. (pp. 500~501)

하느님을 경배하는 방식에 대해서는 사울 때까지 제사장이 최고의 권위를 가지고 있었던 것에 대해서는 의심할 바 없었다. 따라서 정치적 권력과 종교적 권력은 모두 하나의 동일한 사람 즉 제사장에게 통합되어 있었으며, 그것은 신적인 권리를 가지고, 즉 하느님으로부터 직접 부여 받은 권위를 가지고 누가 통치하건 간에 그래야만 했다. 제사장이 정치와 종교에 관한 모든 문제에 관해 통치력을 가져야만 했다. 여기까지는 정치와 종교 모두를 규제하는 권리는 분리될 수 없는 것이었다. (pp. 506~507)

이스라엘 백성들이 사무엘에게 "우리도 다른 나라들과 같이 왕을 세워 우리를 다스리게 하십시오"라고 했을 때 그들이 한 말의 의미는 더 이상 신의 이름으로 제사장이 명령하는 대로 통치 받고 싶지 않다는 것이었으며, 모든 다른 나라들의 백성들처럼 자신들에게 명령할 한 사람의 통치를 받고 싶다는 뜻이었다. 결론적으로 왕의 권위를 가진 대 제사장을 물러나게 하면서 하느님의 특별한 통치(신정정치)를 거부한 것이다. (p. 508)

구약에 관한 한 우리는 다음과 같이 결론을 내릴 수 있다. 유대 사람들 가운데 누가 국가의 통치권을 가지고 있다 하더라도 그는 하느님을 외향적으로 숭배하는 문제에 관한 한 최고의 권위를 가지고 있으며, 하느님의 인격, 즉 아버지(성부)의 인격을 대표하였다.

제41장 : 우리의 축복 받은 구세주의 직무에 관하여

우리의 구세주가 스스로 요한복음 18장 36절에서 "내 나라는 이 세상에 속하지 않았다"라고 분명하게 말하고 있다.

성서는 단지 두 세계만을 말하고 있는데, 지금 존재하며 심판의 날(종말이라고도 불린다)까지 존속할 이 세계와 심판의 날 이후 새 하늘과 새 땅이 존재할 그 때에 있을 저 세계가 그것이다. 그리스도의 왕국은 보편적 부활이 있을 때까지는 시작되지 않을 것이다. (p. 514)

만약 그리스도가 지상에 있는 동안 이 세상의 왕국을 가지지 않았다면 그가 처음 이 땅에 온 목적은 무엇인가? 그것은 새로운 신약(信約)을 통해 왕국을 하느님께 되돌리기 위한 것이었다. 하느님의 것이었던 이 왕국은 구약에 의해 사울을 (왕으로) 세운 이스라엘 백성들의 배반 때문에 단절되었던 것이다. (p. 515)

여기까지는 그리스도에 의해 이루어지고 가르쳐진 것 가운데 유대인이나 가이사의 정치적 권리를 축소시키려는 경향이 있는 것은 아무것도 없다. 왜냐하면 그 당시 유대인들 사이에 있었던 국가를 유지하면서 지배자나 지배 받는 사람들이나 모두 메시아와 하느님의 왕국을 기대하고 있었기 때문이다. 만약 유대인들의 법이 하느님의 왕국이나 메시아가 자신을 드러내거나 선포하는 것을 금지시켰다면 그들은 아무것도 기대할 수 없었을 것이다. 따라서 그(그리스도)가 설교와 기적을 통해 자신이 구세주라는 일을 증명하려고 노력한 것 외에는 아무것도 유대 율법에 어긋나는 일을 하지 않았다. 그가 주장하는 왕국은 또 다른 세계에 있어야 했다. 그 때까지는 모세의 자리에 앉은 사람에게 복종하라고 모든 사람에게 가르쳤다. (p. 516)

그리스도의 세 번째 임무는 왕이 되는 것이었는데, 나는 이미 부활 전까지는 그의 왕국이 시작하지 않을 것이라 말한 바 있다. 그러나 하느님의 왕국이 세워질 때 그는 하느님과 같은 전능함으로 인해 이미 지상의 모든 나라의 왕이며 또 왕이 될 것이라는 의미에서 왕이 될 뿐만 아니라, 세례를 통해 자신의 백성들과 맺은 약속에 의해 특별하게 선민의 왕이 된다.

그래서 우리의 구세주는 마태복음 19장 28절에서 다음과 같이 말한다. "내가 나의 영광스러운 보좌에 앉을 때 너희도 열두 보좌에 앉아 이스라엘의 열두 지파를 심판할 것이다." 분명한 것은 성부에 의해 그(성자)에게 위임된 그리스도의 왕국은 인자(人子)가 영광 가운데 재림하기 전에는, 그리고 그의 사도들이 이스라엘의 열두 지파를 심판하기 전에는 존재하지 않는다는 것이다. (p. 517)

따라서 우리의 구세주는 가르치는 일과 지배하는 일 두 가지에 있어서 (모세가 한 것처럼) 하느님의 인격을 대표한다. 하느님은 그리스도 이전에는 아니었지만 그 때 이후 아버지라 불린다. 하나의 동일한 실체인 하느님은 모세의 의해 대표되는 하나의 인격체이자 자신의 아들 그리스도를 통해 대표되는 또 다른 인격체이다. 인격체란 대표자와 관련이 있기 때문에 하나의 동일한 실체라 하더라도 다수의 대표자가 있다는 것은 다수의 인격체가 있다는 것의 필연적 결과이다.

제42장 : 교회 권력에 관하여

교회 권력이 무엇이며 누구에게 있는가를 이해하기 위해서 우리는 구세주의 승천 이후의 시기를 두 부분으로 구분해야 한다. 한 시기는 왕들이나 정치적인 통치 권력자들이 개종하기 이전이며, 다른 한 시기는 그들의 개종 이후이다. 왕이나 정치적 통치권자가 그리스도교를 받아들이고 그것을 공공연하게 가르치는 것을 허용한 것은 승천보다 훨씬 후의 일이기 때문이다. (p. 521)

승천과 보편적 부활 사이의 시기는 통치 시기가 아니라 영적 갱생(regeneration)의 시기라고 불린다. 즉 마태복음 19장 28절에서 우리의 구세주가 말씀하신 것을 통해 알 수 있듯이 심판의 날에 그리스도의 영광스러운 재림을 위해 사람들이 준비하는 시기이다.

그리스도의 대행자들의 역할은 복음 전파에 있다. 즉 그리스도에 대한 선포와 그의 재림을 위한 준비이다. 이는 마치 세례자 요한의 복음 전파가 그리스도의 첫 번째 오심을 준비했던 것과 같다. 이 세상에서 그리스도 대행자들의 직무는 사람들이 그리스도를 믿고 그에 대해 신앙을 가지도록 하는 데 있다. 그러나 신앙이라는 것은 강제나 명령과는 아무런 관련이 없으며 또 그런 것에 전혀 의존되어 있지 않는 것이다.

신앙은 단지 이성에서 또는 사람들이 이미 믿고 있는 어떤 것으로부터 추론해 낸 논증의 확실성이나 개연성에 의존되어 있다. 따라서 이 세상에서 그리스도의 대행자들은 그 직위를 이용해서 믿지 않는 사람이나 그들이 말하는 것과 반대 되는 것을 말하는 사람을 처벌할 수 있는 권력을 갖고 있지 못하다. 그들은 그리스도의 대행자라는 직위로는 그러한 사람들을 처벌할 수 있는 어떤 권력도 갖지 못한다.

그러나 만약 그들이 정치 제도에 따라 통치권적인 정치권력을 가지고 있다면 그들은 어떤 것이든지 법에 반대되는 것을 확실히 합법적으로 처벌할 수 있다. 그래서 성 바울은 자신에 대해서 그리고 당시의 다른 복음 설교자들에게 대해서 다음과 같이 명백하게 말하고 있다. "우리가 여러분의 믿음을 지배하려는 것이 아니라 여러분의 기쁨을 위해 함께 일하는 동역자(同役者)가 되려고 합니다." (pp. 525~526)

만약 우리가 그 구성원이자 우리를 보호하고 있는 국가의 왕 또는 다른 통치권의 대리자의 명령과는 반대되는 어떤 것을 행동하도록 그리스도의 대행자가 명령한다면 어떻게 해서 우리는 그에게 복종할 의무가 있는가? 따라서 명백한 것은 그리스도가 이 세상에 있는 자신의 대행자들에게는 정치적 권위가 부여되지 않는 한 다른 사람을 명령할 수 있는 어떤 권위도 위임하지 않았다는 점이다.

그러나 만약 어느 왕이나 원로원 또는 그 밖의 통치권을 가진 사람이 우리가 그리스도를 믿는 것을 금지한다면 어떻게 되는가라고 반대할지 모른다. 이 문제에 대해 나는 다음과 같이 대답하고자 한다. 즉 그러한 금지는 아무런 효과가 없다. 왜냐하면 신앙과 불신앙은 결코 사람의 명령에 따르는 것이 아니기 때문이다. 신앙은 하느님의 선물로서 결코 사람이 줄 수 있거나 보상의 약속이나 고문의 위협을 통해 빼앗을 수 있는 것이 아니다.

만약 합법적인 군주가 우리 자신의 입으로 (그리스도를) 믿지 않는다고 말하라 명령한다면 우리는 어떻게 할 것인가? 우리는 그런 명령에 복종해야만 하는가? 입으로 하는 (신앙) 고백은 외향적인 일이며, 우리의 순종을 나타내는 어떤 다른 몸짓보다 더 나은 것은 아니다. 마음속으로 강하게 그리스도에 대한 신앙을 굳게 지키는 그리스도인은 예언자 엘리사가 시리아 사람 나아만(Naaman)에게 허용한 것과 같은 자유를 갖게 된다. (pp. 527~528)

만약 누군가가 이 교설을 진실하고 거짓 없는 그리스도교에 위반되는 것이라 비난한다면 나는 그에게 다음과 같이 묻고 싶다. 그리스도 왕국에 살고 있는 한 백성이 마음속으로는 마호메트교를 믿고 있는데, 그의 통치권자가 그리스도교회의 신성한 예배에 참석하라고 그에게 사형의 위협을 통해 명령한다면, 그 마호메트교인은 합법적인 군주의 명령에 따르기보다는 양심에 따라 신앙을 위해 죽음의 고통을 수용할 것이라 그는 생각할 것인가?

만약 그가, 그 마호메트교인은 차라리 죽음을 받아들여야 할 것이라 말한다면, 그는 모든 개인들이 참과 거짓을 불문하고 자신들의 종교를 주장하면서 자신들의 군주에게 불복종하는 것을 승인하는 행위가 된다. 만약 그 마호메트교인이 순종해야 한다고 말한다면, 그는 상대에 대해서는 거부한 것을 자신에게는 허용하는 것이 된다. 이는 우리의 구세주가 하신 말씀, 즉 "너희들이 다른 사람으로부터 대접을 받고자 하는 대로 너희도 다른 사람을 대접하라"는 말씀과도 어긋나며, "다른 사람이 네게 하기를 원치 않는 것을 너희도 다른 사람에게 행하지 말라"는 (의심할 바 없이 영원한 하느님의 법인) 자연법에도 어긋난다. (p. 529)

우리 구세주의 생애의 역사, 사도들의 행적이나 편지에서 추론해 내거나, 사사로운 개인의 권위에 근거해서 자신이 믿는 온갖 교설들을 주장하기 위해 국가의 법과 권위에 반대하는 사람은 결코 그리스도의 순교자 또는 그 순교자의 순교자가 될 수 없다. 무엇을 위해 기꺼이 죽을 수 있고, 그와 같이 명예로운 이름을 붙일 만큼 가치 있는 것은 단지 하나의 조항 뿐인데, 그것은 '예수가 그리스도이다' 라는 것이다. 다시 말해 우리를 속죄해 주고 당신의 영광스러운 왕국에서 우리를 구원해 주고 영원한 생명을 주기 위해 재림하실 분이다. 성직자들의 야망이나 이익에 보탬이 되는 어떤 교리를 위해서 죽을 것을 요구하지 않는다. (p. 530)

우리는 먼저 마태복음 10장 6, 7절에서 열두 명의 사도가 '이스라엘 집의 잃어버린 양에게로 보내졌고, 하느님의 왕국이 가까이 왔음을 설교하도록 명령 받았다' 는 것을 보게 된다. 설교한다는 것은 원래 외치는 자, 예고자, 또는 그 밖의 관리가 하는 행위인데, 이는 보통 왕의 존재를 널리 선포하는 행위이다. 그러나 외치는 자는 누구에게 명령할 권리를 가지지 못한다. 그러므로 설교자는 재판관의 권력이 아니라 대행자의 권력을 가진다. 우리 구세주가 마태복음 23장 10절에서 말씀하듯이, "너희는 지도자라 불림을 받지 마라. 너희 지도자는 한 분뿐이니 곧 그리스도이다."

사도들의 또 하나의 임무는 마태복음 28장 19절과 마가복음 16장 15절에서 말한 것처럼 '모든 민족들을 가르치고, 온 세상에 나아가 모든 사람에게 기쁜 소식을 전파' 하는 일이다. 그러므로 가르치는 일과 설교 하는 일은 동일한 것이다.

사도들의 또 다른 임무는 성부와 성자, 성령의 이름으로 세례를 주는 일이다. 세례란 무엇인가? 물에 담그는 행위이다. 무엇인가의 이름으로 사람을 물에 담그는 것은 무엇인가? 세례를 준다는 말의 의미는 다음과 같다. 세례를 받는 사람은 새 사람으로, 그리고 하느님의 충성스러운 백성이 되는 표시로서 물에 담기거나 씻겨지는 행위인데, 하느님의 인격은 당신이 유대인을 지배하던 예전에는 모세와 제사장들을 통해 나타났다. (pp. 531~532)

열쇠[99]의 권력에 대한 이 부분을 통해 사람들이 하느님의 왕국에서 쫓겨나는 것을 파문이라 불린다. 그리고 파문한다는 것은 원래 아포슈나고오곤 포이에인(회당에서 쫓겨나는 것), 즉 예배 장소에서 추방되는 것을 의미한다. 이 말은 유대인의 관습에서 나온 말인데, 예법(예배 방식)이나 교설에 있어서 전염성이 있다고 생각되는 것을 회당에서 쫓아내는 것을 말한다. 이는 마치 모세의 율법에 따라 나병 환자들을 이스라엘의 회중으로부터 격리하여 제사장이 청결하다고 선포할 때까지 방치하는 것과 같다. 파문의 효용과 효과는 그것이 정치권력으로 강화되지 않는 한 파문당하지 않은 사람은 파문당한 사람과 어울리는 것을 피해야 한다는 정도에 불과했다. (p. 536)

따라서 파문이 효과를 가지는 것은 오직 다음과 같은 것을 믿는 사람들에게만 해당된다. 즉 예수 그리스도가 영광 가운데 재림할 것이며, 산 자와 죽은 자를 함께 지배하고 심판하며, 속죄 받지 못한 사람, 즉 교회로부터 파문당한 사람들은 하느님의 왕국에 들어가는 것이 거부당할 것이라고 믿는 사람들이다. (p. 537)

마태복음 18장 15절에서처럼 부정의에 대해 파문이 있을 수 있다. "만약 네 형제가 네게 죄를 짓거든 너는 그와 단둘이 만나 잘못을 타일러라. 그 다음에는 증인을 세워 일러 주고, 마지막으로 교회에 말하라. 그래도 그가 듣지 않으면 그를 이방인이나 세리같이 여겨라." 고린도 전서 5장 11절에서처럼 수치스러운 생활에 대해서도 파문이 있을 수 있다. "만약 어떤 형제라고 불리는 자가 음란하거나 탐욕스럽거나 우상숭배를 하고 술 취하고, 강탈하는 사람이라면 그런 사람과는 음식도 함께 먹지도 말라." 그러나 '예수가 그리스도이다' 라는 근본적인 점을 인정하는 사람을 (근본적인 것을 파괴하지 않는 다른 점에 관한 의견의 차이 때문에) 파문하는 것은 성서 어디에서도 그 권위를 발견할 수 없으며 사도들 가운데서도 그 예가 없다. (p. 538)

어떤 이가 파문을 받아야 할 사람이 되려면 여러 가지 조건이 요구된다. 첫째 그는 그가 파문을 당해야 하는 원인에 대해 심판할 수 있는 힘을 가진 어떤 공동체, 즉 합법적 합의체 또는 그리스도 교회의 구성원이 되어야 한다. 왜냐하면 공동체가 없는 곳에서 파문도 있을 수 없으며, 심판할 힘이 없는 곳에서는 판결을 내릴 힘도 없기 때문이다.

여기서 다음과 같은 것이 추론된다. 하나의 교회가 다른 교회에 의해 파문당할 수 없다. 왜냐하면 이들 교회는 서로에 대해 파문할 평등한 힘을 가지고 있으며, 이럴 경우 파문은 징계도, 권위 있는 행동도 못 되며 단지 분열과 자비심의 해체일 뿐이기 때문이다. 만약 그렇지 않고 하나의 교회가 다른 교회에 종속되어 있어서 마치 한 교회처럼 한 목소리를 낸다면 이들 교회는 하나의 교회일 뿐이며, 파문된 교회는 하나의 교회가 아니라 개개인들의 해체된 수에 불과하다. (pp. 539~540)

결론적으로 파문의 권력은 교회의 사도들과 목자들이 우리의 구세주로부터 받은 사명을 통해 성취해야 할 목적 그 이상을 넘어서서 확대될 수는 없다. 그 사명이란 명령과 강제력으로 (사람들을) 지배하는 것이 아니라 앞으로 올 세상에서 구원의 길을 사람들에게 가르치고 지도하는 일이다. 이는 한 학문 분야의 스승과 제자 사이에서 스승이 세운 규칙을 제자가 고집스럽게 지키지 않을 때 그 제자를 포기하더라도 스승은 부정의를 범하는 것이 아닌데, 왜냐하면 제자가 스승에게 복종하도록 의무 지워져 있지 않기 때문이다. 이처럼 그리스도의 교설을 가르치는 교사도 고집스럽게 비그리스도적인 생활을 계속하는 자기 제자들을 버릴 수 있다. 그러나 그는 그들이 자신에 대해 잘못을 했다고 말할 수는 없다. 왜냐하면 그들은 그에게 복종하도록 의무 지워지지 않았기 때문이다. (p. 541)

성서에서 최초의 법은 두 개의 돌 판에 새겨진 십계명이었는데, 이는 하느님 자신이 모세에게 전달해 주고 모세에 의해 백성들에게 알려진 것이다. 그 전에는 기록된 하느님의 법은 없었고, 아직 어느 백성도 특별한 하느님의 왕국 신민으로 선택되지 않았기에 사람들에게 아무런 법도 주어지지 않았다. 다만 자연법, 즉 모든 사람의 가슴(양심)에 새겨진 자연 이성의 계율만이 있었다.

이 두 개의 돌 판 가운데 첫 번째의 것에는 통치에 관한 법이 포함되어 있다. 두 번째 판에는, '부모를 공경하라, 살인하지 말라, 간음하지 말라, 도적질 하지 말라, 거짓 증언으로 재판을 더럽히지 말라, 그리고 마지막으로 다른 사람에게 어떤 악행도 마음에 품지 말라' 등 서로에 대한 의무를 포함하고 있다. (pp. 545~546)

여기서 문제는 이처럼 기록된 돌 판에다 법적 구속력을 부여한 것은 누구인가 하는 점이다. 이 십계명이 하느님 자신에 의해 만들어졌다는 것은 의심의 여지가 없다. 그러나 법은 아무에게나 의무를 부여하는 것이 아니라 그 법이 통치권자의 행위라는 것을 인정하는 사람들에게만 의무감을 부여하기 때문에, 하느님이 모세에게 무슨 말을 하는지 듣기 위해 (시나이)산에 접근하는 것을 금지당한 이스라엘 백성들이 어떻게 해서 모세가 그들에게 선포한 모든 법에 복종하도록 의무가 주어질 수 있는가?

십계명의 몇 가지는 두 번째 돌 판의 모든 것처럼 확실히 자연법이었기에 단지 이스라엘 백성들만이 아니라 모든 민족에게도 하느님의 법으로 인정되어야 했다. 그러나 첫 번째 돌 판의 것들처럼 이스라엘 사람들에게만 특별한 법에 대해서는 여전히 문제로 남는다. 따라서 십계명이라는 이 짧은 기록을 이스라엘 왕국의 법이 되게 할 수 있는 권력을 이 지상에서 소유하고 있었던 사람은 모세뿐이었고, 그의 뒤를 이어 제사장들이었다. 이들에게는 (모세를 통해) 하느님 자신의 특별한 왕국을 관리할 것을 널리 선포했다. 그러나 모세와 아론과 그 뒤를 이은 제사장들은 정치적 통치권자들이었다. 그러므로 여기까지는 성서의 기록들을 정경(正經)이 되게 만들거나 법이 되게 만드는 것은 통치권자에게 속하는 일이었다. (pp. 546~547)

그리스도교가 (로마 제국의) 콘스탄티누스 황제에 의해 수용되고 권위를 인정 받기 이전 시대에 살았던 교부들의 저작에 의하면, 우리가 지금 가지고 있는 신약의 여러 편들은 성령의 지시로 씌어진 것이며, 따라서 신앙의 규범 또는 규칙이라고 당시 그리스도인들에 의해 주장되었다. 성 바울이 그가 개종시킨 여러 교회에 (편지를) 쓰거나 다른 사도들과 그리스도의 제자들이 그리스도를 받아들인 사람들에게 썼을 때, 그들이 이 편지들을 진실한 그리스도의 교설로서 받아들인 것은 의심의 여지가 없다. (pp. 549~550)

마음속의 신앙은 그 자체의 본질상 보이지 않는 것이며, 모든 인간적인 심판에서 제외된다. 반면에 신앙으로부터 나오는 말과 행위가 우리의 정치적 복종을 위반할 때 그것은 하느님과 사람 앞에서 부정의를 저지르는 것이다. 우리의 구세주께서 당신의 왕국이 이 세상에 속하는 것임을 부인한 것을 볼 때, 그리고 구세주가 이 세상을 심판하러 오신 것이 아니라 구원하러 오셨다는 말을 한 것을 볼 때 그는 우리를 연방국가의 법 이외의 다른 법에 종속시키지 않으셨다. 즉 유대인들은 모세의 율법에, 다른 민족들은 그들의 여러 통치자들의 법에, 그리고 모든 사람들은 자연법에 종속시키셨다. (pp. 550~551)

다시 한 번 우리의 구세주 그리스도가 자신의 사도들과 제자들에게 맡긴 임무는 그의 왕국이 지금이 아니라 앞으로 올 것이라는 것을 선포하는 일이었으며, 그것을 모든 민족들에게 가르치고 믿는 사람들에게 세례를 주고, 그들을 받아들이는 집에 들어가고, 그들을 받아들이지 않는 곳에서는 그들에 반대해서 신발의 먼지를 털어버리는 일이다. 그러나 그들을 파멸시키기 위해 하늘로부터 불(의 심판)을 요청하지 않고, 칼을 가지고 그들을 복종하도록 강요하지 않는 일이다. 이 모든 일에 있어서 권력에 의한 것은 하나도 없으며, 설득에 의한 것뿐이다.

그리스도는 사도들과 제자들을 왕으로서 신하들을 보낸 것이 아니라 양을 늑대의 무리 속으로 보낸 것이다. 그들은 법을 제정할 임무를 갖지 않았으며, 제정된 법에 복종하는 것과 복종하는 것을 가르치는 임무를 부여 받았다. 따라서 그들은 통치권자의 정치적 권력의 도움 없이는 자신들의 저술(신약의 편지들)이 의무적인 정경이 되게 할 수 없었다. 따라서 신약성서는 합법적인 정치권력이 그것을 법으로 만든 경우에만 법이 된다. (pp. 551~552)

첫째로 우리가 기억해야 할 일은 어떤 교설이 평화에 적합하고 백성들에게 가르치는 데 적합한가를 판단하는 권한은 모든 연방 국가에서 정치적 통치권과—그것이 한 사람에게 있거나, 의회에 있거나 간에—불가분하게 결합되어 있다는 점이다.(이는 이미 18장에서 입증된 바 있다.)

가장 하찮은 능력으로 보아도 다음과 같은 것은 분명하다.

즉 사람들의 행위는 선과 악에 대해 그들이 가지고 있는 의견, 즉 그 행위가 자신들에게 초래할 결과에 대한 생각으로부터 따라 나온다. 따라서 한번 통치 권력에 복종하는 것이 불복종하는 것보다 더 해로울 것이라는 견해에 사로잡힌 사람들은 법에 불복종할 것이며, 그 결과 국가를 전복시키고 혼란과 내란을 불러올 것이다. 이것을 피하기 위해 모든 시민 정부는 세워진 것이다. 그리스도인 왕들은 변함없이 그들 백성의 최고 목자인 것이며, 교회에서 가르치기 위해, 즉 그들 책임인 백성들에게 가르치기 위해서 자신들이 원하는 대로 목자들을 선임하는 권력을 가지는 것이다. (pp. 567~568)

모든 그리스도교 연방 국가 안에서 통치권자는 최고의 목자며, 양 떼와 같은 백성들은 그에게 맡겨진 책무이다. 따라서 그의 권위를 통해 모든 다른 목자들이 세워지고 가르칠 수 있는 권력을 갖게 되고 그 밖의 다른 목자의 직무를 수행할 수 있게 된다. 모든 다른 목자들이 가르치고, 설교하고 그 밖의 모든 목자의 직책을 수행할 수 있는 권리는 정치적 통치자로부터 나온다. 그들은 단지 그(왕)의 대행자들이다. 마찬가지로 도시의 행정관, 법정의 재판관들 그리고 군대의 지휘관들은 모두 전체 국가의 행정수반이자 모든 소송 사건의 최고 재판관이며 전 군대의 총사령관인 정치적 통치권자의 대행자들이다. (p. 569)

만일 목자가 그 직책을 수행하고 있을 때, 마치 우리의 구세주에 대해 제사장과 장로들이 물을 것처럼(마태복음 21장 23절) 어떤 사람이, '당신은 무슨 권한으로 이런 일을 하고 있으며, 누가 이런 권한을 주었소?'라고 묻는다면, 그가 할 수 있는 정당한 답변은, 그는 그것을 국가를 대표하는 국왕 또는 의회가 그에게 부여한 국가의 권위를 가지고 행하는 것이라 대답할 수 있을 뿐이다. 최고의 목자를 제외한 모든 목자들은 정치적 통치자의 권리(Jure Civili)를 가지고 그 책무를 집행한다. 그러나 국왕과 그 밖의 통치권자는 최고의 목자라는 직책을 하느님으로부터 나온 직접적인 권위, 즉 신의 권리(Jure Divino)에 의해 집행한다. (p. 570)

그리스도교도인 왕들 안에서 정치적 권리와 교회의 권리가 하나로 통합되었다는 점으로부터 다음과 같은 점은 분명하다. 즉 그들은 정치와 종교 영역에 있어서 사람들의 외적 행위를 통치하기 위해 자기 백성들에 대해 모든 형태의 권력을 가지고 있는데, 이는 사람에게 주어질 수 있는 최대의 권력이다. 그리고 그들은 국가나 교회 모두가 자신들의 백성으로서 이들을 통치하는 데 가장 적합하다고 판단할 수 있는 법을 만들 수도 있다. 왜냐하면 국가와 교회는 동일한 사람들이기 때문이다. (p. 575)

내가 여기서 그리고 이 책의 다른 곳에서 말한 것은 최고의 교회 권력이 그리스도인 통치자에게 속한 것이라는 주장인데, 이는 충분히 명백하게 보인다. 그러나 그 권력이 보편적이라는 로마 교황의 반론이 주로 추기경 벨라르미노(Cardinal Roberto Bellarmino, 1542~1621)의 논쟁집, 『교황론(De Summo Pontifice)』에서 강력하게 주장되어 왔기에, 나는 될 수 있는 한 간단히 그의 논증들의 여러 근거와 강점들에 대해 검토하는 것이 필요하다고 생각해 왔다.

이 주제에 관해 그가 쓴 다섯 권의 책 중에서 제1권에는 세 가지 질문이 포함되어 있다. 한 가지는 군주정치, 귀족정치, 민주정치 가운데 간단히 말해서 어느 것이 가장 좋은 통치 형태인가 하는 문제인데, 그 어느 하나가 아니라 이들 모두가 혼합된 통치 형태가 가장 좋은 것이라 결론 내리고 있다. 다른 한 가지는 어느 것이 교회의 통치 형태로 가장 좋은가 하는 것으로서 혼합되어 있으나 군주정치를 가장 많이 가미시킨 것이 가장 좋다고 결론 내리고 있다. 셋째로 이 혼합된 군주정치에서 베드로가 군주의 지위를 가지고 있었는지 어떤지 하는 문제이다. (p. 576)

제2권에서는 두 가지 결론을 내리고 있다. 하나는 베드로가 로마의 주교였고 그곳에서 사망했다는 것이며, 다른 하나는 로마의 교황들은 베드로의 계승자라는 것이다. 그러나 그런 것들이 진실이라 가정하더라도 만일 로마의 주교라는 말이 교회의 군주이거나 최고의 목자를 의미하는 것으로 이해 된다면 실베스터(Silvester)가 아니라 콘스탄티누스(그는 최 초의 그리스도교인 황제였다)가 로마의 주교였으며, 그와 마 찬가지로 모든 다른 그리스도교인 황제들이 로마 제국의 합 법적인 최고의 주교들이었다.

나는 여기서 로마 제국의 주교라고 말하지, 모든 그리스도 교 왕국의 주교라고는 말하고 있지 않다. 왜냐하면 다른 그리 스도교인 통치자들도 자신들의 영토 안에서는 통치권에 본 질적으로 따르는 직무에 관해서 동일한 권리를 갖고 있기 때 문이다. 이것이 그의 두 번째 책에 대한 대답으로서 도움이 될 것이다.

제3권에서 그는 교황이 반 그리스도인인가 아닌가의 문제 를 다루고 있다. 나로서는 교황이 성서에서 말하고 있는 의미 의 반 그리스도인이라는 것을 증명할 어떤 논증도 발견할 수 없다. 또한 나는 반 그리스도라는 특성으로부터 교황이 행사 하는 권위에 반대하는, 또는 이제까지 다른 군주나 국가의 영 역에서 행사해 온 권위에 반대하는 어떤 논증도 끌어내고 싶 지 않다. 많은 교황들은 (이 세상에) 왔다 가고 하지만 반 그 리스도는 아직 오지 않았다. 교황이 모든 그리스도교인 왕이 나 국민들에게 법을 제공하는 임무를 스스로 떠맡았을 때 그 는 이 세상에서 그리스도가 그에게 부여하지 않은 하나의 왕국을 찬탈하는 것이다. 그러나 그는 그리스도로서가 아니라 그리스도를 대신해서 그렇게 하는 것이다. (p. 580)

제4권에서 그는 교황이 신앙과 태도에 관한 모든 문제에서 최고의 심판관이 된다는 것(이것은 이 세상에서 모든 그리스도교인의 절대적인 군주라고 하는 것과 같다)을 증명하기 위해 세 가지 명제를 제시한다. 첫째, 그의 심판은 오류가 있을 수 없다. 둘째, 그는 진실한 여러 법을 제정할 수 있으며, 이 법에 복종하지 않는 사람들을 처벌할 수 있다. 셋째, 우리의 구세주는 모든 교회의 사법권을 로마 교황에게 부여했다는 것이다.

교황의 심판에 있어서 무오류성을 주장하기 위해 그는 성서에서 그 근거를 내세운다. 첫 번째는 누가복음 22장 31절을 인용한다. 두 번째 장소는 마태복음 16장이다. "너는 베드로라, 내가 이 반석 위에 내 교회를 세우리니 음부의 권세가 이기지 못하리라." 세 번째 본문은 요한복음 21장 16~17절에서 "내 양을 쳐라"인데, 이는 가르치는 것의 임무 이상의 것을 포함하지 않는다. 네 번째 부분은 출애굽기 28장 30절에 있는 구절이다. (pp. 582~585)

태도에 관련해서 교황의 심판은 오류가 있을 수 없다는 것을 지지하기 위해 그는 하나의 본문을 내세우는데, 요한복음 16장 13절에 있는 말씀이다. "진리의 성령이 오시면 그가 너희를 모든 진리 가운데로 인도하시리"이다. 여기서 나는 다음과 같은 것을 말하는 것으로 그치고자 한다. 즉 교황은 결코 어떤 잘못된 것도 가르칠 수 없다는 것을 인정한다 하더라도 그것이(교황의 무오류성) 곧 다른 군주의 영토에서 어떤 관할권을 그에게 부여하는 것은 아니라는 점이다. (p. 585)

끝으로 교황이 세상에 있는 모든 그리스도인들의 정치적 통치권자라는 것을 교회도 교황 자신도 선언한 적이 없다. 따라서 모든 그리스도인들은 예배 방식에 관해서 그의 관할권을 인정할 의무가 있는 것은 아니다. 왜냐하면 정치적 통치권과 예배 방식에 관한 논란을 종식시키는 최고 재판권은 같은 것이기 때문이다. (p. 586)

교황이 법률 제정권을 가지고 있다는 것을 증명하기 위해 추기경 벨라르미노는 성서의 여러 곳을 근거로 제시한다. 첫 번째로 그는 신명기 17장 12절의 말씀을 인용한다. "만일 어떤 사람이 여러분의 하느님을 섬기는 제사장이나 재판관의 판결을 무시하고 복종하지 않으면 여러분은 그를 처형하여 이스라엘에서 다시는 그런 일이 없도록 하십시오." 이에 대한 답으로서 우리가 기억해야 할 것은, (하느님 바로 다음으로) 제사장이 정치적 통치권자며, 모든 재판은 그에 의해 이루어진다는 점이다.

둘째로, 그는 마태복음 16장에 있는 "네가 (땅에서) 매면"

등등을 근거로 제시하고, 그 맨다는 것(구속력을 가진다는 것)을 마태복음 23장 4절에 있는 "그들은 무거운 짐을 남의 어깨에 지우고"와 같이 율법학자나 바리새인들에게 돌리는 것으로 해석하고 있다. 이 구절(남의 어깨에 무거운 짐을 지우는 것)을 그는 법을 만드는 것으로 말하고 있다. 그래서 그는 교황이 법을 만들 수 있다고 결론짓고 있다.

셋째로, 요한복음 21장 16절을 인용하고 있다. "내 양을 쳐라." 그런데 이것은 법을 만들 수 있는 권력이 아니라 가르칠 것을 명령한 것이다. 법을 만드는 일은 가족의 주인에게 속하는 것으로 그는 자신의 재량에 따라 목자를 세우는데, 이는 마치 자기 아이들을 가르치는 교사를 선택하는 것과 같다.

넷째로, 그는 요한복음 20장 21절을 인용하고 있는데, 이는 (그의 주장과는) 반대된다. 그 본문 말씀은 이렇다. "아버지께서 나를 보내신 것처럼 나도 너희를 보낸다." 우리의 구세주는 (자신이 죽음으로써) 믿는 사람을 속죄하기 위해 보내졌으며, 구세주 자신과 사도들은 가르침으로써 믿는 사람들이 자기 왕국에 들어가도록 준비시키기 위해 보내졌다. 구세주 자신은 그 왕국이 이 세상의 것이 아니라고 말하며, 그 왕국이 언제 올지에 대해 사도들에게 말하는 것을 거부했음에도 불구하고 지금 이후 그 왕국이 올 것을 대비하여 기도할 것을 우리에게 가르쳤다.

성부인 하느님이 우리의 구세주를 이 세상에서 법을 만들기 위해 보내신 것이 아니라는 점을 고려할 때 우리는 위의 본문으로부터 다음과 같은 결론을 내릴 수 있다. 우리의 구세주도 베드로를 여기서 법을 만들기 위해 보내신 것이 아니라, 확고한 신앙을 가지고 주님의 재림을 기다리도록 사람들을 설득하기 위해서, 그리고 그 동안에는 사람들이 만일 백성이라면 군주에게 복종하도록, 또 군주라면 스스로 그 신앙을 믿고 백성들도 같은 신앙을 갖도록 최선을 다하여 설득하기 위해서 보내신 것이다. (pp. 586~588)

다섯 번째 인용한 곳은 사도행전 15장 28절이다. "꼭 필요한 것 몇 가지 외에는 여러분에게 아무 짐도 지우지 않으려는 것이 성령의 뜻이며 우리의 결정입니다. 여러분은 우상의 제물과 피와 목메어 죽인 것과 음란을 멀리하십시오." 여기서 그는 '짐을 지운다' 라는 말을 입법권을 말하는 것으로 해석하고 있다.

그러나 이 본문을 읽는 사람은 다음과 같이 말할 수 있다. 사도들의 이런 표현 형식(~하십시오)은 법을 만들 때 사용하는 것과 마찬가지로 충고를 할 때도 사용될 수 있다. 법의 표현 형식은, '우리는 명령한다' 이지만 '우리는 좋게 생각한다' 는 충고를 할 때 사도들이 일반적으로 사용했던 표현 형식이다. 나는 앞에서(25장) 법과 충고가 다음과 같은 점에서 구별된다는 것을 밝힌 바 있다. 법의 존재 이유는 그것을 제정하는 사람의 의도와 이익에 있으며, 충고의 이유는 그 충고가 주어지는 사람의 의도와 이익에서 찾아진다. 따라서 (본문에 나오는) 회의의 결정들은 법이 아니라 충고였다. (p. 588)

여섯 번째는 로마서 13장 1절에 있는 부분이다. "누구든지 정부 당국에 복종해야 합니다. 모든 권력이 다 하느님에게서 나왔기 때문입니다." 이 말은 세속적인 군주뿐만 아니라 교회의 군주들(교황, 주교들)을 뜻하는 것이라 그는 말하고 있다. 이에 대해 나는 우선 다음과 같이 답하고자 한다. 교회의 군주란 따로 존재하지 않으며, 다만 동시에 정치적 통치자인 (교회의 군주)만 존재한다. 그들의 공국 지배력은 정치적 통치권의 범위를 넘어서지 않는다. 그러한 경계를 넘어서는 비록 그들이 (교회) 박사로 인정될 수는 있을지 몰라도 군주로서 인정되지는 않는다. (p. 589)

일곱 번째는 고린도 전서 4장 21절에 있는 부분이다. "내가 매를 가지고 가는 것을 원하십니까? 아니면 사랑과 부드러운 마음으로 가는 것을 원하십니까?" 그러나 여기서 다시 한번 매가 의미하는 바는 법률 위반자를 처벌할 수 있는 위정자의 권력이 아니라 파문의 권력을 의미한다. 파문은 본질적으로 처벌이 아니라 그리스도가 심판 날에 자신의 왕국을 소유할 때 부과할 처벌에 대한 탄핵에 지나지 않는다.

여덟 번째는 디모데 전서 3장 2절에 있는 "감독은 한 아내의 남편이어야 하며, 절제할 줄 알고 신중하며 등등"인데, 그는 이것을 법이라 말하고 있다. 나는 교회에서 법을 만들 수 있었던 것은 교회의 군주인 베드로 외에는 아무도 없다고 생각했다. 마찬가지로 아홉 번째로 인용한 디모데 전서 5장 19절인 "장로에 대한 고소는 두세 사람의 증인이 없으면 받지 마시오"라는 것도 현명한 명령이기는 하나 법은 아니다. (pp. 589~590)

열 번째는 누가복음 10장 16절이다. "너희 말을 듣는 사람은 내 말을 듣는 것이고, 너희를 배척하는 사람은 나를 배척하는 것이다." 그리스도에 의해 보내진 사람의 충고를 무시하는 사람은 그리스도 자신의 충고를 무시하는 사람이라는 것은 의심의 여지가 없다. 그렇다면 합법적 권위에 의해 목자로 세워진 사람을 제외하면 그리스도에 의해 보내진 사람들이란 누구인가? 통치권을 가진 목자에 의해 세워지지 않고 합법적으로 세워진 사람들이란 누구인가? 여기서 추론되는 것은, 그리스도교인인 통치권자의 말을 듣는 사람은 그리스도의 말을 듣는 사람이며, 그리스도교인인 왕이 그 권위를 인정한 교리를 배척하는 사람은 그리스도의 가르침을 배척하는 사람이라는 것이다. (이것은 벨라르미노 추기경이 증명하고자 한 것이 아니라 오히려 그 반대이다.) (pp. 590~591)

마지막 부분은 히브리서 13장 17절의 말씀이다. "여러분은 지도자들의 말을 잘 듣고 그들에게 복종하십시오. 그들은 자기들의 한 일을 하느님께 보고해야 할 사람들이므로 정신을 바짝 차리고 여러분의 영혼을 보살핍니다." 여기서 복종이라는 말이 의도하는 바는 그들(교회 지도자들)의 충고에 따르라는 것이다. 왜냐하면 우리가 복종해야 하는 이유는 우리 목자들의 의지와 명령으로부터 나오는 것이 아니라 우리 자신의 이익으로부터 나오는 것이기 때문인데, 그 이익이란 그들 자신의 권력과 권위를 드높이는 것이 아니라 그들이 보살피는 우리들 영혼의 구원에 있다.

정치적 통치권자의 명령은 모든 면에서 법으로 인정된다. 만일 누군가 다른 사람이 통치권자와 나란히 법을 만들 수 있다고 한다면, 연방 국가의 모든 것, 결과적으로 평화와 정의의 모든 것이 소멸할 것이 틀림없으며, 이는 하느님의 법과 사람의 법 모두에 어긋난다. 그러므로 교황의 포고문이 동시에 정치적 통치권을 갖고 있지 못한 곳에서도 법이 될 수 있다는 것을 입증할 만한 것은 성서의 어디에도 없다. (pp. 592~593)

제5권에서 그(추기경 벨라르미노)는 네 가지 결론을 내린다. 첫째, 교황이 모든 세계의 지배자는 아니다. 둘째, 교황이 모든 그리스도교 세계의 지배자는 아니다. 셋째, 교황은 (자신의 영토 밖에서는) 어떠한 세속적인 관할권도 직접적으로 가지지 못한다. 이들 세 가지 결론은 쉽게 인정될 수 있다. 넷째, 교황은 (다른 군주들의 영토 안에서) 최고의 세속적 권력을 간접적으로 가진다. 이 마지막 결론은 부인된 것인데, 만약 그가 말하는 간접적이라는 말이 교황이 간접적인 수단으로 그것(세속적 권력)을 얻는 것을 의미한다면 이 결론 역시 인정될 수 있다. (p. 598)

모든 통치자들의 권리는 원래 통치를 받는 모든 사람들의 동의로부터 나온다는 것을 이 책에서 이미 충분하게 밝혔다. 사람들이 스스로 자신들을 보호하기 위해 한 사람 또는 의회를 (통치자로) 지명하듯이 통치자를 선택하는 사람들이 적에 맞서서 싸우는 자신들의 공동 방어를 위해서 그렇게 하거나 또는 정복자인 적에게 복종함으로써 자신들의 생명을 구하기 위해서 그렇게 하거나 간에 (권리가 동의로부터 나온다는 것은) 마찬가지이다. (p. 599)

사람들은 두 주인을 섬길 수 없다. 따라서 왕들은 통치의 고삐를 전적으로 자신들의 손에 쥐고 있거나, 아니면 교황의 손에 전적으로 넘겨주거나 하여 복종하고자 원하는 사람들이 복종함으로써 보호 받을 수 있도록 백성들을 편안하게 해주어야 한다. 세속적인 권력과 영적인 권력의 구분은 말뿐이다. 권력은 직접적인 것뿐만 아니라 간접적인 것이라도 분할

함으로써 실제로 나누어지는 만큼 모든 목적에 위태롭게 된다. (p. 600)

정치권력이 영적인 권력에 종속된다고 그(추기경 벨라르미노)가 말했을 때 그 의미는 정치적 통치권자가 영적인 통치권자에 종속된다는 것을 의미했다. 왕과 교황과 성직자들과 평신도들은 단 하나의 연방 국가, 즉 하나의 교회를 만든다. 그리고 모든 조직에 있어서 그 구성원들은 서로 의존한다. 그러나 영적인 것은 세속적인 것에 의존하지 않으므로 세속적인 것이 영적인 것에 의존하기 때문에 종속된다. (p. 601)

이런 주장(첫 번째 논증)에는 두 가지 큰 오류가 있다. 하나는 모든 그리스도교인인 왕, 교황, 성직자들 그리고 모든 다른 그리스도교인들이 하나의 연방 국가를 만든다는 데 있다. 왜냐하면 프랑스가 하나의 연방 국가며, 스페인, 베네치아 등도 연방 국가인 것은 분명하기 때문이다. 그리고 이것들은 그리스도교인들로 이루어져 있고, 여러 개의 그리스도인들의 조직체들, 즉 여러 개의 교회로 이루어져 있기 때문이다.

또 하나의 오류는 그가 각 연방 국가의 구성원들이 마치 자연적인 몸의 구성체들처럼 서로 의존되어 있다고 말하는 데 있다. 구성원들이 함께 결합되어 있다는 것은 사실이나 연방 국가의 혼인 통치권자에만 의존되어 있으며, 그가 없이는 국가는 내란으로 해체되며, 하나의 알려진 통치권자에 공통으로 의존되어 있지 않으면 한 사람도 서로 간에 결합되어 있지 않다. 마치 자연적인 몸의 구성체들이 이것들을 하나로 묶어주는 혼이 없을 때 흙으로 해체되는 것과 같다. (p. 602)

그의 두 번째 논증은 다음과 같다. 영적인 연방 국가는 세속적인 연방 국가에 대해 영적인 선을 지킬 다른 방법이 없을 때는 (세속적인) 정부의 통치 방식을 바꿀 것을 명령하거나 군주를 폐위하고 다른 사람을 세울 수 있다. 그러나 영적인 연방 국가는 이 세상에 하나도 존재하지 않는다. 그것은 그리스도의 왕국과 같은 것이기 때문이며, 그 왕국은 그리스도가 스스로 말했듯이 이 세상의 것이 아니라 다음 세상 부활 때에 있을 것이라 말하고 있는 것이다. (pp. 603~604)

세 번째 논증은 이렇다. 불신자나 이방 종교를 믿는 왕이 자신의 불신앙이나 이단 종교로 끌어당기려는 시도를 할 경우 그리스도인이 그 불신자나 이단 왕을 용납하는 것은 합법적이 아니다. 그러나 한 왕이 자기 백성들을 이단으로 유도하는지 아닌지를 판단하는 것은 교황에게 속한다. 따라서 교황은 군주가 폐위되어야 할 것인지 아닌지를 결정할 권리를 가진다.

이것에 대해서 나는 두 주장 모두 잘못이라고 대답한다. 백성들 사이에서 이단에 대한 심판자는 그들 자신의 정치적 통치권자 외에는 아무도 존재하지 않는다. 왜냐하면 이단이란 공적인 인격체(즉 연방 국가의 대표자)가 가르치도록 명령한 것에 반대하면서 고집스럽게 주장된 사적인 견해에 불과하기 때문이다.

네 번째의 논증은 왕들의 세례로부터 이끌어 내고 있다. 세례를 통해 왕들은 그리스도교인이 될 수 있고, 자신들의 왕권을 그리스도 밑에 맡기며, 그리스도교의 신앙을 유지하고 방어할 것을 약속하는 것이다. 다섯 번째 논증은 우리 구세주가 "내 양을 쳐라"고 하신 말씀으로부터 끌어내고 있다. 이 말씀에 의해 목자들에게 필요한 모든 권력이 주어졌다. 그 권력이란 이단자와 같은 이리를 내쫓는 권력이며, (비록 그리스도인이지만) 나쁜 왕들처럼 미치거나 뿔로 다른 양들을 들이받는 경우 어린 양들을 가두는 권력이며, 양 떼에게 먹기 좋은 음식을 줄 수 있는 권력이다.

그의 여섯 번째이자 마지막 논증은 사례로부터의 논증이다. 이에 대해 나는 첫째로, 사례는 아무것도 증명하지 않으며, 둘째로, 그가 내세운 사례들은 권리에 대한 개연성조차 이르지 못한다고 답한다.

제43장 : 사람이 하늘의 왕국에 들어가는 데 필요한

것들에 관하여

그리스도교 연방 국가에서 반란과 내란의 가장 빈번한 핑계는 하느님과 인간의 명령이 서로 대립될 때 이 둘을 동시에 복종하는 일이 어렵다는 데서 오랜 동안 비롯되어 왔으며, 이 문제는 아직까지 충분하게 해결되지 않고 있다. 한 사람이 두 가지의 대립되는 명령을 받았고, 그 중 하나는 하느님의 명령인 것을 알았을 때 그는 그것에 복종해야 할 것이며, 다른 것이 비록 그의 합법적인 통치자(군주이거나 의회)의 명령이라고 하더라도 혹은 그의 아버지의 명령이라도 그것에 복종해서는 안 된다는 것은 충분히 명백하다.

그러므로 곤란한 점은 다음과 같은 것에 있다. 즉 사람들이 하느님의 이름으로 명령을 받았을 때 다양한 경우에 과연 그 명령이 하느님으로부터 온 것인가 아니면 명령하는 사람이 그 자신의 사적인 목적을 위해서 하느님의 이름을 악용하는 것에 불과한지를 알 수 없다는 것이다.

그러나 하느님과 지상의 통치권자 모두에게 복종해야 하는 이런 곤란은 하느님의 왕국에 들어가는 데 필요한 것과 필요치 않은 것을 구별할 줄 아는 사람에게는 조금도 중요하지 않다. 구원에 필요한 모든 것은 '그리스도에 대한 신앙'과 '법에의 복종'이라는 두 가지 덕목 안에 포함되어 있다. 이 둘 중 후자는 만약 그것이 완전한 것이라면 우리에게는 충분

했을 것이다. (pp. 609~610)

그렇다면 하느님이 우리에게 준 계율은 어떤 것인가? 모세의 손으로 유대인에게 주어진 법이 하느님의 계율인가? 만약 그것들이 그렇다면 그리스도교인들은 그 계율에 복종하도록 가르쳐지지 않는가? 만약 그것이 그렇지 않다면, 자연법 이외에 무엇이 그렇다는 말인가? 우리의 구세주 그리스도는 우리에게 새로운 법을 준 것이 아니라 우리가 복종하는 법, 즉 자연법과 여러 통치자들의 법에 복종하도록 충고를 한 것이다. 그러므로 하느님의 법은 자연법에 지나지 않으며, 그 핵심은 우리가 우리의 신앙을 위반해서는 안 된다는 것, 즉 우리가 상호간의 협정에 따라 우리 위에 세운 정치적 통치권자에 복종하라는 것에 있다. (pp. 611~612)

왜 우리는 성서가 하느님의 말씀이라고 믿는가? 하는 문제는 많은 논란거리가 되어 왔는데, 이는 마치 진술이 잘 되어 있지 않은 모든 문제들이 논란거리가 되는 것과 같다. 왜냐하면 '왜 우리는 그것을 믿는가?' 라고 묻지 않고, 마치 믿는 것과 아는 것이 하나인 것처럼 '어떻게 우리는 그것을 아는가?' 라고 그들은 묻기 때문이다.

한쪽이 지식의 기초를 교회의 무오류성에 두고 있다면, 다른 쪽은 사적인 심령의 증언에 근거를 두고 있는데, 이 둘 모두 도달하고자 하는 결론에 이르지 못한다. 어떤 사람이 먼저 성서의 무오류성을 알지 못하고서 어떻게 교회의 무오류성을 알 수 있겠는가? 그 밖에 성서의 어디에서도 교회의 무오류성, 더 나아가서 어떤 특정한 교회의 무오류성, 특히 특정한 인간의 무오류성에 대해 추론할 수 있는 곳은 없다. (pp. 613~614)

성서가 구원에 필수적이라고 하는 신앙의 유일한 조항은, '예수는 그리스도이다' 라는 것이다. 이 조항에 대한 신앙이 구원을 위해 요구되는 신앙의 전부라는 것을 입증하기 위해 나의 첫 번째 논증은 복음주의자들의 관점으로부터 나온다. 그러므로 이 조항에 대한 신앙이야말로 (구원에) 충분하며, 결과적으로 구원에 필수적으로 요구되는 또 다른 신앙의 조항은 없다. (pp. 615~620)

구원받는 데 요구되는 모든 복종은 하느님의 법에 복종하고자 하는 의지, 즉 회개 안에 있으며, 같은 것을 위해 요구되는 모든 신앙은 '예수가 그리스도이다' 라는 조항을 믿는 것 안에 함축되어 있다는 것을 나는 밝혔다. (p. 622)

구원에 무엇이 필요한가를 밝혔으므로, 하느님에 대한 우리의 복종과 그리스도교인이거나 이교도인 정치적 통치권자에 대한 우리의 복종이 서로 양립하는 일은 어려운 일이 아니다. 만약 그가 그리스도교인이라면 그는 '예수가 그리스도이다' 라는 조항과 그 안에 포함되어 있거나 또는 그것으로부터 분명하게 연역된 모든 조항을 믿는 것을 허용할 것이다. 이것이 구원에 필요한 신앙의 모든 것이다.

정치적 통치자가 이교도 사람이라면, 그에게 저항하는 모든 백성은 (자연법과 같은) 하느님의 법을 위반하는 죄를 짓는 일이며, 모든 그리스도교인들에게 자신들의 군주에 복종하고, 모든 자녀들과 종들에게는 모든 일에 있어서 자신의 아버지와 주인에게 복종할 것을 권고하는 사도들의 충고를 거부하는 것이다. (p. 625)

IV. 어둠의 왕국에 관하여
(Of The Kingdom of Darkness)

제44장 : 성서에 대한 잘못된 해석으로부터 온

       영적 어둠에 관하여

    내가 지금까지 논의한 하느님과 인간의 통치 권력 외에도 성서는 또 다른 권력에 대해 언급하고 있다. 즉 어두운 세계의 지배자들, 사탄의 왕국 그리고 악령이나 허공중에 나타나는 유령을 내쫓는 바알세불(사탄)의 공국 등이 그것들이다.(마태복음 9장 34절, 12장 26절 참고) 성서의 여러 곳에서 말하고 있듯이 어둠의 왕국은 단지 사기꾼들의 동맹일 뿐인데, 이들은 이 세상에서 사람들을 지배하는 권세를 획득하기 위해 애매모호하고 잘못된 교설로 전력을 다하고, 자연과 복음의 빛을 (사람들 마음에서) 사라지게 만들어 앞으로 올 하

느님의 왕국을 위해 사람들이 준비하지 못하도록 만든다. (pp. 627~628)

적은 우리의 타고난 무지의 어둠 속에 존재해 왔으며, 영적인 오류의 독초를 심어놓았는데, 그것은 첫째로 성서의 빛을 속이고 꺼버림으로써 그렇게 했다. 왜냐하면 우리는 잘못을 범하고 성서에 대해 알지 못하기 때문이다. 둘째로 (적은) 이교도 시인들의 귀신론, 즉 우상이나 머리 속에서 만들어진 유령에 관한 전설 같은 이야기를 꾸며냄으로써 그렇게 했는데, 이것들은 죽은 사람의 유령과 요정 그리고 늙은 노파의 이야기에 나오는 것들처럼 인간의 상상과는 달리 아무런 실제적 본성을 갖지 못한 것들이다. 셋째로 (적은) 성서를 여러 가지 종교의 유물들과 그리스의 헛되고 잘못된 철학, 특히 아리스토텔레스의 철학과 혼합함으로써 그렇게 했다. 넷째로 (적은) 이와 같은 오류이거나 불확실한 전통들과 속이거나 불확실한 역사를 뒤섞음으로써 그렇게 했다. (pp. 628~629)

성서를 가장 크게 오용하는 일은 그것으로부터 나머지 대부분의 오용이 잇따라 나오거나 종속되는 것으로서 다음과 같은 것을 증명하기 위해 왜곡시키는 일이다. 즉 성서에서 종종 언급되어 온 하느님의 왕국은 현재 존재하는 교회이거나 또는 지금 살아 있는 그리스도교인들과 마지막 날(심판의 날) 다시 부활할 죽은 자들의 집합이라는 것이다.

현세의 교회가 그리스도의 왕국이라는 이런 잘못으로부터 다음과 같은 결과가 나온다. 어떤 한 사람 또는 집단이 있어야만 하고 그들의 입을 통해 (지금은 하늘에 계신) 우리의 구세주가 말씀하시고, 법을 제공하고 모든 그리스도인들에게 또는 그리스도교 국가 전체의 여러 부분들에서 같은 일을 하는 다양한 사람들, 다양한 집단들이 주님의 인격을 대표해야만 한다. (p. 629)

성서에 대한 두 번째 일반적인 오용은 정화행위(consecration)를 주술 행위 또는 마법으로 전환하는 데 있다. 성서에서 정화하는 일은 경건하고 점잖은 말과 행동으로 한 사람 또는 그 밖의 다른 사물을 통상적인 사용으로부터 구별해서 하느님께 바치거나 헌납하는 일이다. 다시 말해 희생하거나 하느님의 것으로 만드는 일이며, 하느님이 자신의 공적인 대리자로 지명한 사람만이 사용하도록 만드는 일이다. (p. 633)

또 다른 성서의 일반적인 오용은 영원한 생명, 영원한 죽음 그리고 두 번째 죽음 같은 말들에 대한 잘못된 해석으로부터 나온다. (p. 636)

제45장 : 귀신론과 이방 종교의 다른 유물들에 관하여

식민지 개척과 정복을 통해 그리스 사람들은 자신들의 언어와 저술들을 아시아와 이집트 그리고 이탈리아 등지로 전파했으며, 그 자연스러운 결과에 따라 그 안에는 그리스 인들의 귀신론 또는 (바울이 그렇게 불렀던 것처럼) 악마에 관한 교설들이 포함되어 있었다. 그런 수단을 통해 나쁜 전염력은 유대지방이나 알렉산드리아에 살던 유태인과 그들이 흩어져 살던 다른 여러 곳으로 전파되어 갔다. 그러나 그리스인들처럼 유대인들도 귀신이라는 이름을 선한 영이나 악한 영 모두에게 부여하지는 않았고 단지 악한 영에게만 붙였다. 그들은 선한 귀신에다 하느님의 영이라는 이름을 붙였으며, 그런 영들이 들어간 몸을 가진 사람을 예언자라고 존경했다. (p. 659)

우리의 구세주께서 비둘기 같은 영(spirit)이 그에게 내려온 바로 직후 마태는, "성령의 인도로 광야로 나가셨다"(4장 1절)고 기록하고 있으며, 같은 일에 대해 "성령이 충만한 예수는 광야로 나가셨다"(누가복음 4장 1절에서)고 똑같이 말하고 있다. 이를 통해 분명한 것은 여기서 영이란 성령(holy spirit)을 의미한다. 이것을 (귀신에) 홀린 것으로 해석될 수는 없다. 왜냐하면 그리스도와 성령은 하나의 동일한 실체이기 때문에 어느 하나의 실체 또는 물체가 다른 것에 의해 점유당할 수는 없기 때문이다. (p. 661)

결론적으로 나는 성서에서 천사, 선한 영, 악한 영 같은 것이 존재한다는 것을 발견할 수는 있으나 이것들이 마치 사람들이 어둠 속에서나 꿈속에서 또는 환상 속에서 볼 수 있는 허깨비같이 비물질적이라는 것을 발견할 수는 없었다. 이것들을 라틴어로는 스펙트라(spectra)라고 하며 귀신(demons)이라 이해되었다. 그리고 나는 성서에서 (미묘하고 눈에는 보이지 않지만) 물질적 영이 존재한다는 것을 발견하지만 그러나 어떤 사람의 몸이 그런 영에 의해 사로잡히거나 몸에 거주하는 것을 찾지는 못했다. 성인들의 몸은 바울이 그렇게 불렀듯이 영적인 몸(spiritual bodies)이다. (p. 664)

우리가 왕과 같은 사람이나 권위를 가진 사람에게 존경을 표시하는 숭배를 정치적 숭배(civil worship)라고 한다면, 어떤 말이나 제례 의식, 몸짓 그리고 다른 행동을 통해 신이라고 생각되는 대상에게 표현하는 숭배는 종교적 숭배(divine worship)이다. (p. 667)

가장 엄격한 의미에서 모상(模像, image)은 눈에 보이는 사물과 닮은꼴이다. 그런 의미에서 환상적인 형상, 허깨비 또는 눈에 보이는 사물의 허울 등은 모두 모상일 뿐이다. 예를 들면 물에 반사되거나 굴절되어서 비친 사람이나 사물들의 모습, 또는 공중에서 직접적인 상상으로 그린 태양이나 별들의 모습 등이 그런 것들이다. 이런 모상들은 본래 가장 적절하게는 이데아(idea)나 영상(idols)이라고 불리며, 그리스 말로 '본다'를 의미하는 에이도스(eidos)에서 나온 말이다.

그리스 말로 허깨비를 뜻하는 유령이라고도 불린다. (p. 668)

숭배가 무엇이며, 모상이 무엇인지를 밝혔기에 이제 나는 이것들을 함께 묶어서 (십계명의) 두 번째 계명과 성서의 다른 곳에서도 금지하고 있는 우상숭배가 무엇인지에 대해 검토하려고 한다. 비록 우리가 항복하더라도 우리를 위해 무엇인가를 해줄 수 있는 왕에게 간청하는 것은 정치적 숭배이다. 왜냐하면 우리는 그에게서 인간적인 권력 이외에 다른 어떤 권력을 인정하는 것이 아니기 때문이다.

그러나 자발적으로 그에게 맑은 날씨를 간청하거나 하느님만이 우리를 위해 할 수 있는 어떤 일을 간청하는 것은 종교적 숭배이자 우상숭배인 것이다. 하느님을 생명이 없거나 모상이나 장소 같은 곳에 거주하는 그런 것으로, 즉 유한한 장소 안에 거주하는 무한한 실체 같은 것으로 경배하는 것은 우상숭배이다. 왜냐하면 그런 유한한 신들은 관념이 낳은 우상들에 불과하며 전혀 실제적이지 않으며, 성서에서 보통 헛되고 거짓되고 아무것도 아닌 것이라 불리는 것들이기 때문이다. (pp. 670~672)

성인으로 추앙하는 일은 이교도의 또 하나의 유물이다. 시성(諡聖)하는 일은 성서에 대한 오해로부터 비롯된 것도 아니며 로마 교회의 새로운 창조물도 아니다. 그것은 로마 제국 같은 고대국가의 관습이다. 로마에서 최초로 시성이 된 사람은 로물루스였다. 교황이 최고 대신관(Pontifex Maximus)이라는 명칭과 권력을 갖게 된 것도 로마 이교도들로부터 나온 것이다. 최고 대신관은 고대로마 연방 국가 안에서 원로원과 시민 다음으로 모든 제례의식과 종교에 관한 교설을 규제할 수 있는 최고의 권위를 가진 사람에게 주어진 명칭이었다. 아우구스투스 케사르가 공화국을 군주 국가로 전환했을 때 그는 이 직책과 호민관의 직책, 즉 국가와 종교에 있어서 최고의 권력을 취하여 자신의 것으로 귀속시켰다. 이후 계승하는 황제들도 같은 권력을 향유했다. (pp. 678~679)

제46장 : 헛된 철학과 터무니없는 전통으로부터 오는 어둠에 관하여

철학이란 추론을 통해 얻어진 지식으로 이해되는데, 그 추론이란 어떤 사물의 발생 방식(원인)으로부터 그 특성(결과)으로, 또는 특성으로부터 그 사물의 가능한 발생 방식으로, 사물과 인간의 힘이 허용하는 만큼 인간의 삶이 요구하는 그런 효과를 만들어낼 수 있을 때까지 하는 것을 말한다. 이런 정의에 따라 우리는 분별력이 포함되어 있는 경험이라 불리는 일차적 지식을 철학의 한 부분으로 간주하지 않는다는 것은 명백하다. 왜냐하면 경험은 추론을 통해 얻어지는 것이 아니며, 사람뿐만 아니라 동물들에서도 발견되기 때문이다. 따라서 우리는 어떤 잘못된 결론에다 철학이란 명칭을 부여하지는 않는다. 그가 이해하는 언어로 바르게 추론한 사람은 결코 오류를 결론으로 끌어내지는 않는다. (p. 682)

어떤 사람이 초자연적인 계시를 통해 안다고 할 때 그것에도 철학이란 명칭을 부여하지 않는데, 왜냐하면 그런 지식은 추론을 통해 얻어진 것이 아니기 때문이다. 책들의 권위로부터 추론해서 얻어진 것도 철학은 아니다. 왜냐하면 그것은 원인으로부터 결과로, 결과로부터 원인으로 추론한 것이 아니기 때문이며, 지식이 아니라 신앙에 불과하기 때문이다. 여가는 철학의 어머니며, 국가는 평화와 여가의 어머니이다. (p. 683)

그러나 그들 학파(스콜라 철학)의 유용성은 무엇이며, 그 당시 그들의 독서와 토론을 통해 얻어낸 것에는 무슨 학문이 있었는가? 모든 자연과학의 어머니라 할 수 있는 기하학이 있었지만 우리는 그것을 스콜라 철학에 빚지고 있지 않다. 그리스 최고의 철학자인 플라톤은 어느 정도 기하학자가 아닌 사람에게는 자신의 학교(아카데메이아)에 들어오는 것을 금지시켰다.

스콜라 학파의 자연철학은 학문이라기보다는 꿈이었으며, 지각없고 무의미한 말로 설명하는데 이는 기하학에서 위대한 지식을 먼저 획득하지 못하고 철학을 가르치려는 사람들은 피할 수 없는 일이다. 그들의 도덕철학은 자신들의 감정을 묘사하는 것에 불과하다. 추론의 방법이 되어야 하는 그들의 논리학은 단지 말의 설명에 불과하며, 어떻게 하면 어려운 질문으로 그들을 괴롭힐 수 있을까 하는 발명품에 불과하다.

결론적으로 말해서, (키케로가 자신도 고대 철학자이면서 말했듯이) 고대 철학자들이 그런 것들(자연철학, 도덕철학, 논리학 등)을 주장하지 않았다고 말하는 것보다 더 불합리한 것은 없다. 오늘날 아리스토텔레스의 형이상학이라 불리는 것보다 더 불합리하게 자연철학에 관해 말해진 것은 거의 없고, 그가 정치학에서 말한 것보다 통치에 대해 더 모순된 것은 없으며, 그의 윤리학의 대부분보다 더 무지하게 말한 것은 없다. (pp. 686~687)

성서와 혼합된 형이상학을 가지고 신학부가 만들어지면서 이 세상에는 물체와 독립된 확실한 본질, 즉 추상적 본질과 실체적 형상이라 불리는 것들이 존재한다는 소리를 우리는 들었다. 자연의 사건들의 종속적이고 이차적인 원인들에 관한 지식인 물리학을 위해 그들(스콜라 철학자들)은 아무것도 제공한 것이 없으며 공허한 말들만 했다. (pp. 689~694)

만약 이러한 형이상학과 물리학이 헛된 철학이 아니라면 어떤 것도 헛된 것은 없으며, 바울이 우리에게 그런 철학을 피하라고 경고할 필요도 없었을 것이다. 이들의 도덕철학과

정치철학도 앞의 것과 마찬가지거나 또는 더 큰 불합리성을 갖고 있다. (p. 696)

신학부의 박사들을 통해 종교로 끌어들인 헛된 철학의 더 많은 사례들이 만들어질 수 있었다. 한 가지만 덧붙인다면, 신학부 (박사들의) 저술들은 대부분 낯설고 거칠며, 당시의 보통 라틴어에서 사용되는 것과는 다른 무의미한 말들의 나열에 불과하다.

마지막으로 잘못되거나 불확실한 역사로부터 초래된 오류는 모두 성인들의 삶 속에 나타난 허구적인 기적들에 관한 전설이며, 로마 교회의 박사들이 모두 자신들의 지옥설, 연옥설, 악령 추방의 권세 그리고 이성이나 성서 어느 것으로도 보증 받지 못한 다른 교설들을 확보하기 위해 주장한 도깨비나 유령의 역사이다. (p. 702)

제47장 : 이러한 어둠으로부터 나오는 이익, 그리고 누구에게 그것이 귀속되는가에 관하여

첫째, '지금 지상에서 전투하고 있는 현존하는 교회가 하느님의 왕국이다' (즉 영광의 왕국 또는 약속의 땅이지, 땅의 약속에 지나지 않은 은총의 왕국은 아니다)라는 이 오류에는 다음과 같은 세속적인 이득들(benefits)이 추가로 수반된다. 첫째로, 교회의 목자와 교사는 신의 공적인 대행자로서 교회를 통치할 권리가 주어지고, 그리고 결과적으로 (교회와 국가는 동일한 인격체이기 때문에) 국가의 교구 지도자 및 통치자 자격을 갖는다.

둘째, 어떤 연방 국가거나 간에 모든 주교들은 그들의 권리를 직접적으로는 신으로부터, 또 간접적으로는 그들의 정치적 통치권자로부터가 아니라 교황으로 받았다는 교설이 있으며, 그것 때문에 교황이 비록 다른 나라의 군주이기는 하나 그에게 의존하여 복종하지 않으면 안 되는 많은 유력한 사람들(그렇기 때문에 주교라고 불린다)이 어떠한 그리스도교적인 국가에도 존재하게 되는 것이며, 이것을 수단으로 하여 그(교황)는 (자주 그렇게 해 왔던 것처럼) 자신이 원하고 또 이익이 되는 바에 따라 통치 받기를 거부하는 국가에 대해서는 내란을 일으킬 수 있게 되는 것이다.

셋째, 이들(위에서 말한 주교들)과 그 밖의 모든 다른 사제들, 모든 수도사와 탁발 수도사 등을 시민법의 권력으로부터 면제하는 것이다. 왜냐하면 이러한 수단(법의 면제)을 통해 법의 혜택을 즐기고 정치적 국가 권력에 의하여 보호를 받고 있음에도 불구하고 공공 비용의 어떠한 부분도 지불하지 않고 백성들과는 달리 그들의 범죄에 대해 정당한 처벌을 받지 않으며, 결과적으로는 교황 이외의 어떠한 사람에 대해서도 두려워하지 않고 오직 그와 밀착하여 그의 보편적인 군주국

(교황 국가)을 지키려고 하는 (성직자들이) 국가의 많은 부분을 차지하게 된다.

다섯째, 결혼이 하나의 성례라고 하는 가르침은 결혼의 합법성에 대한 판단을 성직자에게 위임하는 것이며, 그로 인해 그 아들, 딸들이 적출인가 아닌가에 관해서, 세습제 왕국의 계승 권리에 관해서 판단을 위임하는 것이다.

여섯째, 사제들에 대해 결혼을 금하는 것은 국왕에 대한 교황의 권리를 확보하는 데 도움이 된다. 왜냐하면 만일 국왕이 사제가 된다면 그는 결혼하여 그의 왕국을 자손에게 물려줄 수 없고, 만일 그가 사제가 될 수 없다면, 그 경우에는 교황이 국왕과 그 백성들에 대해 교회(종교)적인 권위를 주장할 수 있기 때문이다.

여덟째, 성자들의 시성과 누가 순교자인가를 선언함으로써 자신들의 권력을 확보한다. 그들은 만약 정치적 통치권자가 교황에 의해 파문당하거나 이단자 또는 교회와 교황의 적이라고 선포되면 죽기를 각오하고 그의 법과 명령에 고집스럽게 반대하도록 단순한 사람들을 유도한다.

열한 번째, 귀신론과 귀신 물리기(악령 추방) 그리고 거기에 속해 있는 그 밖의 일들을 활용함으로써 그들은 자신들의 권력에 대해 사람들이 더 큰 두려움을 계속 갖도록 만들거나 만든다고 생각한다.

마지막으로 (교황의 권위에 의하여 설립되고 규제되어 온) 대학에서 가르쳐지고 있는 아리스토텔레스의 형이상학, 윤리학과 정치학, 그리고 스콜라 학자들의 경솔한 구별, 야만적인 용어, 그리고 애매한 언어 등은 그러한 오류들이 드러나지 않고 계속 유지되도록 하는 데, 그리고 사람들이 공허한 철학의 '도깨비불'을 복음의 빛으로 잘못 생각하도록 만드는 데 기여를 하고 있다. (pp. 704~708)

따라서 앞서 말한 '누가 그것 때문에 이득을 보는가' 라는 규칙에 따라, 우리는 교황과 로마의 성직자, 그리고 그밖에 지금 땅 위에 있는 교회가 구약과 신약성서에서 언급되고 있는 하느님의 왕국이라는 교설을 사람들의 마음속에 자리 잡게 하기 위하여 시도하는 모든 사람들이 바로 모든 이 영적인 어둠의 장본인들이라는 것을 정당하게 선포할 수 있을 것이다. (p. 708)

그러나 "지금 투쟁하고 있는 교회가 구약과 신약에서 언급된 하느님의 왕국이다"라고 하는 이 교설이 현실 세계에서 받아들여진 후에는 왕국에 속하는 직무, 특히 그리스도의 대리인이라고 하는 위대한 직무를 위한 야심과 유세 운동, 그리고 거기에 있어서의 주요한 공직을 획득한 사람들의 오만함이 점점 명백해졌기 때문에 그들은 목자의 기능에 합당한 내면적인 존경을 잃었던 것이다. 그리고 만일 어떤 사람이 거대한 교회 지배권의 근원에 대해 고찰한다면, 교황정치 제도는 소멸한 로마 제국의 유령으로서 그의 무덤 위에 왕관을 쓰고 앉아 있는 것에 지나지 않는다는 것을 그는 쉽게 알 수 있을 것이다. 그와 같이 하여 교황정치 제도는 이교도 권력의 폐허에서 급작스럽게 시작된 것이다.

그들이 교회에서나 공적인 행위를 할 때 사용하고 있는 '언어' 도 또한 '라틴 말' 로서, 그것은 오늘날 세계의 어떠한 국가에서도 보통 사용되고 있지 않으니 그것은 낡은 '로마 언어의 유령' 이외는 아무것도 아니다.

어떤 민족에서나 친숙한 요정들은 한 사람의 보편적인 국왕만을 가지는데, 그것을 우리나라의 어떤 시인은 '오베론' 왕이라고 부른다. 그러나 성서는 '악마' 의 군주, '바알세블' 이라고 부른다. 그와 같이 하여 '성직자들' 도 어떤 사람의 지배권 안에 있든 한 사람의 보편적인 국왕인 '교황' 만을 인정한다는 것을 알게 된다. (pp. 712~713)

따라서 헨리 8세가 그의 귀신 물리기에 따라, 또 엘리자베스 여왕이 혼자 힘으로 그들을 쫓아냈던 것은 그렇게 크게 어려운 일은 아니었다. 그러나 지금 밖으로 나아가, 전도의 신명을 받아 중국, 일본 그리고 인도 등과 같은 메마른 땅을 거닐면서 아무런 결실도 맺지 못하는 이 로마의 영이 또다시 돌아오지 않을지, 또는 그보다 더 나쁜 영의 집단들이 이 깨끗

하고 살기 좋은 집에 들어가 살면서, 그 장래를 처음보다 더 나쁘게 만들지 않는다고 그 누가 알 수 있을 것인가?

왜냐하면 하느님의 왕국이 이 세상의 왕국이 될 것이라고 주장하고, 그것으로써 이 세상에서 정치적 국가의 권력과는 구별되는 권력을 가져야 한다고 주장하는 것은 로마의 성직 자만은 아니기 때문이다. 그리고 그것이 정치학 이론에 관하여 내가 말하려고 기도했던 것의 모두이다. 내가 그것을 재검 토했을 때 나는 그것을 기꺼이 나라의 비판 앞에 내놓게 될 것이다. (pp. 714~715)

따라서 나는 시민 정부와 교회 정부에 관한 나의 논의를 마치려고 한다. 이 논의는 우리 시대의 무질서 때문에 계기가 되었지만, 어떤 편파성이나 요청 없이 오직 (왕의) 보호와 (백성의) 복종 사이의 상호 관계를 사람들 앞에 내놓으려는 생각 외에 다른 의도 없이 시작한 것이다. 이 상호 관계는 인 간 본성의 조건과 신의 법인 자연법과 실정법을 모두 어기지 말고 지킬 것을 요구하는 것이다. (p. 728)

3부

관련서 · 연보

홉스 철학 관련서가 국내에 많이 나와 있지는 않다. 대표 저작인 『리바이어던』조차도 현재는 완역본을 구해보기 힘든 상황이다. 『리바이어던』에 관한 연구도 I. 「인간에 대하여」, II. 「국가에 대하여」에만 치중되어 있을 뿐이다. 서양 근대 국가론의 핵심인 홉스 사상에 관한 국내 연구가 부족한 것에 대해서 많은 자성이 필요하다고 여겨진다.

관련서

우리말로 번역된 홉스의 『리바이어던』은 두 가지가 있다.

홉스, 『리바이어던』 1권- 4권, 이정식 역, 박영문고 233-236번, 박영사, 1984.

　　이 책은 완역본으로는 유일한 것인데, 불행하게도 절판이 된 상태이다.

홉스, 『리바이어던』, 한승조 역, 삼성 세계 사상전집 9, 삼성출판사 1982.

　　이 책은 마키아벨리의 『군주론』과 함께 묶어서 번역한 것인데, 『리바이어던』은 완역이 아니라 I. 「인간에 대하여」와 II.

「국가에 대하여」만 번역되어 있다.

홉스 철학에 대한 연구서들 가운데 우리말로 된 것과 영어권에서 나온 것 중 접근이 가능한 것들을 소개하면 다음과 같다.

D.D. 라파엘, 『도덕과 정치』, 최명관 역, 삼성문화문고 137, 삼성미술문화재단, 1980.

이 책은 라파엘의 Hobbes, Morals and Politics를 번역한 것인데, 홉스 철학에 대한 해설서 가운데 비교적 정평이 있는 작품이다.

리차드 턱(외) 지음, 『홉스의 이해』, 강정인 편역, 문학과 지성사, 1993.

이 책은 Richard Tuck, *Hobbes*, Oxford, 1989. Sheldon Wolin, *Politics and Vision*, Boston, 1960, 제 8장, Laurance Berns, *Thomas Hobbes*, in Leo Strauss and Joseph Cropsey(eds.) *History of Political Philosophy*, Second Edition, Chicago, 1973. 을 편집하여 번역한 것이다.

C.B. 맥퍼슨, 『홉스와 로크의 사회철학–소유적 개인주의의 정치이론』, 황경식 · 강유원 공역, 박영사, 1990.

C. B. Macpherson의 독특한 홉스 철학 해석이 돋보이는 연구서이다. 17세기 자유민주주의의 기본 사상을 제공한 홉스, 수평파, 해링턴 그리고 로크의 정치 이론은 소유적 개인주의(possessive individualism)라는 관점에서 해석하고 있는 작품이다. 홉스 철학을 마르크스의 관점에서 해석하고 있는데, 이 점 때문에 홉스 연구가들로부터 관심을 받은 작품이다.

김용환, 『홉스의 사회 · 정치철학』, 철학과 현실사, 1999.

이 책은 국내에서 나온 홉스철학 연구서 가운데 가장 종합적이고 체계적인 내용을 담고 있는 작품이다. 『리바이어던』의 I과 II부에 대한 해석서인데, 모두 31장을 각 장마다 요약해서 번역했으며, 그 안에 포함된 홉스의 주요 철학 사상을 정리해서 소개하고 있다. 홉스 철학 연구자들에게 전문적인 지식과 정보를 제공하고 있다.

A. P. Martinich, *Hobbes A Biography*, Cambridge Univ. Press 1999.

아마도 홉스의 전기에 관한 한 이 책만큼 상세하게 기록된 것은 찾아보기 힘들 것이다. 탄생부터 죽음까지 홉스의 전 생애를 개인사와 정치적 사건, 작품, 주변 인물들과의 교류 등뿐만 아니라 취미나 버릇 등 신변잡기에 이르기까지 상당한 정보를 담고 있다.

A. P. Martinich, *A Hobbes Dictionary*, Blackwell, 1996.
홉스 철학 용어 사전이다. 홉스의 전 작품에서 등장하는 주
요 개념들에 관해 사전적인 지식을 풍부하게 제공하고 있
다. Absurdity(불합리성)부터 Worship(숭배)에 이르기까지
139개의 개념을 설명하고 있다.

A. P. Martinich, *The Two Gods of Leviathan, Thomas Hobbes
on Religion and Politics*, Cambridge Univ. Press, 1992.
이 책은 홉스의 종교철학에 관한 연구서이다. 정치와 종교,
국가와 교회의 관계 그리고 성서를 둘러싼 여러 중요 개념
들에 관해 잘 설명하고 있다.

Preston King(ed.), *Thomas Hobbes: Critical Assessments*,
vols. I–IV, Routledge, 1993.
이 책은 지난 60년 간 홉스에 관한 연구 논문들을 모은 것이
다. 홉스 연구가들이 반드시 소장해야 할 도서이다. 여러 종
류의 간행물들에 발표된 연구논문들이라 일반 독자나 연구
자들이 쉽게 접할 수 없는 것들이 많은데, 이 작품 4권 안에
대부분 포함되어 있어서 연구에 많은 도움이 되고 있다.

홉스 연보

1588년 4월 5일 영국 맘스베리에서 칠삭둥이로 태어나다.

1602년 옥스퍼드 대학에 입학하다.

1608년 2월에 학사 학위를 받다. 귀족인 윌리암 카벤디쉬(후에 1대 디본셔 백작) 가문의 가정교사로 일하기 시작하다. 이후 몇 년의 공백기를 제외하고 평생을 이 가문의 가신으로 일하게 되다.

1610년 윌리암 카벤디쉬(2대 디본셔 백작)와 함께 대륙으로 여행을 가다. 홉스의 첫 번째 대륙여행이었다.

1615년 영국으로 돌아오다.

1621년 철학자 프랜시스 베이컨의 개인 비서로 일하다.

1628년 자신의 첫 번째 제자인 윌리엄 카벤디쉬가 요절하자, 이 가문을 떠나 게바스 클리프톤 경(卿) 아들의 가정교사로 자리를 옮기다.

1629년 투키디데스의 『펠로폰네소스 전쟁사』를 영어로 번역하여 출판하다. 클리프톤 경의 아들과 대륙 여행을 떠나다. 홉스의 세 번째 대륙 여행이었다. 유클리드 기하학을 처음 접하고 그 명료한 추론의 방법을 자신의 철학에 적용하기로 하다.

1630년 다시 카벤디쉬 가문으로 돌아오다.

1634년 3대 디본서 백작과 함께 유럽 여행을 가다. 그의 세 번째 여행이었다.

1635년 프랑스 파리에 머물며 데카르트, 메르센느, 가상디 등 유럽의 철학자 및 과학자들과 교류를 하다.

1636년 피렌체에 있던 말년의 갈릴레이를 방문하였고, 이해 10월에 영국으로 귀국하다.

1640년 『법의 기초』가 초고 형태로 회람되었고, 이 해 11월 중순 영국 시민전쟁이 일어나기 직전에 프랑스로 망명을 떠나다. 이것이 홉스의 네 번째이자 마지막 대륙 여행이었다.

1641년 데카르트의 『성찰』에 대한 홉스의 비판이 『성찰』의 부록으로 출판되다.

1642년 『시민론』이 라틴어로 출판되다. 홉스 자신의 영역본은 1651년에 출판되다.

1645년 존 브럼홀 감독과 자유의지의 문제를 가지고 논쟁을 시작하다. 『자유와 필연에 관하여』라는 작품을 집필하기 시작하다.

1646년 후에 챨스 II세가 된 Prince of Wales(웨일스의 황태자)의 수학 교사로 임명이 되다.

1647년 8월에 발진티푸스에 걸려 심하게 앓다.

1650년 『법의 기초』가 출판되다.

1651년 1월 대표작 『리바이어던』이 런던에서 출판되다.

1652년 2월 긴 프랑스 망명생활을 청산하고 귀국하다.

1654년 『자유와 필연에 관하여』가 출판되다.

1655년 『물체론』을 출판하다.

1658년 『인간론』을 출판하다.

1660년 이후 10년 동안 옥스퍼드 수학교수였던 존 월리스(John Wallis)와 수학적 문제를 가지고 논쟁을 하다.

1666년 런던에서 대 화재가 발생하고 전염병이 만연하다.

1668년 『비히모스 또는 장기의회』가 집필되고 출판은 유고 작으로 1682년에 되다.

1673년 호메로스의 『오딧세이』가 출판되다.

1676년 『일리어드』가 출판되다.

1679년 12월 4일 91세의 나이로 세상을 떠나다. 올트 허크넬 교회에 묻히다.

주

1) 홉스의 생애에 관한 가장 자세한 기록은 존 오브리(John Aubrey, 1626~ 1697)의 『Brief Lives』 Andrew Clark(ed.), Oxford, 1898에서 발견된다. 이 책은 홉스를 포함해서 당시의 여러 인물들에 대한 간략한 개인사를 기록한 것이다. 다른 어떤 인물보다 가장 많은 지면을 할애하여 홉스에 대해 많은 정보를 우리에게 전해 준 오브리는 실제로 홉스의 고향 맘스베리와 멀지 않은 곳에서 태어났으며, 그가 8살 때 46살의 홉스를 만났다. 1651년 망명에서 돌아온 후 홉스는 오브리와 더 가까운 사이가 되었다고 한다. 『Brief Lives』는 1813년에 초판이 출판되었다. 존 오브리 이후 홉스의 삶과 작품에 대해 가장 상세하고 풍부하게 쓴 전기 작가는 마티니치(A. P. Martinich)이다. 홉스의 생애 처음부터 91세에 죽을 때까지의 삶과 그의 작품들이 저술된 역사적 배경과 그가 교류했던 인물들에 관해 이처럼 많은 정보를 제공하는 전기는 앞으로도 만나기 어려울 것이다. Martinich A.P., *Hobbes A Biography*, Cambridge Univ. Press, 1999.

2) Quentin Skinner, *Reason and Rhetoric in the Philosophy of Hobbes*, Cambridge, 1996. p. 217.
Miriam M. Reik, *The Golden Lands of Thomas Hobbes*, Wayne State Univ. Press, 1977. p. 37.
Leo Strauss, *The Political Philosophy of Hobbes*, The Univ. of Chicago Press, 1963. pp. 79-80.

3) Richard Tuck, *Hobbes and Descartes*, in Perspectives on Thomas Hobbes, (eds. by G.A.J. Rogers and Alan Ryan), Oxford, 1988. pp. 11-41. 참고.

4) Martinich A. P., *The Two Gods of Leviathan*, Cambridge, 1992. p. 1

5) Martinich A.P., *Hobbes A Biography*, Cambridge Univ. Press, 1999. p. 297.

6) *The English Works of Thomas Hobbes*, ed. William Molesworth, London, 1839-45. vol. IV, p. 411. 이하 E.W.로 표시함.

7) E.W. vol. X, p. x.

8) Martinich A.P.(1999), p. 357.

9) E.W. vol. I, p. 3. *Leviathan*, chap. 9. p. 147. 이 책에서 인용하고 있는 『리바이어던』은 C.B. Macpherson이 편집하고 Penguin Book(1980)에서 출판된 것을 사용하고 있다.

10) E.W. vol. I, 독자를 위한 서문.

11) *Leviathan*, chap. 5, p. 114.

12) *Leviathan*, chap. 46. p. 686.

13) E.W. vol. I, p. 66.

14) E.W. vol. I, p. viii-ix.

15) *De Homine*, 11.1, p. 45. 11.1은 11장 1절을 의미하며, 쪽수는 B. Gert, *Man and Citizen*, Humanities Press, 1972의 것을 사용하고 있다. cf. *The Elements of Law*, 1.7.2, p. 28. 1.7.2.은 1부 7장 2절을 의미한다. Tonnis(ed.), *The Elements of Law*, Frank Cass & Co. 1969.

16) Richard Peters, *Hobbes*, Penguin Books, 1967. p. 86. R. Peters이외에 John Laird (*Hobbes*, 1934), Frithiof Brandt (*Thomas Hobbes's Mechanical Concept of Nature*, Copenhagen, 1928) 등도 '의도' 개념의 중요성에 관심을 보인 대표적인 해석자들이다.

17) 'conatus'라는 라틴어 개념은 영어로 옮겨질 때 여러 가지가 가능하다. 그 중 하나가 endeavour(의도)인데 이것 이외에 exertion(노력, 힘의 발휘), impulse(추진력, 충동), inclination(행동 경향) 등이 있다. 홉스는 conatus를 endeavour로 번역해서 사용하고 있다.

18) E.W. vol. I, p. 208.

19) *Leviathan*, chap. 46. p. 689.

20) *The Elements of Law*, 1.4.11, p. 16-7.

21) *The Elements of Law*, 1.5.10, p. 21.

22) *Leviathan*, chap. 4, p. 100.

23) *De Homine*, 10.3, p. 39.

24) *De Cive*, 12.12, p. 253. 12.12는 12장 12절을 의미한다. B. Gert(ed.), *Man and Citizen*, Humanites Press, 1972.

25) David Johnston, *The Rhetoric of Leviathan*, Princeton Univ. Press, 1986. p. 56.

26) *The Elements of Law*, 1.5.14. p. 23. David Johnston, op. cit. p. 57.

27) David Johnston, Ibid. p. 58.

28) *Leviathan*, chap. 13, p. 186.

29) *Leviathan*, chap. 13, p. 183.

30) *The Elements of Law*, 1.9.21, p. 47.

31) Alan Ryan, *Hobbes's Political Philosophy*, The Cambridge Companion to Hobbes, (ed. by Tom Sorell), Cambridge, 1996. p. 224.

32) *De Cive*, 1.2, note, p. 110.

33) *The Elements of Law*, 1.9.16-17, pp. 43-44.

34) *De Cive*, 3.9., p. 141.

35) *The Elements of Law*, 1.1.3-5. E.W. vol. IV, p. 82.

36) *De Cive*, 1.4-6. pp. 114-115.

37) *Leviathan*, chap. 13, p. 185.

38) 소유적 개인주의라는 개념은 C.B. Macpherson이 홉스, 해링턴, 수평파, 로크 등의 정치사상을 설명하면서 사용하고 있다. C.B. Macpherson, *The Political Theory of Possessive Individualism*, Oxford, 1962.

39) *Leviathan*, chap. 13, p. 185.

40) 가정이나 직장에서 권위를 상실하거나 콤플렉스가 있는 사람들이 더 공격적이고 폭력적인 행위를 하는 경우가 많다는 것은 경험적인 사실이다.

41) *De Cive*, 1.4. p. 114. 3.11. p. 142.

42) *Leviathan*, chap. 13, pp. 139-140.

43) *Leviathan*, chap. 8, p. 139.

44) *Leviathan*, chap. 11, p. 161.

45) 평화주의(pacifism)라는 개념은 1901년 '평화와 자유를 위한 국제 연맹'의 의장이었던 프랑스 법학자 에밀 아르노(Emil Arnaud)에 의해 처음 사용되었다. 평화주의란 "국가간의 갈등들을 평화적으로 그리고 폭력을 사용하지 않고 해결하는 것을 선전하고, 또 평화적으로 조직화된, 법에 기초한 국가들과 민족들의 공동체라는 궁극적인 상태를 목표로 하는 개인

과 집단의 노력 전체를 지칭한다." 그런데 불행하게도 이 평화주의라는 말은 자본주의와 공산주의 양쪽으로부터 모두 부정적인 의미로 이해되고 사용되었다. 민족의식의 결여, 국방 의지의 포기, 환상적인 광신주의, 민주주의에 대한 지나친 신뢰, 정치적 현실주의로부터의 이탈, 병역의 거부와 납세의 거부를 선동하는 불순한 운동 등의 의미로 사용되었다. 공산주의 계열에서는 평화주의를 제국주의의 앞잡이에 불과하고, 반공주의와 결탁하여 사회주의 국가를 공격하는 무기로 사용되고 있으며, 어떤 대가를 치르고서라도 평화를 달성하면 된다는 비과학적 사고로부터 출발한 운동이라고 평가절하 하고 있다. 평화주의는 개인이나 국가가 조직적으로 평화를 실현하기 위해 구체적으로 행동할 것을 요청하는 이념이다.

46) *Leviathan*, chap. 13, p. 186.

47) C. B. Macpherson, *Introduction to Leviathan, Leviathan*, Pelican Classics, 1981. p. 9. 여기서 맥퍼슨은 홉스의 주된 관심이 평화에 대한 것이었으며, 국제간의 전쟁이 아니라 국내의 시민전쟁을 피하는 문제였다는 사실을 지적하고 있다.

48) *Leviathan*, chap. 16, p. 220. 참고: *Leviathan*, chap. 18에서는 보다 분명하게 국민을 본인으로 통치자를 대리인으로 천명하고 있다. "모든 국민은 세워진 군주(통치자)의 모든 행동들과 판단의 작가(본인)이다."

49) *De Cive*, 8.7. p. 198.

50) *Leviathan*, chap. 10, p. 150, chap. 18, p. 229, chap. 28, p. 360, chap. 40, p. 502, *The Elements of Law*, 1.19.10, p. 104.

51) *De Cive*, 1.14. p. 119. "확실하고 저항할 수 없는 힘은 지배권과 저항할 수 없는 사람들을 다스리는 권리를 부여한다."

52) J. W. N. Watkins, *Hobbes's System of Ideas*, Huchinson Univ. Library, London, 1973. p. 50.

53) *De Homine*, 15.2, p. 84.

54) *Leviathan*, chap. 16, pp. 218-9

55) *Leiviathan*, chap. 17, p. 227.

56) 아놀드 A. 로고우는 삼지창과 이지창의 상징성을 가톨릭과 개신교의 분열, 영국 교회의 분열을 의미하는 것으로 보고 있으며, 로버트슨 (Robertson)은 삼단논법과 딜레마의 뿔로 상징되는 논리적 방어 무기로 해석하고 있다. Arnold A Rogow, *Thomas Hobbes-Radical in the Service of Reaction*, W. W. Norton Co. 1986. p. 159. George C. Robertson, Hobbes, Edinburgh, 1886. p. 69.

57) *Leviathan*, chap. 21, pp. 264-265.

58) 홉스의 이론에서 혁명의 권리를 인정하는 부분은 없지만 '자기보호'의 권리만으로도 저항권은 묵인되고 있다. -G. A. J. Rogers and Alan Ryan(eds.), *Perspectives on Thomas Hobbes*, Oxford, 1988. p. 99.

59) Arnold A. Rogow, op. cit. p. 139.

60) 『리바이어던』 가운데 특히 'Review and Conclusion'이 크롬웰을 위해 씌어졌다는 당시의 평가는 Clarendon의 진술에 근거하고 있다. Ibid, p. 154

61) *Leviathan*, chap. 14, p. 189. chap. 21, p. 261.

62) *Leviathan*, chap. 14, p. 189, De Cive, 2.10, p. 127.

63) *De Cive*, 10.1. p. 222.

64) *De Cive*, 13.15. p. 268.

65) *Leviathan*, chap. 15, p. 214. chap. 42, p. 529. 이 자연법의 정신과 대비되는 것은 복음의 규칙이라는 것인데, 그것은 "네가 남에게 대접을 받고자 하는 대로 너도 남을 대접하라"는 명령이다.

66) 子貢問曰, 有一言而可以終身行之者乎. 子曰其恕乎. 己所不欲, 勿施於人. (論語 衛靈公篇)

67) Behemoth, E.W. vol. VI, p. 211.

68) *Leviathan*, chap. 32, p. 409

69) *De Cive*의 3분의 1을 할애하고 있다. 그 밖에 종교적인 문제를 다룬 작품들은 다음과 같다. Considerations Upon the Reputation, Loyalty, Manners, and Religion of Thomas Hobbes of Malmesbury(1662), An Historical Narration Concerning Heresy and the Punishment thereof (1680), An Answer to a Book Published by Dr. Bramhall Called the Catching of the Leviathan. (1682)

70) 데카르트는 제 3 성찰과 6 성찰에서 신의 존재 증명에 대해 논증하고 있으며, 후에 스피노자에 의해 순환논법의 오류라는 비판을 받는다. 흄은 『자연 종교에 관한 대화』에서 비판적 회의주의자 필로, 신중한 유신론자 클레안테스 그리고 정통주의자이자 다소 독단주의자인 데메아 등 세 사람의 대화자를 등장시키는데, 클레안테스의 논증에 대해 필로는 유비추리의 오류를 지적하고 있다. 흄 자신은 어느 입장인가에 대해서는 논란이 되어 왔다. 이에 대한 논의는 나의 논문, '흄의 철학에서의 독단주의와 회의주의', 『철학』 50호, 1997. 참고.

71) *Leviathan*, chap. 3, p. 99.

72) *Leviathan*, chap. 31, 403.

73) *Leviathan*, chap. 12, p. 179.

74) Lucretius, *On the Nature of Universe*, Penguin Books, 1981. p. 31.

75) Hume D., 『종교의 자연사』, p. 315. 이 글에서 인용하고 있는 『종교의 자연사』는 Green과 Grose 가 편집한 *David Hume, The Philosophical Works*, scientia verlag aalen, 1964. 4권에 있는 것임.

76) *Leviathan*, chap. 6, p. 124, chap. 11, p. 168.

77) 홉스는 하느님이 인류 전체를 구원하기 위한 수단으로 기적을 보이셨다는 가톨릭과 아르메니안의 견해에 반대하고 오히려 하느님의 선택을 받은 사람만이 구원을 받는다는 깔뱅주의자의 견해에 동의하고 있다. A.P. Martinich, *A Hobbes Dictionary*, Oxford, 1995. p. 209.

78) Hume D., 『기적론』, p. 93. Green 과 Grose가 편집한 위의 책

79) *Leviathan*, chap. 39, p.498.

80) *Leviathan*, chap. 42, p. 529, p. 550.

81) *Leviathan*, chap. 43, p. 610.

82) *Leviathan*, chap. 42, p. 529. 복음의 규칙과 자연법의 규칙에 대해서는 *Leviathan*, chap. 14, p. 190. 참고

83) *Leviathan*, chap. 44, pp. 627-628.

84) *Leviathan*, chap. 46, p. 686-687.

85) 프랜시스 베이컨, 신기관, (진석용 옮김), 한길사, 2001. p. 65-67.

86) *De Cive*, 12.12. p. 253.

87) 앞의 인용문은 홉스에게 우호적이었던 아브라함 코올리(Abraham Cowley)가 홉스에게 바친 헌사 중의 일부이며, 뒤의 인용문은 홉스가 죽은 다음 그를 풍자하던 당시의 표현 가운데 하나이다. Samuel Mintz, *The Hunting of Leviathan*, Cambridge, 1970. pp.20-21.

88) Aubrey John, *Brief Lives*, (ed.) Andrew Clark, vol. 1, Oxford, 1898. p.373.

89) 사무엘 민츠(Samuel Mintz)는 1650년부터 1700년 사이 홉스 철학에 반감을 보였던 저술들의 목록을 소개하고 있는데, 그 수가 100여 편이 넘으며, 신학자로부터 과학자에 이르기까지 광범위한 영역에서 홉스 철학에 대해 반응을 보였다. S. Mintz, op. cit. pp. 157-160.

90) Locke J., *Two Treatises of Government*, (ed. Peter Laslett), Cambridge, 1963. p. 321. Peter Laslett은 로크의 『시민정부론』에 대한 해제와 각주를 통해서 로크가 홉스의 『리바이어던』의 여러 곳을 차용했다는 사실을 설득력 있게 보여 주고 있다.

91) Mintz S., op. cit., p. 134.

92) Preston King(ed.), *Thomas Hobbes: Critical Assessments*, Routledge, 1993. vol. I, p. xi.

93) 발췌 번역문의 끝에 붙인 쪽수는 C.B. Macpherson이 편집한 Leviathan (Penguin Books, 1980)의 원전 쪽수이다.

94) 생명적 운동은 예를 들면 혈액 순환 운동, 맥박 운동, 호흡과 소화, 그리고 배설 운동 등 태어날 때부터 죽을 때까지 비자발적으로 계속되는 신체 운동을 말한다. 한편 자발적 운동은 걸어가고, 말하고, 팔 다리를 움직이는 운동 등 자발적 의지의 결과로 나타나는 운동을 말한다.

95) 홉스가 commonwealth와 civitas를 동의어로 본 것처럼 로크도 이 두 개념을 같은 것으로 이해하고 있다. J. Locke, *Two Treatises of Government* (ed. by Peter Laslett), Cambridge, 1965. Bk. II, chap. 10, sect. 133, p. 400.

96) 시민전쟁에서 패배한 후 처형된 찰스 1세의 경우를 연상시킨다고 볼 수 있다. 자신의 처형을 결정한 법정에 대해 찰스 1세는 '권위가 결여된 법정에 의한 결정임'을 지적했다. 그럼에도 그는 처형되었다. A. P. Martinich, op. cit.(1995) p. 247.

97) 홉스는 생명과 손발을 개인의 본질적 소유물로 보고 있는데, 이는 로크가 신체(person)와 노동(labour)을 그렇게 보는 것과 비교된다. 손과 발은 신체의 일부분이며 노동력 산출의 근거이다.

98) 31장의 제목은 'Of the Kingdom of God by Nature'인데 이를 '하느님의 자연왕국'으로 옮겼다. 직역하면 어색하며, 동시에 홉스 자신이 본문(p. 397)에서 이 31장을 주로 'Natural Kingdom of God'에 대해 말하겠다는 표현을 사용하고 있기 때문에 그렇게 번역하였다.

99) 여기서 열쇠는 마태복음 16장 18-9절에 나오는 말에서 비롯된 상징성을 나타낸다. "너는 베드로이다. 내가 이 반석 위에 내 교회를 세우겠다. 내가 하늘나라의 열쇠를 너에게 주겠다." 열쇠는 교회의 권력을 상징한다.

리바이어던

펴낸날	초판 1쇄	2005년 2월 5일
	초판 10쇄	2025년 3월 20일

지은이	김용환
펴낸이	심만수
펴낸곳	(주)살림출판사
출판등록	1989년 11월 1일 제9-210호

주소	경기도 파주시 광인사길 30
전화	031-955-1350 팩스 031-624-1356
홈페이지	http://www.sallimbooks.com
이메일	book@sallimbooks.com

ISBN	978-89-522-0316-8 04080
	978-89-522-0314-4 04080 (세트)

※ 값은 뒤표지에 있습니다.
※ 잘못 만들어진 책은 구입하신 서점에서 바꾸어 드립니다.